现代城市社会研究丛书

寻找住处

居住贫困和人的命运

陈映芳　卫伟　主编

上海古籍出版社

本项调查获国家社会科学基金重点项目（14AZD025）
和上海市哲学社会科学规划课题（2009BSH002）支持

上海交通大学国际与公共事务学院城市社会研究中心
日本大阪市立大学都市研究中心
上海高校都市文化E–研究院

合作项目

课题组调研人员

卫　伟　　罗国芬　　张　波　　郭　磊
张　丽　　帅　满　　王　娜　　邓　梅
黄　莺　　章晶晶

目　　录

导言一 "人的命运"是我们
持续的议题

陈映芳

一、关于居住生活调查

本书的主要内容,是我和我的研究生们在城市田野调查过程中所记录下的一批城市居住者的生活故事,另外还附有我们对这些故事的发生背景所作的介绍和分析。我们的这项调查缘起于笔者主持的一个研究项目(上海市哲学社会科学规划项目"城市居住者居住生活救助研究",2009 年启动)。本次调研活动的时间主要集中于 2009 年 10 月至 2011 年 5 月之间。

(一)调查对象及内容

哪些人属于城市居住贫困者? 在本研究中,我们避免了以单一的经济学分类方式(以经济收入或房产拥有状况为分类标准),而将关注重点放在既无力从市场购得商品房,也无力合法地租住城市租赁房,①同时也没有资格或机会从政府或职业机构获得住

---

① 根据《上海市居住房屋租赁管理实施办法》(2004 年 8 月 30 日沪府(转下页注)

房福利、住房保障、住房支持的人群。①在这样的设置下,我们的调查对象主要涵盖两大群体:① 从各地城乡来到流入地就业、务工,但未能入住企业宿舍、民工公寓的流动人员及其家属;② 因各种生活需要或生活困境而滞留于城市的人群。我们的调查内容主要包括:对各种城市居住贫困群体以及无居者群体的居住状况的调查,对包括政府部门、民间团体等在内的各种居住生活救助机构的调查。根据相关调查的研究积累,本次调查主要采用都市人类学的调查方法,尤其以社区调查、个案访谈和参与观察为主要手段。

在本次调查中,我们也将下列这些特殊的流动人群列为调查对象,他们因为各种原因滞留城市,但通常并不被列入"外来群体"或"城市下层"之中:

从各地乡村和其他城镇来城市寻找工作(暂时无工作)的人群;

因失业、跳槽等原因而暂时失去住处/收入的人群;

本地高校、中等学校毕业而暂时未找到工作的外地生源人群;

(接上页注)发〔2004〕29 号发布)规定,签订租房合同,要到所在地的区(县)房地产管理部门登记备案,依法纳税。第八条(人均承租面积标准):租赁居住房屋,承租的人均建筑面积不得低于 10 平方米,或者人均使用面积不低于 7 平方米;其中,向单位出租用作集体宿舍的,承租的人均建筑面积不得低于 6 平方米,或者人均使用面积不低于 4 平方米。

又,根据《关于加强居住房屋租赁管理的若干规定(试行)》(2006 年 11 月 30 日上海市房屋土地资源管理局),"居住房屋应当以原规划设计的房间为最小出租单位,不分门进出的客厅、厨房间、卫生间等均不得单独出租;一间房间只能出租给一个家庭或一个自然人,出租给家庭的,家庭人均承租的居住面积不得低于 5 平方米"。

① 住房福利资源是指如党政机关和事业单位职工享受的住房福利补助;住房保障资源是指如城市的廉租房、经济适用房等保障性住房资源。其他住房支持主要指企业、开发区政府、地方政府等提供的各种宿舍、公寓等。

因考证、考研、考公务员等各种原因而暂时不工作的外来年轻人群体；

从全国各地来城市求医的患者及其家属群体；

各种返城、回迁而尚未落实户口或无住房保障待遇的群体①；

因子女在城市求学、工作而来陪读或寻找共同生活机会的家长；

因为各种个人因素而受到社会排斥的边缘人群；

因为家庭失和或个人失去从事经济活动的动机/能力等原因而漂流于城市的流浪者，等等。

对于中国当前流动人群的居住状况，学术界已有大量的研究，如人口学、城市地理学对非正规居住区和城市空间极化现象等的研究，以及社会学、人类学者对民工聚居区等的研究。相对于这些学术视角，本研究重点关注这样一个问题：那些既缺乏住房公助资源支持，又在城市房产地市场和住房租赁市场中缺乏必要的购买力、消费力的低收入人群，他们是如何找到住处，从而得以在城市中建立起他们的居住生活的？

（二）一些调查发现

要具体、准确地描述城市中各种人的居住生活形态是困难的。在这里，我们试以下表来对城市下层流动群体的居住形态作一个大致的分类描述：

---

① 主要包括各种回沪的知青群体、支边群体和原上海户籍而在外地离退休的回流人员。

表1　城市流动群体居住生活形态

居住类型	形式	住房/床位来源	作为法律现象	作为扶助行为
宿舍	无偿或有偿	开发区/基层政府的民工公寓、工地宿舍、群租房等	合法打擦边球、违规	自助
"包住"	无偿	雇主提供住处(工作场所、保姆住家等)	打擦边球	自助
聚居区	租赁	集体经营、个人承包经营	合法、打擦边球	自助
民居	租赁	房产业主、郊区农民、二房东、小区地下室等	合法、违章/违法	自助
棚户	租赁	农民出租土地或搭棚出租,市民租地搭棚出租	违章、违规	自助
变相旅馆	消费	求职公寓、家庭旅馆、医院周边居民、浴室、胶囊房、网吧等	擦边球、违规	自助
占据	无偿	拆迁房、无人管理老厂房、垃圾场、河道边等	违规、违法	自助
借住/蹭住	无偿或有偿	亲友、同学处、大学/企业宿舍等	合法或打擦边球、违规	互助
救助机构	无偿	政府机构、民间团体	合法打擦边球	公助共助
露宿	无偿	公共场所(公园、车站、马路、桥下等)、快餐店等	违规或打擦边球	失助

　　在调查中我们注意到,各种流动人员的居住生活秩序所以能够成立,首先是因为城市中存在一个规模膨大的、灰色的低端房屋租赁市场,它构成了城市吸纳外来流动人员的主要空间。在这个低端市场中,包括部分企业主提供的宿舍在内,真正符合政府颁布

的"住房租赁条例"标准的出租房,并严格遵守租房规则的,只是极小一部分(主要为自雇佣者、外来白领等)。大部分低收入的流动人员是以"违规/违法"的形式,居住在不符合政府标准的出租房中。

与此同时,在城市流动人群中,普遍存在着"借住"等形式的居住生活互助现象。这是没有住房资源、在旅馆/租赁房等居住市场也缺乏支付能力的人们能够免于流落街头的主要原因。

社会成员间的互助行为、支持网络,历来存在于各种不同的社会之中,被认为是人们建立、维持生活秩序的基本条件之一,尤其被视为一些社会的"自生的社会秩序"最为典型的构成要素之一。[①] 在我们的调查中,有两种居住现象特别引人注目:一是大部分受访者都将自己得以在城市找到工作和住处的生活现状,归因于得到了亲友的帮助,包括初到城市时的落脚地,以及各种情形下的"借住"、"蹭住"等;二是在流动群体中,许多人过着多人共租一室、甚至多人共用一个床位的居住生活(有的受访者告诉我们,她们曾四人共租一张床位,二人白天睡觉,二人晚上睡觉)。在这种极其艰难局促的居住生活中,流动人员普遍结成以"共租"、"合住"形式的共生共益的协作关系。

与此同时,我们也发现,城市中以贫困的流动人员为对象的居住生活救助服务严重缺乏。在这里,我们将帮助低收入/无收入的流动人员建立居住生活的行为视作一种生活扶助行为。根据施助主体的不同,我们可以将这种扶助的类型区分为:

公助:城市政府提供公益性住房或宿舍

---

① 恩田守雄『互助社会論:ユイ、モヤイ、テツダイの民俗社会学』,京都:世界思想社,2006。

共助：共同体/社会团体提供公益性住房或宿舍
自助：个人/家庭通过劳动力市场或住房市场获得住处
互助：生活者个体间相互提供居住生活帮助[1]

　　在调查中我们注意到,除了政府设立的各级救助站(这些机构主要负责临时性救助而不提供扶助性稳定住处),城市政府目前尚没有建造以下层流动人员为扶助对象的公营住宅或居住生活援助设施[2]。我们也没有发现类似于近代中国城市中曾存在过的、旨在帮助同乡人建立城市生活的"同乡会馆"等民间机构。不过在调查中,我们发现了几家为流浪人员提供生活帮助的民间团体,它们有的作为慈善机构为无居者提供日常生活援助,或以注册企业形式,招募流浪者并为他们重返社会提供培训等服务。不过,这样的机构目前数目非常有限,它们的运行也受到制度的多重限制。在这种情况下,缺乏住房消费能力的低收入外来流动人员基本上只能依靠自身的能力,去寻找住处建立自己(及家庭)的居住生活。可以认为,城市流动群体的居住生活秩序的形成,首先与城市的住房吸纳机制有关,同时也与特殊的法律秩序和道德伦理秩序有关。

二、生活者的故事

　　这些年,"城市居,大不易"早已成了一个尖锐突出的社会问题。一方面,是都市大开发背景下的中国城市"住房私有率"、"住

---

　　① 此分类参照恩田守雄『互助社会論：ユイ、モヤイ、テツダイの民俗社会学』(恩田守雄,2006)。
　　② 各种民工公寓都是以企业雇员的身份和相关条件,才能申请入住其中。

房空置率"的惊人数字不断被提及；①与此同时，在几乎所有的大中城市里，都生活着数万到数百万不等的居住贫困者，他们既买不起商品住房，也无法享受到政府的住房保障/住房福利待遇，他们甚至也很难合法地租到一间住房或一张床位。在此，我们试图以公开出版调查报告的方式，让读者了解我们在调查过程中的所见所闻及所思，从而让更多的人从中了解，在我们的城市中，各种居住生活贫困者，特别是各种各样的外来人员——他们正在这座城市工作、生活、纳税、求学、求医或寻找新的生活机会，是如何寻找他们赖以歇息的一席之地的。

是的，一"席"之地。对于许多人说，"住房"是家的载体，是地位/财富的象征，是生活的港湾……而在这本书中，读者们将会看到，在另外许多城市居住者的生活里，"住处"是什么——对于数以百万计的月收入一千几百元②到三、四千元不等的劳动者及其家属们来说，这座城市中那些每平方数万元的商品房，千元一间、几千元一套的租赁房，乃至数百元、数十元一张（甚至几分之一张）的床位，③到底意味着什么？ 他们为了得到一个可以躺下休息的地

---

① 根据建设部公布的"2005 年城镇房屋概况统计公报"显示，中国住宅私有率高达 81.62％。具体参见新闻报道《城镇房屋概况统计公报：住宅私有率过高的隐患》，http://tj. house. sina. com. cn/n/2006 - 07 - 05/091631768. html。与住房私有率数据的讨论相伴随的"住房自有率"得到了广泛的讨论，具体参见新闻报道《中国"住房自有率全球第一"真相调查》，http://news. sohu. com/20060705/n244108622. shtml。与此同时，另一相关数据"住房空置率"也被广泛讨论，但因统计方法的问题尚未得出相对权威的数据，相关讨论请具体参见新闻报道《简单谈谈上海房地产市场和住房空置率的真实情况》，http://newhouse. sh. soufun. com/2012 - 10 - 16/8767689. htm，以及《中国告别住房短缺时代了吗？》，http://epaper. dfdaily. com/dfzb/html/2013 - 04/18/content_759417. htm。

② 按上海市人力资源和社会保障局 2013 年 3 月 28 日《关于调整上海市最低工资标准的通知(2013)》，上海市自 2013 年 4 月 1 日起，月最低工资标准为 1 620 元。

③ 读者将在后面的记录中看到，不少打工者是利用工作时间错位而两人合租一张床，有的大床甚至是四人共用一张。

方,需要付出什么样的代价?

　　关于当今中国各种住房贫困群体艰难的居住生活现状,我们曾看到一些学者出版的有关"城中村"等流动人员聚居区的调查,还有像廉思出版的以大学毕业生为对象的调查实录《蚁族》,加拿大记者道格·桑德斯以各国迁移群体为对象的报告集《落脚城市》(其中有对中国流动人口居住生活现状的记录和描述)等等,类似的报告曾引起社会广泛的关注和讨论。而除这些以外,其实还有许许多多的研究者,曾对城市中的迁移群体及各类居住贫困群体的生活作过调研。不无可惜的是,他们的调查通常被当作"学术研究的素材",最终可能被加工制作成了各种"数据"、"图表"、"模型"或"引文"、"注释",被附在了项目报告或学术论著之中。

　　社会科学研究者如何才能深入了解生活者的真实状况,又是否应该将人类正在承受的生活疾苦如实地传达给公众社会,这是学者需要思考的问题。这些年来,笔者曾带领学生调查团队作过一系列城市社会调查,并编辑出版了《移民上海——56人的口述记录》[①]、《棚户区:记忆中的生活史》及《双城记:京沪众生素描》(与郑也夫教授共同主编)等社会调查实录。这样的研究实践在今天中国的大学里、学术界,该如何去定位? 又或者我们的调查方法或学术完成度存在哪些欠缺? 类似的反思一直伴随着我的研究,不过种种疑惑并没有让我根本怀疑这一类工作本身所具有的意义。事实上,在听闻我们所作的本次居住生活调查后,一位法国社会学教授曾热情地告诉我,在20世纪90年代初,法国社会学家布迪厄也曾将他组织的法国社会住房保障政策大调查的调查实录进

---

　　① 这是一本访问对谈录,访问者都是社会学专业的本科学生,后来我欣喜地得知,这本书在法国曾被法国汉语教师资格考试委员会指定为人文历史类必读参考书目。

行整理、编辑，最后公开出版了《世界的悲惨际遇》(La Misère du monde)一书。① 后来我也了解到，布迪厄在他的社会田野调查中，不仅曾出版过调查实录，而且还拍摄、保存了大量的现场照片。在谈及自己的调查及其记录方式时，布迪厄曾对主流的学术体制作出过直截了当的批评："我不停地维持摄影与我的目标的关系，我从来没有忘记我的目标是关于人的，我所持的目光，自然都是带有情感，很感性的，如果我不怕谬误的话。这就是为何我不停地进行访谈和观察（我的每个研究项目都是这么开始，不管什么主题），而官僚主义的社会学者的惯例，是仅仅接触到调查员的调查记录，并且，不同于最胆怯的人类学家，他们没有机会看到被访问者，也看不到他们当时的环境。"②《世界的悲惨际遇》以采访实录的形式，透过大量一手的、详尽的生活细节，让无数读者看到了法国社会中各种弱势群体所遭受的种种悲苦命运，对法国社会的变革带来了重要的影响。③ 这样的先例，足以示范后学，对我们的工作无疑是一种激励。尽管我们也曾困惑：在今天我们这个权力与资本合谋经营的社会中，人们已经受到太多社会悲剧的刺激，我们以有限的笔触所记录的这一个个城市寻梦者的生活故事，真的还能触动到谁并进而能改变一些人的命运？

但是，唯有他们的状况，才是衡量我们这个社会美好或丑陋的

---

① 布迪厄主编之大部头合著，巴黎：Seuil 出版社，1993。英译本题为《悲惨世界：当代社会的社会苦难》(*The Weight of the World: Social Suffering in Contemporary Societies*)。

② 《皮埃尔·布迪厄，阿尔及利亚影像：一种有选择的相似性》(*Pierre Bourdieu. Images d'Algerie. Une affinite elective*)姚瑶译。

③ 《世界的悲惨际遇》出版后在法国轰动一时，成为许多社会民主运动人士的案头必备读物。参见朱国华《布迪厄摘要》，http://www.douban.com/group/topic/17263931/? type=like。

最为确切的标准。愿读者们能听到书中人物的心声。

三、延 伸 研 究

　　在这项调查活动中,课题组成员们在集体讨论、合作调研的同时,也致力于在田野调查中自主地确立各自的问题意识、展开独自的研究。在随后的论文写作中,课题组大部分成员从对居住困难者的生活的了解,追寻他们的生活逻辑,或规制他们居住生活的城市体制、生产劳动制度、生活管理制度,以及他们为了维护自身居住生活结构而展开的行动等等。他们后来撰写的论文虽然并不都是集中分析或诠释城市贫困群体的居住生活,但是对于读者了解我们调查对象的生活形态,以及制约人们生活的社会结构,无疑会有所帮助。虽然我们这部书稿并没有将这些论文一一纳入,但课题组成员的学位论文或专题论文多已在相关大学网站、学术网站上公开,读者若有兴趣,或可依据下列信息找来一读:

　　《服务业生产政治与劳动者道德生涯:夜总会"小妹"的民族志研究》(黄莺)

　　作者在探访城市中心城区的各种变相旅馆、合租/群租房的过程中,对那些工作在高档消费场所的女服务员的生活状态和劳动形态产生了研究兴趣。在后来的研究中,她借助于国内外文化研究的诸多理论视角,对夜总会女服务生的生活逻辑作出了的解读。

　　这篇论文首先分析了后社会主义时期中国城市中的城市服务产业兴起的社会背景以及发展逻辑。同时,基于对城市夜总会小妹的民族志调查资料,本文从劳动者而非消费者的角度出发,考察了服务业的生产政治及劳动过程。研究发现,娱乐服务业的劳动主体规训过程有着明显的性别化机制。通过外貌整饰与女性气质的强化,她们被调教成男性的欲望对象与温顺的仆人。在具体的劳动过程中,情感劳动和美学生产构成了服务业核心的劳动生产机制,在这个生产微笑的过程中交织着权力、资本与性别的宰制关系。由于职业的流动性以及工作中的争强游戏,服务业工人并未形成共同的主体认同或集体话语,内部的争斗反而巩固了管理者的控制力量。此外,职业身份的污名也影响了个体的自我认同与道德叙事。经由戈夫曼的污名化理论和角色丛理论视角,本文发现在夜总会行业工作的女性常常会陷入多重角色扮演以及角色冲突的境地,个体能够通过信息控制、区分不同自我以及观众隔离的方式,达到自我调适的目的。但是,这种调适也会有失灵的可能。维持不同自我的道德边界会受到挑战并移动,从而使个体处于自我分裂和自我放逐的风险。由于较低的职业声望和污名化的职业身份,劳动者一直在寻找逃离和改变的可能。

《异地农民:嵌入与空间政治》(邓梅)

在对各种流动群体的居住生活的调查中,作者最后选择以调查对象中居住在"菜棚"中的农民为研究对象,探讨这个外来群体在上海因何选择了租地种菜这一行业,而"菜棚"在他们的生活中,扮演着什么样的角色。

中国城乡二元结构以及东西部经济发展的结构性不平衡,让流动成为主流,诸多大城市中外来人口已经超过本地户籍人口。关于流动的方式,邓梅更愿意从他们与"乡"和"土"关系来区分,主要有"离土不离乡"、"离土又离乡"以及"离乡不离土"。本文的"异地农民"这个群体,一方面对应着的是"本地农民",一方面对应着所谓的"民工"群体。与"本地农民"相比较,他们的农民属性在"城市"、"异地"现实情境下,已经不同于传统农民(peasant)的概念,不再是一种集合身份与职业的混合体,而转变为一种单纯的职业,也就是一种"农业工人"。进行这种区分非常重要,因为它关系到该群体与土地、市场之间关系的变动。另一方面,与"民工"群体相比较而言,按照孙立平教授对"农民工"这个概念的解释,认为他并不仅仅是一种职业,而是一种职业和身份的混合物。"农民"是他们的身份,"工"代表他们的职业。"异地农民"的农民身份属性仍然体现在"家乡"的城乡序列中。本文的问题意识产生于,在流动成为一种主流之后,"离乡"或者"离土"就是很多人必定要经历的一种生活方式,那么本文想探究的就是,他们"离乡不离土"的行为逻辑是什么? 构成他们这样选择逻辑有多少是宏观经济以及制度环境建构下的生存空间? 又有多少是他们主动参与生产城市另类空间? 他们在城市中的生存会经历什么样的不同于一般民工的空间政治? 通过田野调查,笔者更愿意将他们的逻辑建构为一种波兰尼笔下的"嵌入"的实现,实施着对城市与市场的一种无声反抗,"为了孩子"与"为了房子"作为他们实现家庭生活的关键因素,使这个群体在城市务农过程中实现一种波兰尼笔下的"嵌入"。另一方面,城市的空间政治依然存在着,在努力尝试"嵌入"的时候,城市连同市场,对他们实行着空间治理。城市政府依赖的制度空间,市场依赖的资本空间,都在一定程度上反抗着他们的这种尝试。而就是在这种双向运动中,一批批外来者创造者城市奇迹。

　　《宿舍规训体制与权力再生产:学生宿舍的日常生活秩序——以上海市 H 大学为例》(张波)

　　基于对交通集散地廉价房屋租赁市场、医院周边地区家庭旅馆、广场流浪群体,以及高校借宿群体等的调查,作者最后选择以高校宿舍体制作为硕士论文的研究主题。

寄宿制是近代以来中国高等教育的办学模式,且成为大学乃至诸多中小学校的有机组成部分。在此种承继性模式下,宿舍管理的合法性与正当性并未受到质疑。在教育研究的历史长河中,宿舍的研究也并未引起教育研究者的足够重视,且既有研究多为"应然性研究",其批判性研究仍然较少。延续福柯的权力规训体制及国内外宿舍劳动体制的研究逻辑,笔者试图探究学生宿舍的管理体制,对学生宿舍这一场域进行技术性解构,以此将学生宿舍这一"隐没的地带"带回到现代教育社会学的学术话语中来。在文中,笔者以大学的郊区迁移以及后勤社会化为背景,集中透过宿舍的物理空间、学生角色及关系对规训权力的再生产过程,以此揭示现代意义上的"宿舍规训体制"。至此,笔者进一步借助学生宿舍的几种常见违规行为,进行了价值意义上的解读。笔者认为,只有通过对权力规训后的宿舍日常生活与学生的违规行为进行阐释,才能构筑全面的学生宿舍日常生活秩序。文章结尾,笔者就宿舍的规训体制及教育的技术性统治进行了反思性回顾,以此更深入地理解本文所探讨的问题。

《住房拆迁运动中上海老产业工人群体"翻身感"的重构》(章晶晶)

由这项关于居住生活的调查,作者关注到了"居住生活"在维系国家—工人关系中的作用,并进而探讨了居住生活演变与工人的翻身感之间的关系又是如何被建构和延续的。

"翻身感"是本论文的研究对象,笔者通过这个概念来分析新时期下老工人群体与国家关系的存续问题。通常来讲,老工人的"翻身感"早在中华人民共和国成立以来就已经逐步建立,而在改革开放之后的下岗、退休中,这一阶层已经逐渐消亡,这一感受应当逐渐消失。然而,阶级分析却很少涉及到在同一时期下与每一位老工人关系密切的住房改革和"拆迁"运动。实际上,住房对于老工人群体而言,尤其是在当今上海这个"房荒"和"地段"优劣显著的城市中,它既是居住、家庭生活必需的空间,又是财产、身份的"主要象征"。一定程度上讲,拆迁运动后上海城市住房体系的形成促使出现按照房屋产权性质和居住地段划分的"住房阶级",而老工人在其中的地位也决定了其"翻身感"的基本结构。上海的工人拥有住房的过程却是十分复杂的。这不仅直接表现在老工人群体的"翻身感"上,也同时反映了城市政府与老工人群体的关系转变。本文通过社区个案选取,访谈研究的方法,对拆迁前、中、后三阶段的老工人进行访谈,发现"翻身感"不仅是拆迁的结果,更是贯穿始终的"线索",它同时在拆迁期待、拆迁抗争和拆迁叙事中产生重要影响。"翻身感"实际上是中华人民共和国成立以来国家与老工人群体维系的最重要的"纽带"之一。

《亲密关系和经济理性的相遇——城市动拆迁背景下的上海市家庭房产权纠纷研究》(王娜)

在对上海市居住生活救助制度和各级政府的救助站作实地调查的同时,作者对世界各国城市住房保障制度和无家可归者救助制度作了梳理和研究,在此过程中,她关注到了城市开发体制对于人们的居住生活的影响,尤其是城市住房政策的变化(特别是动迁安置政策的多变)对于市民的个人——家庭关系所带来的深刻变化。

家庭研究在个人、国家及社会等研究领域中似乎并不受瞩目,概因为社会在独立于家庭之外的公共领域出现,同时,众多作者以社区、市场、国家、公民社会等为研究对象也使家庭研究似乎至于研究边缘。随着城市化、工业化的推进,社会面临着剧烈的城市化更新和变迁,市场在人们经济社会活动中的影响力日益扩展,也在家庭生活中占有重要地位。这些在不同程度上使得家庭经济关系、家庭生活、价值观及家庭亲密关系等发生了深刻变化。本文以上海为例,将家庭置于社会结构、国家视野内部,在国家和城市政府层面上,本文也就城市开发和动拆迁补偿政策跟家庭房产权纠纷的发生、展开及纠纷解决等体现的相关和互动关系,及其背后的运行逻辑进行阐述,发现多变的城市动拆迁及其补偿政策,政策实施运作中的多样性和模糊性,复杂的房屋产权关系以及多重的家庭问题等相互交织,使得在城市动拆迁背景下,家庭房产纷争的问题更加突出。本文亦对纷争中的家庭成员间亲密关系和经济理性进行研究,希冀发现两者的相遇在家庭成员互动中的呈现和运行机制。当亲密关系和经济理性相遇时,家庭成员在房产权纷争中的表达策略、家庭在动拆迁补偿中的咨询诉求及遭遇的诉求困境,以及在应对家庭处理房产权纷争面前遵循的公平原则也将一一展开论述,并发现家庭成员在面临亲密关系和经济理性困境的同时,并未将两者严格敌对和隔离,而是在将两者相互联系的基础上,展开权利、责任的衡平和匹配。家庭成员在解决纷争时遵循一定的公平原则和"家和万事兴"的共享价值观,并积极寻找有效的价值资源为自己的利益诉求寻找支持。

《"旧区改造"中的都市利益关系与市民行动的逻辑——上海的个案》(罗国芬)

本文为我们描述了发生于上海的一个城市空间故事:一个有关旧城区的下层居民要求改造居住空间、改变居住条件而不得的社会事件的过程。这个故事揭示了政府在城市改造工程中趋利避责的功利原则,同时也修正了不少城市研究者关于中国市民维权主要限于应对性维权的定论式观点。这项研究以事实说明,城市居住者的居住贫困问题,并不只是个体或家庭的经济生活能力所导致,而往往是城市更新规划、土地开发体制等等结构性因素所规定。在这过程中,市民无法参与到城市开发的正式程序中来,也难以有效地表达自己的权益诉求、进而直接影响空间资源竞争规则的制定,这些都是造成他们居住生活困境的真正原因。论文指出,如何构建一个使得城市底层居民能够充分、效地参与都市规划与利益共享的机制,是转型时期中国城市社会不得不着力解决的重要问题。在理论上,本文对“都市利益”概念进行了提炼和分析。

《动迁居民行动的“集体性”研究》(卫伟)

本文基于对一个动迁地块的居民集体行动的调查,探讨动迁居民团结和分化的制度背景及行动逻辑。在房屋动迁过程中,为了维护住房利益、实现居住生活目标等等,居民的“维权行动”大量发生。虽然现有的法律和政治制度严格限制市民的组织化行动,但与动迁相关的两项基本制度——“家庭户”制度与“地块”制度——却构成了居民行动群体内部“家庭户/地块”之间分化与团结的动力;与此同时,在行动实践中,它们又不断地接受着行动者们的行动重构,在制度—结构与行动实践的互构中展现了行动“集体性”的具体形态。

动迁居民只有在“家/户”团结的前提下才能实施各种行动策略,而面对国家的政治维稳体制,城市开发体制的“地块”也为集体行动提供了合法社会空间。“地块”是以“地块户口”为边界构成的封闭性的行动集体,跨“地块”边界的联合行动将面临政治风险。广泛存在着的跨地块的社会联结只能以隐蔽的方式存在。也因此,以"地块"为名义发起的集体行动,是"家庭户"与"地块"间的结构性分化与团结的动态过程与结果,是一种行动主体为争取最大行动空间的努力。本文在理论上对"家/户"制和"集体性"等概念作了规范化的定义和深入的探索,并从制度分析、行动分析等各个层面阐明了在当下中国城市开发体制和政治制度下,市民团结及分化的实际可能和深层限制。

《流动群体的生活互助及其道德秩序》(陈映芳)

笔者在多年来的研究中注意到,与东南亚、拉美以及非洲的贫民窟现象相比较,中国各地迁移群体的居住生活有一些较为明显的差异特征。在目前的中国,下层迁移群体虽然普遍生活在城市贫困社区中,但他们的生活秩序尚没有崩溃。考虑到中国有两亿多流动人口,他们得不到城市政府的住房保障,甚至也得不到雇主的住房扶助,我们目前所能看到的城市下层迁移群体的居住生活秩序或许可以称为一种"社会奇迹"。本文依据作者近几年组织的有关城市下层居住生活的调查素材,探讨了当今中国城市社会中居住贫困群体的居住生活秩序是如何形成的。几十年来,在市场化、城市化以及消费社会快速形成的过程中,社会失序、道德危机等等一直是中国研究中引人注目的议题。而与此同时,一些自生的社会秩序也在悄然形成。在空前规模的社会大流动中,数以亿计的农民及各类贫困群体在社会流动中顽强地建立他们的生活秩序,并构建起生活互助、共生协作的社会网络。在此过程中,一些由他们共享的规范伦理得以形成,并赢得了社会普遍的理解。

导言二 "居住"何以成为问题？

卫　伟　章晶晶　帅　满　王　娜　黄　莺

居住生活贫困是一个世界性的城市问题。这一问题的形成机制、演变逻辑是些什么？本书以上海为例，主要关注中国大陆的城市居住问题，并涉及到了居住生活的脆弱性和社会救助不足的问题。在此，我们有必要就城市居住贫困的背景因素及本土逻辑作一些探讨和说明。

一、"居住"作为一个城市问题

（一）城市化与城市开发

据联合国经济与社会事务部人口司 2010 年 3 月发布的《世界城市化展望 2009 年修正版》报告显示，中国已成为全球城市化速度最快的国家，城市化水平从 1980 年的 19％跃升至 2010 年的 47％。中国高速的城市化进程以及住房制度从集体主义体制到完全商品化的市场改革构成了今天城市居住问题的基本底色。一方面，住房分配时代的结束意味着住房供应的功能主要由市场承担，大量的商品房、豪宅拔地而起。与此同时，保障性住房体制却严重滞后，廉租房、经适房的建设比例连年下降，2008 年的经适房建设比例甚至不足 10％。因此，中低收入家庭或新就业群体由于住房支付能力不足而只能"蜗居"于棚户区或破旧的老公房中。国家在商品住房上的"进"与公共住房上的"退"导致了城市居民中大量的住房新贫阶层。

　　另一方面，城市奇迹和经济繁荣的背后是大量外来廉价劳动力的存在。在城市化大潮下的中国，几乎所有优势资源都在几个特大城市集中，这就吸引了后发展地区的人前往城市谋生，这一庞大群体是城市新鲜活力的来源。尽管他们在城市中早已不是短期过客式的居住形态，但城市并没有相应的住房配套设置，一系列设计严密的制度壁垒把他们挡在城市公共住房系统之外，由此反倒是催生了隐性的低端住房市场以及无所不能的居住类型。北京的"地下室"、上海的"群租房"以及广州的"城中村"（见图一）等拥挤简陋的居住形式即是当下城市居住空间极化安排的集中体现。它们即代

图一　广州城中村，引自《南都周刊》350 期。

表了中国城市的"贫民窟",是很多外来务工者最初的栖息地与城市梦开始的地方。不过,这一切正逐渐遭到城市推土机的铲除。

除此之外,各个时期的城市拆迁改造,无数家庭的生活在一波又一波社会变革浪潮中支离破碎,他们焦急地等待着国家对于他们的重新安置,而在这样的"过渡期"内只能四处寄居,更糟糕的情况是无处安身。值得注意的是,许多"历史遗留问题"造成的居住生活破裂也很难恢复,如当年"支内"、"支边"的知青家庭返城后的遭遇。另外,还有各种城市中的流浪群体和无家可归人员,他们多由于家庭失和、失婚、失业或其他身体心理疾病而丧失了维持正常居住生活的能力。

(二)城市不公与住房问题

住房是一个人城市生活的重要载体,是最基本的生存需求。城市移民不仅仅是一个工作者,还是城市消费者与居住者,人们在城市中有自己的私人和家庭生活。早在《汉书・货殖列传》中就有"各安其居而乐其业"的说法,"安居乐业"、"住有所居"、"居有其屋"等词语的运用和广为流传某种程度上表明了住房和居住生活在人们日常生活中的重要地位以及人类拥有住房和居所的追求和愿望。

从社会公平的角度来看,住房权利也是重要的公民权。按照早川和男在《居住福利论》中提出的著名的"居住福利原论"观点,居住环境作为福利的基础,对社会整体福利水平的提高和社会幸福感的增进有重要意义。正如早川所言,"有了可居之处才有美好生活和幸福人生"。很多已发展国家都曾建立各种社会住宅体系以保障各类低收入人群或初入职者的居住需求。例如在公租房体系发达的法国,低租金的社会住宅就是年轻中产阶级上升途中的一个落脚点。在香港,公屋制度已运行了近 50 年,使许多底层贫困群体得以在城市中安家立业,甚至走出了很多社会杰出人士。可以说,居住是迁移者到城市中最先要解决的需求。"在人生的浪潮中所架起的桥梁,其基础部分应该是住宅和居住环境,这一基础如果崩溃的话,由它所支撑的上部,比如社会保障等也不可能安定,甚至国家和国民生活也会崩溃"。① 但实际上,这一基础正面临危机四伏的境遇。

城市住房问题的本质可以概括为住房不平等与住房消费分层问题。新马克思主义城市研究的代表人物卡斯泰尔(Manuel Castells)认为,阶级结构、城市结构和集体消费是新不平等的社会决定因素。他指出,对住房不平等的分析不应仅停留在收入层面,而要对人们获得住房的每一步做更多经济的和社会的分析。以住房的获得为例,通过市场化消费模式获得住房的不平等主要跟收入有关,它依赖于获得贷款的能力,能否获得贷款也受制于收入及工作的稳定性和可预测性,以及工作单位的状况和地位,而这本身又建立了一种社会分层,即住房阶层,因不同的地位层级获得不同类型的住房。市场化住房获得的过程强化了原有的收入、就业、教育上的不平等结构。同时,在公共住房和廉租房的现实操作中,许多情况并不被这些制度考虑在内,如年轻人、移民、没有登记的失业者、精神病人和残疾人等。

所以,"住房的平等性因此被歪曲了,而公共住房的分配则导致了新的不平等"。同时"因为进入市场的能力不足,住房不平等被来自于公共住房生产与管理的经济、制度、文化机构的不平等待遇所强化,此外,每个阶级和社会层级都屈从于特殊的操作形式,

---

① 早川和男著,李桓译《居住福利论:居住环境在社会福利和人类幸福中的意义》,中国建筑工业出版社,2005,第6页。

而这些形式是受控于统治阶级的社会利益的"。①

　　另一位重要社会学家桑德斯提出消费分层、消费政治等概念并发展出一门消费社会学的理论。桑德斯认为,住宅所有者可通过住宅租赁或者抵押获得更多资本,从而产生新的住房特权阶层。② 社会分层和不平等也不再沿着生产地位或市场能力展开,而是围绕着集体消费的供给差异而展开。集体消费成为型塑社会分层和社会不平等的重要因素。在发达资本主义的城市,社会冲突不再只是围绕生产阶级而展开,还围绕消费利益群体展开,并以都市社会运动的形式表现出来。③ 集体消费成为导致城市社会运动,如占地/屋运动、租户群体运动和对城市改造的反对运动等运动的根源。④ 近些年来的大量都市抗议运动都有利地佐证了这些观点,例如荷兰的占屋运动、印度的占地运动以及 2011 年台湾最新的无壳蜗牛运动等。

　　在中国,人们穷尽各种途径才获得的居住生活依旧是如履薄冰,年轻白领一旦失业,可能就交不起房租;各种违章建筑一旦被执法,里面的家庭就可能要流落街头;而城市家庭里的成员因为失亲、失婚、失和或生理心理疾病等因素都有可能被赶出家门,无家可归。风险社会中的城市生活充满了种种不确定性,而没有保障性制度的支撑更加大了这一社会风险系数。这些担忧即是我们本次研究的出发点。我们想要了解,中国城市低收入者的居住状况究竟有哪些类型? 他们在城市中的扎根过程遭遇了怎样的阻力?

---

　　① 　卡斯特著,姜珊译《发达资本主义时期的集体消费与城市矛盾》,《国外城市规划》第 21 卷第 5 期。

　　② 　蔡禾、何艳玲等《集体消费与社会不平》,中山大学行政管理研究中心,http://cpac. zsu. edu. cn/library. asp? id=523。

　　③ 　蔡禾、何艳玲等《集体消费与社会不平》,中山大学行政管理研究中心,http://cpac. zsu. edu. cn/library. asp? id=523。

　　④ 　包亚明《现代性与都市上海理论》"导论",上海社会科学出版社,2008,第 215 页。

又有哪些社会力在帮助化解巨大的城市居住困难群体的需求？

二、城市的住房供给结构（以上海为例）

城市住房的供给结构提供同时也限制着市民可获得住房的途径与空间。现如今，绝大多数市民需要通过住房市场解决居住问题。然而，当聚焦城市居住困难群体的时候我们发现，居住困难不仅仅是个现时的市场问题。现时住房市场的供给结构与住房制度及其城市发展的历史存在着前后承接的逻辑关系。换句话说，只有在历史脉络中才能理清现时住房市场的供给结构，理解产生这些居住困难群体的结构性原因。

在住宅建设几乎停滞了三十年后，上海面临着严重的住房短缺问题，20 世纪 70 年代末上海市城市人均居住面积 3.9 平方米。根据 1979 年 4 月上海市基本建设委员会的《关于在三年调整期加快住宅建设解决居住困难的报告》可知，全市困难户超过 6 万户，结婚无房户 29 200 多户，人均居住面积在 2 平方米以下的拥挤户 16 600 户，成年男女混居、两对夫妻同室等特别困难户 13 000 多户，外地调沪无房户 1 200 户。[①] 针对绝对的住房短缺，首要的解决办法就是加快住宅建设，增加可分配的住房总量。因此，80 年代初期，上海市政府通过房改与新建住宅增加总体的住宅面积，以解决住房短缺问题。但是，伴随着房地产业的发展与住宅市场规模的扩大，当下上海的城市居住问题已不再表现为绝对的住房短

---

① 具体参见上海地方志办公室《上海房地产志》：

http://www. shtong. gov. cn/node2/node2245/node64514/node64522/node64572/node64582/userobject1ai58300. html；1985 年第四次普查上海市居民缺房情况分析表，在每大项后面还罗列了多个子项，同样参见《上海房地产志》。

缺,相反表现为由现有不恰当的住房供给结构所产生的居住困难。这就是说,因为无法从已有的住房供给结构中获得合适的住房,一些特定的社会群体才变成了城市居住的困难群体。

(一) 实物分配时期

20 世纪 80 年代,上海市增加住宅面积有新辟居住住宅区与旧住宅改建改造两条途径。前期,这两条途径犹如两条平行线般,直到 80 年代末这两条平行线始合并形成了以"内拆外迁"的动迁为核心的房地产发展策略。此时,城市中心的拆迁土地专门用作城市建设与房地产开发,在城市外围则以动迁居住区为契机开辟大型居住区,同时进行商品房开发与生活配套设施建设。

为了能够解决整体性居住困难的住房问题,国家在以下两个方面积极地调动单位的积极性,以解决建设资金问题。第一,鼓励单位自建或联建职工住宅。1981 年 1 月,市政府颁发沪房发(81)9 号文件,规定"各单位(包括中央在沪单位)的自建住宅,根据谁建造、谁分配的原则,在安置动迁户和补偿公共建筑面积之后,全由自己分配,用于解决本单位的大龄结婚户和特别困难户,落实政策和照顾有贡献的技术人员、劳动模范"。① 第二,鼓励单位参与旧区改造。在棚户区改造的过程中,上海市政府摸索到了"成片改造"的城市更新模式。七五期间大举推动"23 片地区改建规划",并规定参与旧区改造的投资单位的净得房率不少于 40%,少于 40%的部分由市政府补贴各区的郊区土地。由此,单位参与旧区改造、新建住宅的积极性得到了前所未有的提高。在吸引有实力

---

① 具体参见上海地方志办公室《上海房地产志》: http://www.shtong.gov.cn/node2/node2245/node64514/node64521/node64556/node64566/userobject1ai58279.html.

单位参与住宅建设（包括动迁）的同时，国家退出住房再分配系统，转而由单位承担起了负责分配住房的责任。1978 年底，在上海市的公有居住用房中，90％都是直管公房，系统单位分管仅占 6％。到 1995 年，由国家/地方财政所建的直管居住公房增加了 1 735.5 万平方米，系统单位自建/联建的公有住宅远远超出这个数字，高达 2 862.1 万平方米，①可想而知，单位在住房制度改革前期的活跃程度以及吸纳能力。单位逐渐成了分配住房的主要承担者。

　　单位体制为解决城市居住困难问题提供了坚实的资金与社会组织基础。在此阶段，城市居民主要从两条途径获得住房解决从而居住困难：通过所属单位分配住房；通过动迁获得安置房。尽管住房的分配主体发生了变化，但是依然继承着原有的再分配方式：第一，住房以实物的方式分配，根据户内人均居住面积为分配标准；第二，单位分配的住房仍属于公有住房，以租赁的方式分配给单位职工；第三，所有住房仍由房管所收缴租金与维修管理。因此，对城市居民来说，无论单位还是动迁都只是增加自家居住面积的途径，两者不存在本质区别。

（二）产权市场时期

　　1980 年上海市政府就正式提出住宅商品化的问题，并曾尝试着从地方财政统建住宅中拨出少量住房补贴出售给居住困难的职工，个人支付三分之一价款，其余价款由国家或单位补贴。为了增加商品住宅的房源，有关政府部门在 1987、1988、1989 年连续三年发出通知，要求各系统单位在年度竣工的自建住宅中，划出一部分列为专

---

　　①　原始数据来自《上海房地产志》，本统计数据尚未列入单位在住房市场上购买商品房部分。

项商品住宅,供本系统单位职工购买,可惜上述措施均收效甚微。只有从 90 年代起,在动迁居民"外迁"之后,那些市中心用作建造住宅的基地就全部转变为商品住宅,大大地增强了净得房率,供销售所用。

旧区改造后及商品住宅居住区的新增商品住宅寻找着消费者。

1994 年,国务院制定了以"货币"购买为核心原则的住房制度改革的整体构想:实行不同收入家庭按不同价格购房的价格分类机制,即高收入家庭以市场价购买住房,中低收入家庭则按照成本价购买。这次,"家庭收入"承担起了与住宅的商品逻辑相匹配的统计类别。与此相对应,"居住困难"的内涵也随之发生了变化,"解决中低收入家庭的住房问题"逐渐成为主流的官方话语,[①]"新的住房分配制度彻底改变了传统分配方式中仅以居住困难状况划线的分配标准,建立以家庭收入线与居住困难状况双重衡量的标准"。[②]

但是让政府以及房地产商们始料未及的是,个体/家庭购买商品住宅的比重少得可怜。早在 90 年代初,上海市建立起了一系列旨在增加个体/家庭消费商品住宅的配套政策,并且在此期间还推出如优惠价、买房券等都不能刺激个体/家庭消费,却吸引了那些无资金参加联建以及参加联建后仍有实力的单位购买商品房。[③]

---

①　王文忠(1995)《把解决中低收入者的住房问题放在首位》,《上海住宅》第 3 期。作者为当时上海市住宅发展局党委书记、局长。

②　沈正超、张洁(1998)《建立最低收入家庭住房供应机制初探》,《上海住宅》第 8 期。

③　根据《上海住宅建设志》的原始数据计算,七五期间,个人购买住宅占有销售总量 7.66% 的份额,直到 1993 年,个人与单位的购买商品房的比例为 1∶3。

八五期间,单位购买了新建商品住宅销售总量的 77.86%,共 449.86 万平方米。这期间,一般商品住宅的销量还有一个重要方面,"即单位购买后用于内环线和南北高架道路等市政建设的住户动迁,以及土地批租旧区改造地块的住户动迁",具体参见《上海住宅建设志》,第 251 页。

1992～1993 年批准的一般商品住宅大型建设项目,大部分分布在市区,其中由单位购买的商品住宅就以实物的方式分配给了职工,其中少量分布在郊区商品住宅大型项目则用作市政动迁,1995 年之后还用作安居房。

房改之初,在政府财政困难重重的时候,由单位和个人集资成为解决资金困难的主要出路。那么,单位除了集资建房之外,购买商品住宅也正是题中之意。到 1996 年为止,"上海目前系统建房占整个住宅建设量的 60%,同时,市场商品房也有 50%以上由单位购买,这两部分住房基本上是无偿分配给职工的。也就是说,上海目前 80%以上的新增住房仍然沿用的是旧体制"。[①]此时,单位反而演变成了阻碍住房商品化以及个体/家庭进入住房商品市场的最重要因素。

于是从 90 年代末开始,上海市政府开始采取一系列的住房制度改革措施:第一,"停止住房实物分配,逐步实行住房分配货币化",[②]住房市场将成为城市居民获得住房的主要渠道。与此同时,为了保障最低收入职工家庭的居住制定了廉租住房制度。第二,推进旧城改造货币化安置的改革,取消动迁实物分配的方式。实际上,此项改革是为了解决当时严重的空置商品房积压问题,后也大大地刺激了二手房市场,增加了城市居民进入住房市场的能力。第三,以成本价出售公有住房的使用权。[③] 此项改革一方面为职工家庭进入住房市场奠定了重要的经济基础,另一方面又大大地刺激了二手房市场的活跃度。第四,不再区分不同的商品房属性,建立统一的住宅商品市场。在此之后,绝大多数企事业单位不能直接参与住房的分配领域,"货币"成为获得住房的唯一通行

---

① 《徐匡迪市长在上海住房制度改革全面实施五周年即市房委会换届大会上的讲话》,《上海住宅》1996 年第 7 期。

② 国发[1998]23 号《国务院关于进一步深化城镇住房制度改革加快住房建设的通知》。

③ 原规定向高收入职工家庭出售公有住房实行市场价,向中低收入职工家庭出售公有住房实行成本价。但在实践中,公房以成本价出售被更广泛地实施,每个家庭允许享受一次以成本价购买公有住房,但只能享受一次。

证,个体/家庭转而进入住宅商品市场。

私有产权住宅市场兴起。经过一系列住房制度的改革,看似统一的住宅市场背后,其内部有着不同属性、产权性质以及市场功能的住房。2009 年之前,所有的新建住宅均为完全产权的商品房,其中配套商品房是专门用于城市动迁的封闭性的低价产权住房。2009 年后,上述公房使用权与完全产权住房以及共有产权的经济适用房共同构成了住房产权市场。在私有产权的基础上,住房市场形成了功能区分明晰的产权市场与租赁市场。①

(三)住房市场中的户籍规定

在中国,住房产权市场与住房租赁市场的运行逻辑并不完全一致。在本文看来,住宅产权市场之所以不同于住宅租赁市场,是因为它们面对的制度规定不完全一样,虽然货币已经是进入市场的唯一手段。当公有住宅私有化之后,产权住宅(包括使用权/私有产权)加上少量公有租赁住房转而成为户口登记/迁移的制度门槛。从 1994 年开始上海市开始实施"蓝印户口"制度,即非本市户籍居民通过购买产权住房获得本市户籍的一种制度。虽然"蓝印户口"制度在 2002 年停止实施,然而本市城市户口需要登记在产权住房里以及原公有住房的户口登记/迁移制度并没有改变。

根据 2000 年《上海市户口管理暂行规定》第七条规定:本市居民应当按照以常住地登记为主的原则进行户口登记。本市居民由两个以上合法固定住处的,只能在其中一处进行常住户口登记,

---

① 也有研究者从产权角度整理了同时期的不同产权的各种住房,本文参考了其对"动迁安置房"的基本判断。具体参见朱亚鹏(2007)《住房制度改革:政策创新与住房公平》,中山大学出版社,2007 年,第 68 页。

并且按照《常住人口登记表》所列的户口登记项目如实填写。此条款中的"合法固定住处"则专指对应着原有住房体制内的公有住房以及以原有住房制度为基础的住宅产权市场。所以,上海户籍家庭已不再以"人均居住面积"直接表现在住房分配体制内,而是以"合法固定住所"的户口登记/迁移中间接地得到呈现。这就是说,以私有产权为基础的住宅产权市场仍然保留着原来住房实物分配时期的户籍制度。这就使得户口与产权之间依然存在着制度联结,课题组称之为产权化的户口。

针对流动人口的"合法固定住所"的规定有别于上述本市居民的规定,"他们的'合法'的住房选择,事实上只要只有两种可能:雇佣方提供的宿舍和自租房租(包括私人住宅或其他出租房等)"。[①] 也就是说,流动人口的"合法固定住所"是针对住宅租赁市场而言的。与此同时,尽管上海城市居民制度上而言有着"合法固定住所",可是这不表明所有人都有能力与途径进入住宅产权市场,一部分居民也只能进入租赁市场。因此,城市的住房租赁市场不但有流动人口及其家庭,还有无力进入产权住宅市场却又居住困难的诸多上海户籍家庭。

综上所述,住宅私有产权改革是以稳定的户口登记与登记在户的家庭户为制度基础。实际上产权住宅市场除了"价格式"的市场排斥之外,户口产权化使之也发挥着住房的排斥功能。不同于住房产权市场,住房租赁市场面对的是市场化的个人或家庭,这就将所有城市市民纳入其中。换句话说,只有住房租赁市场意味着对所有城市市民开放。一旦涉及住房私有产权和住房保障制度,

---

① 陈映芳(2012)《城市开发与住房排斥:城市准入制的表象及实质》,《城市中国的逻辑》,生活·读书·新知三联书店。

户籍是绕不开去的与之相联的基本制度设置。因此,在不同住房结构变迁的脉络中,不同社会群体面对的居住困难有着不同的内容与意义。

三、城市中的居住困难群体

如前所述,在以国家/地方政府为主导的住房供给结构变迁的脉络中,"居住困难"有其特定的潜台词:第一,"居住困难"所针对的群体是上海的城市户籍居民。第二,针对不同的住房供给结构,居住困难具有不同的衡量标准。在实物分配时期,居住困难的衡量标准为"人均居住面积";在产权市场时期,"家庭收入"与"人均居住面积"为共同的衡量标准。第三,前期的"居住困难"主要表现为绝对的住房短缺;产权住房市场时期,在新建商品房面积急剧增加的情况下,"居住困难"则主要表现为住房供给结构的不平衡及其户籍制度的制度限制。根据 2009 年上海市政府推出的"四位一体"的住房保障体系,"居住困难"的群体依然没有发生大的变化,其中廉租房、经济适用房以及动迁安置房对应的是上海户籍人口,公共租赁房则是为了解决"城市引进人才"进入上海后的短期居住问题。

本课题的调研发现,上海的城市居住困难群体远不仅限于上述群体。恰恰相反,非上海户籍人口以及非"引进人才"才是数量最多的居住困难群体,当然同样也不仅仅局限于国内其他省市的来沪务工人员。在国家/地方政府致力于创造集体消费式的产权住房市场时,租赁市场的活跃恰恰反映了实际的居住需求及其居住困难群体的现实状况。因此,本课题所指的居住困难是以实际居住困难为标准,居住困难群体是指那些未能获得最基本的维持

个人尊严以及未能获得安全、安心地生存和生活的居住住房的社
会群体。

(一)城市住房体制内的居住困难群体

在以国家/地方政府为主导的住房供给结构变迁的脉络中,
"居住困难"有着特定的潜台词,其所针对的群体是上海的城市户
籍居民。在此脉络中,本文将户籍制度和住房制度相结合所形成
的制度集称为城市住房体制。根据上海市 2013 年《统计年鉴》,
2012 年年末上海的户籍人口为 1 426.93 万人,其中非农业户口人
数 1 280.82 万人,占户籍总人口的 89.8%。① 按照户籍的制度规
定,上海户籍人口约有 90%的城市居民处在城市住房体制内,本
文称之为城市住房体制内的城市居民群体。然而,这些身处城市
住房体制内的城市居民群体仍可能存在着居住困难的情况,一些
家庭/个人往往是在不同历史时期因各种原因被排斥在城市住房
体制之外。

1. 未获得住房福利的原单位职工家庭

在未启动旧区改造之前,除极少数的私有房以外,基本上都是
由国家/城市政府按照系统单位以配额制的方式分配给城市居民,
住房归城市政府的房管所系统管理。20 世纪 80 年代开始,单位
直接负责本单位职工的住房分配,住房先由房管所代为管理,后由
单位后勤部门管理。

一般情况下,住房分配涉及两次分配,一是国家在企事业单位
之间进行的分配,二是单位在个人之间进行的分配。在企业之间

---

① 上海市 2013 年《统计年鉴》,http://www.stats-sh.gov.cn/tjnj/nj13.htm? dl=
2013tjnj/C0201.htm。

的分配大体上可以分为"两个类型"和"三个层次"。两个类型是指有投资渠道和没有投资渠道,即在分配上有指望和没指望的。国营企业有希望得到国家的基建拨款,而非国营企业则没有希望得到国家的住房投资拨款。在国营企业单位中又分为"三个层次",高级的、大的、有实力的机关、企事业单位是高层次,容易得到住房投资;地方的、一般的机关、企事业单位是中层次,得到住房投资的机会相对较少;小的机关、企事业单位得到住房投资的机会相对更少了。

在住房资源绝对短缺的年代,单位职工获得住房的具体政策条件因城市及系统单位而异,但存在着一些普遍性的特征:

"家庭"是个人在"单位"(单位宿舍、单位住房)之外可能获得居住空间的唯一来源;

"结婚"是职工初次申请住房的最重要的基本条件;

"住房"是居民、职工在城市"立户"的必要条件;

"居住困难"的判断以户籍家庭的"人均居住面积"为标准;

"婚房"的申请附带各种条件,如夫妻户口在同一城市,父母家庭人均居住面积低于一定标准;交出原住房。①

在这样一些家庭捆绑式的住房分配政策的框架下,户籍家庭(出身家庭或婚姻家庭)既是被制度规定的居住生活共同体,也是城市居民获得福利住房的基本单位。在家庭捆绑式的福利资源分

---

① 陈映芳(2010)《国家与家庭、个人——城市中国的家庭制度(1940—1979)》,《交大法学》2010年第1卷。

配制度中,城市居民可获得的国家福利资源,因本人及其直系亲属所在工作单位的性质不同而不同,也因他(她)及其亲属的职业地位而不等。在实物分配阶段,根据"两个类型"和"三个层次",并不是所有城市家庭都从单位获得了福利住房。同理,也正因为上述公有住房的分配渠道与单位本身存在着直接关联,所以也并不是所有居住困难的城市家庭都可以通过单位解决住房问题。

这种源于住房分配体制的不平等在产权住房市场形成时期又进一步强化。在上海住房产权市场形成时期,原有实物分配时期的住房分配不平等产生了深远的影响,从而造成了住房产权市场的住房不平等。上海住宅产权市场真正形成是在 1999 年到 2000 年间。这期间,上海市政府颁布了一系列的文件,[①]它们使上海的公有住房(包括原动迁安置房)都有了货币交易的可能,也奠定了上海住房产权市场的资源格局。

根据王炼利分析"五普"数据可知,2000 年上海有 44.3％的家庭户仅有 1 间住房,40.5％的家庭户拥有二间住房,有 3 间及以上的占家庭户 15.3％。[②] 与此同时,相关数据显示住房面积的贫富差距:12.5％的人拥有全市住房面积的 56.4％。这部分人通过单位职位的等级分房掘得第一桶金。1995 年颁布的沪房地改(1995)767 号文件《职工家庭购买公有住房建筑面积控制标准》,是造成房地产市场之初城市居民房产资源差别的源头。这个文件在长时间里影响着上海房地产市场,更直接影响了当时国有企业

---

① 这一系列文件是:1999 年 1 月 19 日颁发的《关于发布〈上海市公有住房差价交换试行办法〉的通知》;1999 年 11 月 25 日颁布的《批转市房地局制订的〈关于内销商品房种类归并若干规定〉的通知》;1999 年 11 月 26 日颁布的《批转市房地局、市房改办制订的〈关于进一步推进本市公有住房出售若干规定〉的通知》。

② 王炼利(2004)《上海房地产资源的配置与分化状况》,http://www. docin. com/p-106508010. html。

的全体职工利益。该文件把每个职工家庭允许以成本价购买公有住房的面积按职别等级和专业技术职称等级以法规形式加以区别。① 这样一个行政文件，成了划分上海城市居民个人房产财富的依据，并就此奠定了上海居民个人拥有的房产资源格局。

因此，现居住困难的上海城市居民，其中一个制度性原因在于他们当时未能获得原单位的福利住房，从而不能在出售公有住房时期掘到产权住房市场的第一桶金。这就大大地限制了他们进入住宅产权市场的经济能力。

2. 未能动迁的城市旧区居民

动迁是城市旧城区居民改善居住条件的另一条渠道。然而，嵌入在城市开发逻辑的旧城动迁并没有必然的改善旧城区城市居民的居住条件。按照旧城改造的制度规定，动迁的区位是根据房屋等级来决定的，②二级旧里及危棚简屋是旧城改造的重点区域。现存棚户区面积分布情况与解放前基本相似，主要在老城区周边和苏州河、黄浦江两岸和铁路沿线地带，其中浦东新区、杨浦区、闸北区比较多。

孟眉军和崔庆仙的棚户区研究认为在短期内那些急需拆迁改

---

① 明确一般职工、初级技术职称人员可购买公有住房面积的上限是75平方米，科级干部、中级技术职称人员、具有证书的高级工购买上限是85平方米，县处级干部、副高级技术职称人员购买上限是100平方米，副局级、正高级和享受正高级待遇的专业技术职称人员购买上限是140平方米。

② 根据《上海市房屋建筑类型分类表》，可供居住的房屋划分为以下七种类型：花园住宅、公寓、职工住宅、新式里弄、旧式里弄、棚户简屋以及非居住屋；其中职工住宅再可划出"一类"、"二类"、"三类"的区分，旧式里弄再分为一等、二等，不同的房屋类型与区分分别代表着房屋质量的新旧与好坏。这种房屋档次不仅被应用在意识形态化的旧区改造中，还被当作动迁政策中使用面积换算成建筑面积的换算系数大小的标准。在历轮旧区改造中，"旧房"均限定在二级以下旧里的危旧房，包括二级旧里、危房、棚户、简屋和其他非居住住房改用的房屋类型。

造的棚户区无法更新改造。[①] 伴随着旧区改造的深入，大量"好房"跟着被推倒，在动迁区位上也没有能够体现出旧房区位的边缘性特征。事实上，那些棚户区的主要区域如杨浦、虹口、闸北、黄浦（原南市区），至今依然存在着大量的棚户区。这些聚集着众多棚户区的边缘地带没有展现出强大的旧区改造功能，反而沦为"难啃的骨头"。王炼利比较了中心城区不同区的棚户区改造，得出了类似的结论。[②] 上海市中心城区没有棚户区的静安区和黄浦区，在1999年到2008年间，每平方公里拆迁户数为6712户和4520户；棚户聚集区的普陀区和杨浦，每平方公里的拆迁户数是722户、1083户。

可知，旧区改造的意识形态中"旧房"与旧区改造实践即动迁所拆除的房屋类型并不一致。实际操作中的旧区改造，动迁区位与"旧房"区位发生着错位；动迁的房屋类型也相当程度地背离"旧房"。经过一轮又一轮的旧区改造，那些真正住在"旧房"里的居民也有可能持续地住旧房，仍身处居住困难的境况。只要走进上海的中心城区，在光鲜亮丽的高楼大厦背后依然还有许多简陋的旧房存在。在城市开发逻辑下的动迁，把这些居住在旧城区的城市居民又一次的排斥出去。

3. 未购得产权住房的低收入城市居民

在实物分配时期，城市居民可以通过单位分配和旧城改造分配到实物性的住房。上海的一部分城市居民要么通过单位，要么

---

① 孟眉军、崔庆仙(2007)《空间重塑视角下的城市更新研究：以棚户区为中心》，载林拓、水内俊雄等编《现代城市更新与社会空间变迁：住宅、生态、治理》，上海古籍出版社，2007年，第27页。

② 以上数据引自王炼利《动迁和投机——影响城市住房成交量的最重要因素》，http://blog.163.com/slwj_2001/blog/static/5398770200722411142180/。

通过动迁解决了住房问题。但是限于单位体制及动迁区位的限制，也有一部分居民两头未着。那么，在产权住房市场兴起后，有些城市居民通过市场途径购买产权住房。然而，在实物分配时期，只有极少数的个人/家庭通过市场购得住房。在产权住房市场时期，原拥有公有住房的城市居民在以成本价购买公有住房之后，通过出售公有住房使用权顺利地进入产权住房市场，那些低收入的城市家庭则无力进入产权住宅市场。

　　20 世纪末在经历了城市行业调整后，上海市总共产生了百万的下岗人员，有的城市家庭还承受了双下岗。当年上海工人下岗多以"买断"形式，占总数的 80％。当"下岗"（停薪留职）与失业实现并轨后直到今天，"失业"已经成为一个相当普遍的现象。上海市最低生活保障制度中应对的正是 20 世纪末的百万下岗家庭。据一项全国性调查的统计，2004 年在城市贫困家庭的劳动人口中，正常就业的人口仅占 16.8％。失业、下岗、内退、长期病休、待业等情况所占比例为 50.3％，是就业人口的 3 倍。这表明下岗和失业人口越来越成为贫困人口的主体。从 2010 年的统计数据来看，目前上海符合"低保"标准的约有 36 万人。

　　面对着连年看涨的商品房价格，一般收入的城市家庭也只能望房兴叹。近五年来城市居民家庭人均可支配收入均增长 11.9％，2012 年为 40188 元。[①] 可是从以下数据可以看出，家庭人均可支配收入及其增长却远远跟不上产权住房的市场价格及其增长。中低收入家庭的平均可支配收入为 19059 元，中低收入户为 27597 元，中等收入户为 34351 元，中高收入户为 44474 元，高收

---

　　① 上海 2013 年《统计年鉴》，http：//www. stats-sh. gov. cn/tjnj/nj13. htm？d1＝2013tjnj/C1005. htm。

入户为 78522 元。①虽然本文未能找到中低收入户所占比例,但还是可以看到,"中高收入户"的家庭可支配收入才与平均可支配收入相当。与此同时,上海住房市场的房价已远远把家庭可支配收入甩在后面。根据上海市统计局网站发布的《2012 年本市房地产开发销售情况》分析,剔除共有产权住房和动迁安置住房等保障性住房后,2012 年上海市场化新建商品住宅平均销售价格分别为:内环线以内为 55518 元/平方米,内外环线之间为 29281 元/平方米,外环线以外为 16541/平方米。②

在住宅市场化的条件下,无力进入住房产权市场是城市居民陷入居住困难的首要原因,即城市居民的可支配收入要远远低于住房的市场价格。为此,上海市政府推进了住房保障体系的建立。2008 年的《上海市解决城市低收入家庭住房困难发展规划(2008—2012 年)》提出:目前部分城市居民家庭特别是低收入和中低收入家庭的住房仍然比较困难。住房保障范围主要是(1)低收入住房困难家;(2)既不符合廉租住房条件,又没有能力通过市场解决居住问题的中低收入住房困难家庭;(3)经市政府认定的其他住房困难家庭。然而,围绕着产权住房市场为核心建立的"四位一体"的住房保障体系未能真正实践住房保障的功能。2012 年1—9 月,上海市、区两级廉租房 5500 户,累计已经完成经济适用房配售 3.2 万套,1—6 月,市区两级旧区改造的动迁安置房供应约 4.16 万套。③ 从以上数据可知,产权住房市场依旧是住房保障

① 上海 2013 年《统计年鉴》,http://www.stats-sh.gov.cn/tjnj/nj13.htm? d1=2013tjnj/C1004.htm。
② 《去年上海内环内房价涨 14.5%》,http://www.dfdaily.com/html/113/2013/1/23/934612.shtml。
③ 《上海 2012 年已完成公共租赁房配租 1.2 万套,廉租房 5 500 户》,http://www.022net.com/2012/10-17/504260273199782.html。

体系的核心逻辑，此逻辑依然不能解决中低收入家庭的居住需求。

4. 回沪返城的原上海城市户籍群体

　　自 1949 年中国建立新政权后，因国家需要上海经历过几次城市户口大迁移，主要有 20 世纪的历次支边支农、支援大小三线建设、60 年代知识青年上山下乡、80 年代知青子女回沪及其知青回沪，以及其他上海籍干部职工的离退休返城等等。尽管回沪返城的户口迁移对住房有着相关规定，可是现实情况是"落户口"不等于没有居住困难。这些原本响应国家号召，为了国家需要迁出又迁回户口的原上海城市户籍居民，在他们迁回户口准备长期住下的时候很容易陷入居住困难的窘境。

　　以下就以返城知青为例说明其中所隐含的居住困难问题。据上海市劳动局统计，1968—1978 年，上海市知识青年上山下乡总人数为 1 112 952 人，其中的大部分已经陆续回到上海，多数在返城之初即遇到居住困难。

　　上海知青逐渐返城最优通道主要由以下几类：一是考取大学；二是在外地参军，转业后回上海。但只是少数知青由此成功返沪。其他的几类尚可返城的情况是：一是病假返城。在 1978 年之后，国家逐渐放宽了知青回城的限制，于是出现了病假返城的途径。二是"顶替"返城。1979 年 5 月上海政府安排知青工作会议通过，采取子女顶替、发展集体所有制等方法安排职工回城子女。① 根据有关部门的说法，"仅 1979 年上海就安排返城知青30.3 万人，基本上解决了因知青返城带来的压力"。

---

　　① 　具体是市企事业单位工作的父母退休，可以由一名子女回沪"顶替"；采取"归口包干"的办法，以知青父母所在单位主管面为主，规划组织集体所有制企事业安排回沪知青。

区别于其他居住困难群体,返城知青群体的特殊性在于这一身份的构建主体是国家,因此知青们对城市政府的态度比较明确,即讨要生存权利和居住权利。返城知青群体的市民意识和群体认同也较其他群体更为强烈,他们是构成目前上海信访者群体的重要组成部分:他们更擅长讨价还价,也更有底气,他们认定自己原本就是上海人,应该要回作为上海本地人的基本权利。事实上近几年来,一方面原先在外地成家的上海老知青依旧想重新落户上海,另一方面还在为子女户口迁回上海,或自身养老保险等问题不断信访、请愿等。

知青的居住现状,取决于其住房的拥挤程度。被家族互助接纳的,则过着"一张床睡四个人,一人洗澡全家躲阳台"的生活。被家族排斥的,则可能靠着仅有的一点点工资,依赖房东的慈悲廉价租住城中的旧房子,有的在老城厢里弄里搭建起违章的棚户,有的甚至成为了无家可归的流浪者。有房子居住的知青面临几个居住难题,一是人均空间狭小;二是居住基本要求无法满足。但这些人的境遇在知青群体中还是算尚可的。本次调查就遇到了自行搭建棚户和流浪的知青。棚户的主要问题在于棚户的材料不透气,夏天太闷热潮湿,且会漏雨;居住不稳定,经常会被执法队拆掉。流浪的知青则是和其他流浪者一样,寄宿在广场、公园、地铁等场所。

(二)城市住房体制外的居住困难群体

在不同时期城市政府为城市居民提供了不同的住房,可是在城市住房体制内依然存在着不同类型的居住困难群体。那些无法进入住房保障体系的居住困难群体被彻底地排斥于城市住房体制之外,面临着体制外人群相似的境况。通常,城市住房体制外的社会群体指向了其他省市的来沪流动人群/外来务工人员。当然,这个群体不可置疑的是最大的住房体制外群体。然而,这里想要指出的是,从制度上来讲住房体制外的人群范围要远远大于来沪流动人群/外来务工人员。那些实际上被排斥出住房体制的上海城市户籍居民、上海的非城市户籍居民以及非中国籍的来沪流动人群和因其他各种特定原因长期或者短期变成居住困难群体的人们,除了少部分人购买了产权住房外,住房体制外的社会群体绝大部分面对的是租赁住房市场。因而,他们的居住困难也表现为由租赁住房市场产生的居住困难。

1. 非上海户籍的来沪流动人群/外来务工人员

20世纪90年代以来,随着单位制的瓦解和户籍制度的逐渐开放,人口流动频繁,北京、上海、广州等大城市流动人口激增。2010年,上海市户籍人口中有157.37万人为非城市户口,占总户籍人口的11.14%。① 虽然尚未有研究关注此群体中可能产生的居住困难,但是由于他们身处城市住房体制外,同样可能产生居住困难。

根据"六普"数据,在沪居住的境外人口达20.83万人,主要居住在浦东新区,共4.54万人;其次是在长宁区、闵行区和徐汇区三个区,占总数的48.2%。这也说明境外人员相对集中在市中心地区。在沪居住的境外人员中,4.75万人以商务为目的,5.68万人以就业为目的,4.12万人以学习为目的,2.04万人以定居为目的,2.27万人以探亲为目的。② 一般情况下,此群体不会发生居住困难,而且本课题组也没有对该群体进行调研,因此其中的个别人是否会遇到居住困难的问题不得而知。或者说,在其他一些城市如

---

① 2011年上海《统计年鉴》,http://www.stats-sh.gov.cn/tjnj/nj11.htm? dl＝2011tjnj/C0202.htm。

② 《调查称境外来沪居住人口超20万,外籍人员占7成》,http://www.chinanews.com/sh/2011/10－08/3371923.shtml。

广州、北京、深圳等，此群体是否遭遇了居住困难也不得而知。

因此，本文主要想探讨的也是非上海户籍的来沪流动人群/外来务工人员。在本课题组的调研中发现，此群体最容易遭遇居住困难，与此同时也确实遭遇了最多的居住困难。"六普"数据显示，外省市来沪常住人口为 897.7 万人，占全市常住人口的 39%；来沪的常住外省市群体主要以劳动年龄人口为主。其中，20—34 岁青壮年人口 422.03 万人，占 47%；劳动年龄人口（男性 15—59 岁，女性 15—54 岁）为 783.35 万人，占 87%。20—34 岁青壮年外来人口占上海常住人口的 57.7%，即这个年龄段外省市人口已明显超过户籍人口。[①] 经济成为此社会群体流向上海的最重要原因，具体如表 1 所示：

表 1　国内其他省市人口来沪的主要原因

	2010 年	2000 年
合　　计	100%	100%
务工经商	78.3%	69.9%
工作调动	1.7%	1.2%
学习培训	2.1%	2.0%
随迁家属	8.5%	13.5%
投亲靠友	4.7%	5.5%
拆迁搬家	1.1%	1.7%
婚姻嫁娶	2.1%	2.5%
其　　他	1.5%	3.7%

① 《外省市来沪常住人口发展状况与特征》，http://www.stats-sh.gov.cn/fxbg/201109/232741.html。

　　外来人口的文化程度主要集中在初高中水平,其中高中文化程度的人口所占比重为 16.3%,初中文化程度占 52.7%。但是人员结构开始发生一定变化,更多大学生加入到流动人口的行列,在流动中寻找更适合自己的工作机会。分年龄看,20—29 岁年龄段的人群中高学历人口比例最高,每岁组均超过一半以上,有的甚至超过 60%。受教育程度较低的外来就业人口主要从事较为艰苦的工作岗位,以生产、制造加工、建筑施工以及商务性服务工作为主。这一特征至今未发生根本性的改变。根据 2011 年上海计生委的调查,外来人口调查对象的平均月收入为 2764 元。[①]

　　总体而言,非上海籍的来沪流动人口/外来务工人员在上海的居住分布复杂,居住类型也多种多样。户主为省外的户(包括家庭户和集体户)中,在沪居住的住房来源相对集中在租赁住房,其比重高达 80%。在租赁租房中,又以"租赁私有房屋"为主,其次为"租赁公有房屋",真正能够购买产权住房的人仅为 8.4%。2011 年 10 月上海市人口计生委召开新闻发布会通报,通过 2.3 万例的抽样调查,在外来人员中,打算在沪长期居留的比例为 41.8%。[②] 调查显示,学历越高长期居留意愿越明显,研究生学历的达到了 71%;在沪居留时间越长长期居留意愿越明显,在沪居留 10 年以上的为 55.8%。而在已有自购房的来沪人员中,研究生学历的比例达到 45.56%。对外来人员来说,他们的烦恼主要是居住条件差(比例为 46.8%)和工作强度高(比例在 35% 左右)。

---

　　① 《2011 年上海外来人口有自购房数量统计分析》,http://www.chinairn.com/news/20111027/831814.html。
　　② 《2011 年上海外来人口有自购房数量统计分析》,http://www.chinairn.com/news/20111027/831814.html。

在上海市的外来移民的分布,主要与就业地密切相关。[①] 就业机会相对较多、居住成本相对较低、交通相对便利等是吸引外来人口居住的主要因素。浦东新区、闵行、松江、嘉定和宝山等区为外来常住人口居住的集中地区,共容纳 575.97 万人,占 64.2%;其中浦东新区(包括南汇)就有 202.43 万人,占 22.5%。远郊区的外来常住人口有很大增幅,近郊区和郊区已经成为外来人口生活聚居的首选,中心城区普陀区最多,为 36.3 万,卢湾最少,5.4 万人。[②]

从世界范围内居住历史的角度来看,一般流动人口进入城市需要经历"贫民区客居"向"棚户拥有者"的转变过程。[③] 流动人员到城市中首先要解决的问题就是如何"过夜"——寻找到合适的居住场所。在陌生的城市中,中介或企业会给予与工作挂钩的"包食宿"待遇,如居住到工棚中;有亲戚、老乡的外来者,会在他们的居所中得到临时庇护,继续寻找工作和住所;而没有这类社会支持,或者不被接纳的,则需要自行寻找住所,一开始多会在车站、公园、码头、便利店、网吧、浴室等场所"凑合",直至找到工作或在承受范围内的住所。可以看到,对大多数流动人员而言,住所是一个与职业密不可分的概念。

改善外来务工人员居住困境,政府对此也有所关注。2008 年上海市政府印发的《上海市解决城市低收入家庭住房困难发展规划(2008—2012 年)》中指出,改善来沪务工人员居住条件,在符合

① 李志刚、吴缚龙、高向东(2007)《"全球城市"极化与上海社会空间分异研究》,《地理科学》2007 年第 6 期。

② 《外省市来沪常住人口发展状况与特征》,http://www.stats-sh.gov.cn/fxbg/201109/232741.html。

③ 罗仁朝、王德(2009)《上海流动人口聚居区类型及其特征研究》,《城市规划》2009 年第 2 期。

城市规划和土地利用总体规划的前提下，按照"政府主导、统筹规划、单位负责、市场运作"的原则，在经济开发区、工业园区等外来务工人员集中的区域，新建或改建部分集体宿舍和集体公寓，定向出租给来沪务工人员。

2. 因动迁/征地产生的居住困难群体

在轰轰烈烈的都市大开发战略中，"征地"和"拆迁"是相当时髦的词汇，我们将居住困难群体的视野也关注到了这个处在城市化和社会转型中被制造出来的群体。严格地讲，征地人员应该分为城市居民中的拆迁群体以及郊区农民征地"村改居"群体。这两个群体的内部结构也相对复杂，我们在此不考虑在拆迁、"村改居"中有多处房产的"拆迁致富"的高收入者，而主要关注的是拆迁、征地过程中生产出来的"新贫困"群体。

（1）"动迁致贫"城市拆迁群体

城市拆迁，导致了原本市民的生活方式的改变。上海的拆迁补偿政策，从就地回迁到差价换房，再到货币化安置的转变，将拆迁后的居民逐渐排斥出城市中心，安置到了相对偏远的城乡结合部，而货币化安置更是将拆迁居民推向日益高涨的商品房市场。

近五年来，由于房地产价格暴涨与货币化补偿为主之间的矛盾、单一产权与多样要求的矛盾、生活环境改变带来的就业、交通和医疗等方面的矛盾，使得动迁补偿安置方式备受诟病，拆迁信访层出不穷。尤其原本的"双困"家庭通过拆迁来改善原本生活的期待与"解危不解困"的拆迁原则的冲突，使得拆迁有越拆越穷的危险，更令人难以接受。"因拆致贫"是制造新的居住生活困难的一个重要原因。由于大多数拆迁居民被安置到城郊，导致生存成本大增，除了购买住房和家用物品外，谋生手段往往也要从头再来，交通、购物、子女入学等都成为不得不面对的棘手问题。

　　能够置换到房屋的家庭尚能维持生活,但有的家庭由于家庭成员众多,在拆迁过程中为了得到更多的利益制定家庭策略,事后发生利益冲突,弱者被"赶出家庭"。这样的事例尤其在老知青、居住拥挤的家庭中常见。

　　(2)"村改居"中的居住困难者

　　有学者估算,2001年到2005年间上海的离土农民已经达到100万。除了货币补偿外,在住房上,全国层面对失地农民居住安置的模式主要有三种基本类型,即统管自建、统建分购、统管代建。在上海,针对失地农民三无现象,即"无地、无业、无保障"出台了《上海市小城镇社会保险暂行办法》和《上海市被征用农民集体所有土地农业人员就业和社会保障管理办法》两个文件,一方面将安置补偿转化成小城镇保险,即用"土地换保障";另一方面,实行了"谁用地、谁安置"的政策,在居住上基本上由征地企业负责安置,就形成了上海郊区众多的"村改居"安置小区。

　　在被征地后,失地农民中的大部分人目前或者从事低收入劳动,或者失业待工,正成为城市下层的重要组成部分。被卷入居住空间、居住方式"变革"的失地农民们在整个征地过程中面临一系列的住房问题,具体包括安置过渡期的租住困难、"农转非"老年人群体租住危机以及安置房社区的居住困境等等。

　　过渡期的租住困难。由于在拆迁过程中的时间差,即失地农民原有的住房被拆除而新的安置房尚未建成或没有着落,就存在临时住房安置的问题。大部分近郊失地农民在被征地后需要搬迁出原住址,而临时居住房要由农户自行解决,使得这一时间段的居住成为困难问题。这一方面是由于政府给予的过渡安置费有限且不能按时发放,廉价的过渡房源需要自行寻找解决;另一方面,部分失地农民由房屋出租方变为租住方,没有了土地收入来源,减少了一笔收益，又要在住房方面有所支出，在物质上和心理上都难承重负。

　　根据走访调查了解到，分配到安置房后因有的家庭人口数比较多，就将老人们安排到廉价的低端住宅小区租住。独自长期居住的老人们没有了子女的照顾和探望，成为被家庭遗弃的对象，生活起居都得依靠自己，居住空间狭小，境况并不乐观。

　　目前就安置过渡期与征地后老人的居住房源问题，依各基层政府对政策的具体实施情况而有所不同。经过调查了解到，基层政府为了解决征地农民房源困难和外来打工者的居住问题，划拨土地，委托企业经营居民小区。例如位于闵行区吴泾镇剑川路上的"上海新家"居民区，小区内共有 400 余间房屋，现已住满，外来人口和失地老人各居一半。小区的房子大约为 20 平方米一间，含独立卫浴，为一个小厨房—卫生间—卧室的格局，租金依照楼层为 300—400 元左右不等，小区内只有少量的健身器材，其他公共设施基本没有。这样的小区比较老旧，基础设施较差，没有一般社区的居委会，全权由相关企业建造、管理，以出租形式出让给租户。本来作为暂时性过渡的租房小区，现今已经过了 8 年，成为了一个"既成的低端居民小区"。

　　上海市失地农民的安置房社区主要分布在城市近郊。"农转非"的失地人员最终被安排进这里居住。安置房社区一般是新建的单元楼，其住户构成以被征地人员为主，但也有部分是商品房业主。失地人员在安置房社区中的居住困境归纳起来有以下几个方面：第一，有的家庭人口数比较多，一家人挤在面积不大的房子中，居住空间狭小。虽然从住宅的外观上看起来比较新，但是很多家庭未经装修，只是将之前的生活用具搬入新的毛坯房中。第二，由于之前的生活方式与习惯，失地人员（特别是老人），住进单元房有些不适应。沿袭之前的观念,他们还是喜好种菜、晒谷等,有一些人员就干脆在社区的绿化地里种菜,但由于楼宇空间狭小,邻里冲突极易发生。第三,与之前自给自足的境况相比,失去了土地、房租的收入来源,加之补偿款的有限或拖欠问题,每月微薄的保障金使得失地人员(特别是无法就业的老人)生活拮据。第四,因身份转变随之而来的职业转变。在早前的研究中陈映芳团队就发现,"村改居"后的一个安置小区,失业、待业率高达 24.1%,而且在找到工作的被访者中多数人的工作是自己寻找的。[①] 将失地人员推入就业浪潮中,使得他们不得不通过自谋职业来维持生计。这对于之前依靠土地、房租收入的中年群体是一个不小的挑战。

3. 短期居住困难群体

上海的城市规模和流动性决定了在这个城市看似"临时"的流动人口不但有很大的基数,不容易被统计,而且更替极快,一般在上海居住 1 天到半年不等。对这部分人员发生居住困难的情况,首先有以下限定:一、居住时间的长度或居住要求已经在"露宿"承受范围之外;二、居住者无力支付短期高昂酒店租金,又不需要中长期廉价公寓租住。在这两个条件之下,有特殊需要的流动人员则会发生居住困难,或寄宿在亲戚朋友家,或寻找更为廉价的日租房。

本课题调研涉及的临时居住群体主要有到上海求职、求医和考试者。来沪求职者一部分是外来务工者,在劳动力市场寻找工作;一部分是层次相对较高的外来求职者,一般是以外地学生为主。居住困难的求医者则为病人和陪同亲属。考试者居住发生困

---

① 陈映芳(2003)《征地农民的市民化——上海市的调查》,《华东师范大学学报(哲学社会科学版)》2003 年第 5 期。

难则是由于上海学校分散,许多考生无法在 2 个小时内赶到考场,只得寻找距离较近的地区复习、备考。

这些群体居住困难的发生主要原因是:一、上海作为大城市医疗资源、教育资源的集聚使得大量有相关需求的外地流动人员为了得到更好的条件和资源奔赴此地。二、特殊的规定和情况导致这些群体必须居住在距离目的地空间范围较近的城区住所,如考试到考场的时间要求,医院陪护需要、等待拆线的需要,外来人员对其他地方一无所知等。三、由于时间过短,既无力支付酒店高昂费用,也无法在正规房产市场租赁到合适的房屋。求医群体甚至还无法把握居住时间的长度。四、不存在充足的社会关系使其能够长期寄宿在朋友、亲戚家中解决困难。五、由于居住时间通常在 3、4 天到半个月的时间,以及考试、求医等对居住有要求(病人需等待床位、在出院后 7 天才拆线,家属需要有独立厨房为病人补充营养),不可能选择"露宿"方式过夜。

临时居住者多数依靠社会关系或居住在"违规"的居住场所中。这也是由于对临时流动人口"不信任"(多以安全的名义)所形成的情况。实际上,更多的求医、求职者正是因为住所问题和各类相关成本而无法接触到改革开放以来作为显著成就的优质医疗条件和教育资源。

(三)居住失能群体与露宿者

城市生活是以居住为起点的,但同时城市居住生活又是脆弱的。如前所述,尽管本课题不断强调住房供给结构变迁的制度性原因及其陷入居住困难的社会群体,可课题组仍想提出城市居住正面临着的高风险,虽然这风险还只是潜藏着。这风险的存在提醒居住在城市的所有市民,"居住困难"不是他人的事情,而是城市的事情,是所有城市市民共同面临的问题。这里,我们提出"居住失能群体"概念,一方面想要强调城市居住生活面临的社会风险及其脆弱性;另一方面也想具体说明,有些社会群体即便现阶段不存在"居住困难",但是在将来有可能因各种意外的发生而失去支付或维持原有住房或者居住条件,陷入居住困难的境况,甚至露宿。城市无居者群体(homeless)则是一群无力得到住处的人,他们在城市各个角落寻找着可以躲一晚上的地方。可以说,"无居"是城市居住生活崩盘及其失能的最后结果。

1. 居住失能群体

近三十年来中国建立起了以产权为核心制度的城市住房体制。在此条件下,越来越多的社会群体需要利用"货币"进入产权市场以及租赁市场。可以说,以产权住房市场为核心逻辑让城市居住生活面临着重大的社会风险。英国有两位学者关注那些拥有产权住房却又遭遇经济困境的业主,他们指出产权住房的增长存在诸多的限制,同时建议政府应该为那些陷入经济困境的业主提供更多的救助。[1] 面对缺少公共住房以产权住房为主的住房市场,"经济失能"是最主要的住房失能类型。针对住房产权市场,"经济失能"主要表现为无力偿还高额的住房贷款。

根据建设部公布的数据,2005 年中国住房的私有化率就高达81.62%。如此之高的住宅私有率说明中国住宅绝大部分是私有产权的住房,同时也说明政府在保障性住房方便的投入不足。2012 年[2],浙江大学不动产投资研究中心、清华大学媒介调查实验

---

[1] John Doling and Bruce Stafford, *Home Ownership: The Diversity of Experience*, 1989, Aldershot, Gower.

[2] 此调查内容及数据引自《中国住房拥有率近 90%,专家称自有率高是落后标志》,http://house.focus.cn/news/2012 - 06 - 05/2046841.html。

室等联合发布《中国居住小康指数》报告显示：在 40 个调查城市中，长沙以 90.1％的住房拥有率排名第一，上海以 67.9％的比率位居末位，其余调查城市的居民拥有住房比率均在 70％—80％之间。但是，如此高的住房拥有率是以住房贷款为基础的。无论住房私有化率还是住房拥有率，奠定如此高比例住房私有化和拥有率的基础是数额庞大的住房贷款总量。

　　根据另一项调查的数据显示，①北京市民需要每月还房贷平均数近 7000 元，位居全国第一；压力第二的为上海，平均每月缴纳住房贷款 4238.8 元；广州排在上海之后，平均每月为 4029.32 元。这些每月需要缴纳如此之高数额住房贷款的购房者/家庭，需要长时间的维持高额的经济收入。与此同时，全国房地产市场数据中心发布的中国各城市月平均房价显示，中国目前房屋均价超过 1万的城市已有 18 个，超过 2 万的有 5 个，其中上海 28343 元/平方米，超过 3 万的北京为 36373 元/平方米。现在的关键问题是：经济收入是否可以长期维持稳定足以支付每月高额的住房贷款？本课题组认为这里暗藏着巨大的风险，特别是当遭遇金融危机及其经济危机的时候。

　　改革开放后，中国尚未受到过经济危机的严重影响，然而近几年的金融危机和全球性的经济衰退波及了中国经济、城市就业及其市民的经济收入。国家发改委中小企业司统计表明，②2008 年上半年，全国有 6.7 万家以上的中小企业倒闭。中国石油、联想、万科、中信证券、武钢、宝钢、波导、夏新等大型企业和各大航空公

----

① 本小节的主要内容与数据引自《北京人每月平均还房贷近 7 千元》，http://news. loan. cngold. org/c/2014 - 01 - 14/c2373063. html。
② 《民工返乡、白领失业，金融危机都伤了谁？》，http://news. cnfol. com/081106/101,1277,5009081,01. shtml。

司也于陆续削减人力成本。万科甚至还发生了离职员工自焚的极端事件。根据2008年全国部分城市劳动力市场供求状况分析报告则显示,东部城市劳动力市场和长三角、珠三角、闽东南地区的需求人数全部大幅减少。从珠三角、长三角向东南沿海地区不断蔓延开来的倒闭、裁员和减薪潮,使不少企业提前入冬。瑟瑟寒风中,最先感受到凄冷的,是大批来自内陆的农民工,民工提早返乡成为当时的一大社会热点。

自此之后,公司裁员/减薪已不再稀奇。据有关新闻报道,①2011年,1 027家上市公司中就有284家企业裁员。与金融危机时的2008年相比,上市公司的裁员规模和比例都小一些,但在家电、纺织、化工等行业,裁员人数和公司家数超出2008年。本课题组很难想象,一旦经济持续低迷,产权为核心的住房市场以及每月高额度的住房贷款,再加上几乎为零的居住社会救助系统,将会给城市居住生活带来怎样的风险及社会危机。

2008年金融危机给日本带去重大的社会危机。以前日本是终身制的企业雇佣,就在日本右翼政府小泉上台的时候通过了一个派遣劳务工法。现在企业为了应对经济的变动,实现利润最大化,就大量使用派遣劳务工。金融危机来临时,企业就能不费吹灰之力解雇派遣工。2008年金融危机对日本冲击最大的是汽车行业,汽车制造厂的很多技术工人、职员就失业。失业以后首先面临的就是无力交付房租,被赶出住房的危险;或者已购住房而无力缴纳按揭贷款。这些人到哪里去? 在现代社会,人与人之间没有了纽带关系,亲属朋友之间已不能提供居住救助,结果只有流浪街

---

① 《284家上市公司裁员14万,制造业裁员力度超08年》,http://finance. jrj. com. cn/2012/03/29173312617769. shtml。

头。流浪街头带来的直接后果就是：时间长了之后难以回归社会。

除了大型的金融危机外，还有以下几种情况可能带来居住失能，这些情况已经在现实生活中存在。第一种表现为如短期失去经济支付能力。尽管短期失业，但仍在积极找工作。第二，因为各种原因现有住房突然被收走，或者房子没了，失去各种能力、遗失身份证等等。这样的社会群体在城市里广泛存在着。第三种"失能"表现为家庭失和、失亲、失婚、离家出走，即失去家庭的居住救助。第四种"失能"是突然生病、残疾或者患上精神疾病的病人。第五种"失能"是一些越轨者、吸毒者、刑满释放人员等等，他们在劳动力市场中难以找到工作，跟着难以有足够的经济收入支持其居住需求。

2. 城市无居者（Homeless）

"睡马路"是日常语言描述露宿者群体最直截了当的词汇，与其他词汇诸如中国的盲流、流浪汉、无家可归者、乞丐、游民、流民、难民、二流子，台湾地区的街友、无居者，日本的野宿者、麦当劳难民，美国的游荡者（wanders）、无家可归者（homeless）等词汇或存在交集，或各有所指，或指称同一群体。所有类似的称呼都具有历史和时代语境，本文中露宿者群体这一较宽泛的概念与居住住房直接联系在一起，意指露宿于马路、公园、车站、商店等公共场所的面临着"居住困境"人员。

与改革开放前的盲流、二流子等"非法的"的称谓相比，当下的露宿者更多地被冠以流浪者、乞丐、无家可归者之名。露宿者中有相当一部分具有劳动能力者并非不"干活"，杂业为他们提供了生存的空间：如拾荒者、摆地摊的摊贩、交通枢纽处的摩托车队、江湖艺人、黄牛、各种各样的兼职、临时工和苦力等等，其收入具有不稳定、日薪式、低收入的特性。露宿者中的无力或者无意愿"干活"的部分,一般以乞讨、敲诈、偷窃、"等运气"等为生。

露宿者最终与城市住房脱离了关系,通常源于两个方面,其一是被城市体制所抛弃。露宿者根据其来源,分为外来流浪者和本地无家可归者,在其中有的拥有户籍,[①]但有的没有身份证,除了在救助站的登记信息之外没有其他身份。他们成为"露宿者"的前提是失业和失去身份。失业:改革开放以后,商品化城市社会逐渐形成,购买成为市民最主要的生存手段。一旦市民失去职业之后,没有收入来源而又在改革开放初期的高通膨时代导致储蓄蒸发,则迅速沦为低收入者。在拥挤的城市住房中,没有生产力的人在被家庭抛出之后,无力购置住房。拥有户籍身份的低收入者尚可得到社会保障救助,而对于本就从事低收入职业,诸如清洁人员、杂工、无底薪或者底薪低廉的销售人员和营销人员的外来务工者而言,失业则极可能面临无家可归的危险。失去身份:有的露宿者则是因为身体残疾、未接受足够教育与社会化或者因为早年在"上山下乡运动"中逃跑而导致无身份、无户口、无工作的情况。这一部分露宿者无法进入正轨的职业序列之中,他们中有的没有家庭,有的被家庭排斥或者抛出。

即使人们失去了和这些社会系统的联系后,但当他们还有其他社会系统的支持——比如家庭,就不至于露宿在外。当前国内对露宿者救助系统的基本假设就在于此,将露宿认定为临时的、意外的窘迫情景,致力于将他们"遣返"回家乡、家庭。但实际上,社

---

① 原以为露宿者多为流动人口,实则不然。在本课题组所接触的上百名露宿者中,拥有上海户籍或者曾经拥有上海户籍的人占总数40%以上。田野调查中经常性地使用的上海话。

会支持的丧失正是多数露宿者露宿的原因。家庭的一项重大功能就是为家庭成员提供住处。然而,家庭无法实现居住功能的原因有许多,主要有以下几种情况:第一,家庭破裂,特别是主要家庭成员离世,也包括夫妻关系终结等。第二,家庭解体,特别是上海本地的露宿者。他们绝大部分是由于直接或者变相的被家里人赶出来,主要是住房空间过于拥挤、家庭矛盾、身体疾病等原因。尤其是上山下乡运动后,户籍也称为家庭排斥回乡亲戚的合法借口。第三,离家出走,尤其是早年离家的人,无法也不愿寻找家庭。

不堪一击的都市生活

去 繁 华 上 海

王南毕业于南方一所名校,在磕磕绊绊的 2 年职业生涯之后决定北上,希望能在上海——这个繁华都市中找到理想中的体面生活,他毅然决然放弃原来食之无味的工作。临行前,在他宴请了一番同事后,口袋里只剩下 1000 多元。可当时王南并不在乎这些,也不在乎是否做好对未知将来的计划。现在他最迫切的就是逃离厌烦已久的城市,虽然那里是他的故乡,有父母、兄长与朋友。

来上海之前,王南做的唯一准备就是在网上找了可以落脚的地方,他唯一负担得起的住宿费用,按天计算,一张床位 15 块,包月更加便宜,310 元含水电费,一天摊下来才 10 元。这是看上去不错的求职公寓——梦想驿站。从网上的介绍文字看,干净整洁,制度严明。最吸引人的是字里行间透露出的人情味,让他感觉亲切。当他坐在开往上海的火车上时,仿佛觉得自己仍是应届毕业生,怀着一颗滚烫的心只身来到繁华都市。当意识他正在赶往上海,一切可以重新开始时,他不由自主地感到兴奋。火车上,"想象的场景感染着自己"。

冷冰冰的求职公寓

　　梦想求职公寓总部在上海南站，分部则在浦东新区，王南选择了浦东分部。因为浦东在他心里是繁华的象征，是高品质、优秀的人群生活的地方。"我就是想走一趟繁华地，想知道大都市是什么模样，大都市生活的人群是什么样。或者我内心向往着成为优秀的人，过着高品质的生活，能够放眼世界，把握潮流"。当王南从地铁站拾阶而上，吃惊于眼前突然冒出来的高楼大厦，道路整洁宽敞，高楼林立，"人显得很渺小但又感觉很兴奋，无法描述的微妙。当时庆幸自己选择了浦东这边的求职公寓"。

　　梦想驿站的地址是 XC 路边上一座高层公寓的 17 层。那栋大楼相对周边大楼显得较为陈旧，大楼内部比外面看起来更为陈旧，瓷砖地板有清楚的磨损痕迹。求职公寓并非王南常识中的便宜招待所或者旅馆，而是由一个四房一厅的套房改造。在门口有位工作人员，王南喊他老大爷，负责管理这家求职公寓。他的值班室只是用木板隔出来的几个平米的空间，左边一张两层铁床，堆满了棉被，右边一张桌子，上面摆放着一台老式电脑，记录顾客的出入信息。王南盘算着不会马上就能找到工作，决定包月算，如果中途离开再转为按天算，这样更划算，而且制度允许。老大爷查看了他的身份证和毕业证，开了收据。交完房费，他口袋里只剩下600多块钱了，他却并不沮丧，反倒有些真实的兴奋，至少在上海有了个可以睡觉的地方，有一个月的时间能够待在上海。

　　原先的客厅摆了四张两层铁床，住着 8 个人。往里走是他要住的房间，应该是主卧，绕着墙壁放了 5 张两层铁床，已经有 8 个人住在里面了。他选择了最里面一张床的上铺。这个大爷给了他一床厚厚的床垫和棉被,外加一条毛毯,随即就离开。等他整理好床铺,安置好拉杆箱和背包之后,才稍稍安定情绪,坐在床上细细地观察起这个房间。

斜对着门有房间内唯一一扇玻璃窗,透过窗户可以俯瞰远处的高楼群,这让他感到些许欣慰。至少,窗外的景象,是梦中的上海的模样。然而,屋里屋外对比鲜明。房间很昏暗,空气中似有若无地飘着怪味。因为住的人多,行李和衣服随处挂着、搭着,显得非常凌乱。地板是黑灰的水泥光面,让原本就是毛坯的房间看起来更加老旧。唯一的一张小桌子,放满了被子、牙刷牙膏和洗发水沐浴露之类。房间里有 6 个人,各自一言不发的躺在自己床上,或看书或听歌或睡觉,让他感觉有些压抑和失落。这里不像是大学生宿舍,更像是民工宿舍。或许累了,或许失落,旅程的疲惫渐渐上了眉头,"我也不管床单上的污渍,就这么睡了"。

三月的上海,还是比较寒冷的。此时的南方,已经非常暖和,白天可以下海游泳,晚上光着脚沿着沙滩散步很是惬意。可是王南现在却已远离故乡,置身在繁华都市的一个昏暗而冰冷的房间里,因抵御不住寒冷而在棉被里蜷着全身。窗外已经夜幕降临,远处高楼的灯火已经在燃放,于是他起床,顺便喝了一口保温壶里的水,苦涩难以下咽,"上海的水,真的很难喝"。厕所里有人,其他有需要的人在"客厅里"排队等着。就在这四室一厅里,30 多人合用一个厕所,在王南的记忆中似乎每次都要排队如厕。厕所有个小玻璃窗,漏着丝丝的风,也许因为楼层高,水永远都是缓慢而安静,让人随时担心接不上气。晚上不知道上哪里去吃饭,在场的人却相视不见,都很压抑和冷漠。王南独自下楼,不敢走远绕着公寓转悠。不远处的一条小巷子里,有几家小餐馆,他走进一家粗粗地解决了来到上海后的第一顿饭。吃完饭,时间还很多,但就是不知道要往哪里去,上海对他来说还很庞大和陌生。"求职公寓虽然条件差强人意,但不得不承认,心理已有'家'的依赖,因为别无选择。来上海之前就没有明确的计划,纯粹如同飞蛾扑火般朦胧的向往和践行。想象因为有距离才很美。现在身处这个城市,浪漫感烟消云散,吃饱和温暖的需求却更加清晰和迫切"。

王南边闲逛边盘算着,剩下的这点钱最多也就撑一个月。如果找不到工作,在上海也就只能待一个月了。钱花完后怎么办?一想到这个问题他就感到恐惧,这驱使他一定要马上投入精力找工作,没有闲暇时间去领略上海的风景。梦想公寓占满了整个楼层,老板开辟出一个房间供娱乐,可以看电视,也可以上网,有一台电视机和两台公用电脑。可是这两台电脑长期被两人霸占着,他只好到老大爷的值班室,借用他的电脑在网上投简历,看着职位差不多,要求不高的都投了。接下来几天就静静地等待消息。王南觉得很奇怪,他好像很难融进这气氛中。在公共娱乐室里,除了公用电脑之外,两个学生自己带着笔记本上网,一个看 NBA 篮球视频,一个玩网络游戏。电视机旁十几个人围着看连续剧,角落里几人下着象棋。大家在一起不冷不热,气氛很诡异。当他走进去时有点手足无措,几人瞟着他,他们似乎都辨认出这是新来的。房间里的椅子不够,站着看电视又太显眼,正巧旁边有人起身回房间,他就顺势坐下去,假装看着电视。之后他去过一次娱乐房后就再也没有去过,那里的气氛让他感觉不自在。他说,求职公寓里住的孩子们,有两种明显的分类,一类很积极地看书、看招聘信息、去面试。另一类人似乎延续着大学没精打采的生活,不去找工作,混着一天又一天。

第二天,王南就接到了通知面试的电话,他感到很高兴。面试那天,他穿上了西装和皮鞋,立即感觉与求职公寓格格不入,其他学生看他的眼神,包含着羡慕。这是他第一次真正尝试接触这个都市,试图接近它。他坐着地铁到淮海中路,面试的公司在32楼。他到达之后发现,会议室里已经坐了20多个求职者。王南说他永远都记得当时的情景,有一个个子不高的女人(面试官)进入会议室,开始介绍公司及职位,鄙俗的玩笑让他倒足胃口:"我姓尹,你们也听到了刚才的小姑娘叫我尹总监,但不要误会,不是因为总是被强奸,我是这里的营销总监,所以叫我尹总监。"虽然良好教育背景及个人谈吐得到面试官的肯定,但他已经对这份工作失去了兴趣,他留下来只是为了亲自告诉面试官,刚才那个玩笑他觉得一点都不好笑。当然,可想而知,他又一次的陷入了沮丧与懊悔,"这也许是高尚的情操在作祟吧"。在后来的谈话中他提到,这个公司提供的职位是销售,他觉得他根本就不会做销售。这对他来说是最难的,他感到很痛苦。

那天,当他倚着窗户从32层俯瞰楼下,高架桥上的汽车都显得很小,一辆接着一辆,川流不息。但在那么高的地方,无论名贵与低廉的汽车没有了差别,就是小而已。远处的高楼连绵起伏,堪比高山峻峰,延伸到天边。这个城市真的非常庞大,一个人的变化对这个城市来讲,太渺小了。这时,他暗自责备自己逃离了温暖的海岸,就是为了来这拥挤的城市,像一粒沙一样不起眼的生活着吗?即使能体面的工作和生活,依然还是渺小和寂寞。"这个城市数不清的人,多少喜怒哀乐,儿女情长都被钢筋水泥埋没了,人永远都活在建筑的阴影里"。

面试回到求职公寓,王南突然觉得那里的脏乱和弥漫在空气中的怪异的气氛实在无法忍受。两天后,他就退了房。大爷问他是否已经找到工作,他点点头。"我不想说太多的话,只想赶快逃离那个地方,如同以前这么多次的逃离一样,没有具体的原因,没有明确的去向"。下一步去哪里,王南完全没有头绪。手上拖着行李,让他感觉很负担,就急着要找个地方把行李安置了。于是他在求职公寓附近的一家旅馆住了一晚,晚上到网吧重新寻找新的求职公寓。在上海,能够有一张床睡觉的地方,最便宜的就只是求职公寓了吧。新的求职公寓在杨浦区,当他准备前往的时候,丢弃了一些衣服,皮鞋也扔掉了。本来带着皮鞋是为了面试,可现在他觉得近期不会再用到,因为他已经不想再去面试,过普通人的生活。他现在唯一想的是,先在一个地方住着,花光身上所有的钱,然后流浪大街,体验一下睡大街的生活。

　　新的求职公寓是 8 人间的,已经住了 5 个人,似乎是新装修过的,崭新的木质双层床,地板和墙壁都非常干净。窗户很大,房间宽敞明亮。他曾经闪过一个念头:"如果我一开始就住这家求职公寓,也许对求职生活更加向往些吧。"这里一个月 360 元,中途不住的话,不退钱。但王南感觉这里的气氛好得多,其中两个人已经上班,仍然住在这里过渡,其他人关系也都蛮融洽,互相打闹。房间里有一台 14 寸的老式黑白电视机,在随后的十几天里成了他最贴心的伙伴。

　　交完房费,他身上只剩下 80 多元。和同宿舍的人没有太多沟通,只有他们主要打招呼时才会回上一两句。在这家公寓住了 10 多天,一开始偶尔还出去走走,上上网。随着口袋里的钱渐渐减少,除了每天去买两个馒头,其余时间都不出去。每天躺在床上看电视,边看边就着馒头喝劣质白酒,喝得迷迷糊糊就睡过去。当口袋里最后一分钱都花完的时候,为了 50 元押金,他把房退了。

睡　大　街

　　再一次,"睡大街,可以体验一下睡大街的滋味"的想法又回到了他的脑袋中。那天,他坐在马路牙子上看着那些混在大街的年轻人,开开心心地打闹着,就想着"其他人能过,我也能过"。于是,他真的开始了流浪的生活。王南已经记不清楚行李是怎么没的,只记得一开始身上还背着背包,后来背包也不见了。不见就不见吧,他已经不在乎了。一起混着的人后来送了他一个斜肩包,自此之后就背着这个斜肩包,而它也就成了他全部的财产。当王南从求职公寓出来后,就来到人民广场。他想那里是个很大的广场,又有公园,应该有睡的地方,因为那时候已经有一帮人在那里。

王南轻松地说其实流浪也没有这么难,只要和那个圈子里的人打好交道,他们自有一套赚钱和吃饭的路子:"他们自有一套生存的办法,你只要跟着做就可以了。过了一段时间任何人都可以驾轻就熟。如果有人落单生存就很难。"那时有个四川人看见他在捡瓶子就说:"你跟着我吧。"于是他就跟着他了,白天两人都出去捡瓶子。可是这个四川人懒惰得很,不愿意多捡瓶子,光在那里玩。王南勤勤恳恳捡瓶子赚来的钱两人花,他说自己没有怨言,愿意两个人一起花钱。"那时候太寂寞了,身边有个人还不错"。渐渐地王南慢慢说服了这个四川人好好捡瓶子,两人每天才有吃有喝。他说像他们这种算是比较勤快的,行行出状元,捡瓶子也需要勤快的。他又说自己在流浪群体中属于逍遥派,只管赚钱吃饭。

后来两人来到了徐家汇,一早就在地铁里收报纸,口袋一张放在柱子旁,大家自动会将报纸扔进去,而他就在旁边坐着看报纸。上班早高峰一过,抓抓袋口用绳子一绑,拎到地铁口就过磅拿钱,虽然钱不多却也轻松自在。其他时间就在地铁下面捡瓶子,每个人负责两根柱子。如果其他人看到你在这里捡,识相的人就会走开找其他地方。为了地盘而打架的事情虽然有,但也不多。因为他们去得早,所以占据了好位置,生意也算不错,这也让他的流浪生活不至于太辛苦。下午三、四点，两人就收工，去附近城中村的小店里炒两个菜，再喝上一人半瓶白酒，生活如此惬意轻松。他说两个人像疯子一样，一路上大声唱着歌，大摇大摆的走着，可是他们不管。当我问及他是否会注意别人的目光时，他说："这个是你的地盘，这是你的家，他们经过就好像一些陌生人经过我的家门口一样，我是这里的主人，他们是来回走来走去嘛，你就在家门口看着他们。"

他是一个受过高等教育的人，从事捡瓶子的工作，是否需要突破很大的心理障碍，笔者对此感到很好奇。他说："没有那么多心理障碍需要突破。如果真的没钱，切断了与外界联系方式，又在一个陌生的地方，肚子很饿，怎么赚钱，怎么弄吃的呀？哎，捡瓶子，这是一个不错的方式。"

王南晚上睡得最多的地方是商厦前的长椅子，报纸一铺，往上一倒，"一觉到天亮"。王南流浪的这段时间恰巧是夏天，所以也不觉得露天睡觉有多么难熬，就是蚊子多。绿地有长椅子，公园也有椅子，只要有椅子就睡。但是公园往往6点就关门，一般开放的绿地可以随意睡。他还睡过附近的动迁房子，里面长期有人睡在里面。他说有人专门找动迁房子睡，从来没有花过住宿的钱。当他刚听说的时候还觉得是个好地方，实际上不然。那里灰尘很多，因为没有窗户很吵，没有灯，不习惯就没有再睡。那天晚上他们坐在乌漆麻黑的房间里，害怕不敢睡，可过一会儿来个人，一看是自己人，一会儿又来一个人，一看还是自己人，都是自己人。他说上海体育馆睡着更多的流浪者，那里有高架，高架下面有一大块空地，夏天的时候大家并排躺在那里。有一阵还有人用简易的木板隔起来，一间一间还挺有样子的。但最后还是被清理了，所有木板都被没收，人也被赶走。

获得救助，重回生活

　　也许王南是幸运的，就在他流浪两个多月的时间后，就遇到了一家流浪者救助团体，那家机构不但提供免费洗澡，还提供职业培训和工作岗位。他说他那时候正需要别人推他一把，恰巧在这时候有人在背后推了他一把。两个多月的流浪时间，说短不短，但出路在哪里，心里没有着落。刚开始的时候，在身份证还没有丢失的时候王南去上海图书馆办了张借书证，每天下午保证2—3小时读书读报时间。可后来连同包、身份证包括借书证一并被窃，也就是那时候他彻底放弃了挣扎。如果借书证意味着最后的挣扎，意味着时刻准备着结束流浪的话，那么随着借书证的被窃，他也断了这一念想。"虽然在那个环境，没有人会指责你没有工作，大家都是跟你一样的，没有这个压力啊。没有人说你为什么不去工作。当然和我关系较好的老伯总是说我，你看你条件这么好，为什么不去找工作。他告诉我我可以去找工作。可是，看着地铁里的人，来来往往的，好像实在找不到工作的意义"。他说那时候就是游戏人生的状态，不主动去挣扎，该挣扎都已经挣扎过。他给自己做了个比喻："我就像一片落叶一样，随便水把我带到哪里。当你陷入那个情绪，做任何职业都一样，然后过什么样的生活状态都一样。"

　　可是时间一长，王南还是感觉到了不对，当一个人独处，一想到未来他就愁眉不展，甚至还会暗暗掉眼泪。"我终于体会到，有时候即使撒开了，还是不畅快。那时候我依然觉得不畅快，只是短时间里不去想而已。如果不想过去和未来的时候，可能唱个歌啊，去吃饭，就觉得很畅快。但是又能怎么办，在徐家汇的那个自然条件下，可获得的资源很少。刚好这家救助机构又有推一把的资源。

其实我的内心还是希望有所改变,希望能摆脱那种状态,我认为这是最根本的。那时候边捡瓶子边在反思,怎么感觉不是想象中那么潇洒。我捡瓶子还不是每天为了一顿饭,勤勤恳恳地每天捡瓶子为的就是晚上吃好喝好,这不是一样嘛。你会发现,人活着,还是一样的。无论你是流浪汉也好,还是什么总经理也好,都是一样。你捡瓶子没有那么自由,其实跟工作一样的。言语中的自由只是给你一种意境,并没有跟现实搭上,言语表达只是一种浪漫化的东西。"虽然在捡瓶子的时候体会到这点,但又能怎么样呢?

后来,王南在这家救助机构介绍的餐厅里工作。他说喜欢在厨房干活,洗洗切切。同时,救助机构提供住处,慢慢地他又开始适应起了工作的日子。"他们那里真的挺好的,会进行培训。让你从这样一种状态到那样一种状态,有个过渡。我也就是在他们介绍餐厅工作了几个月后才有点信心,重新投起了简历找工作"。投出简历后他很快找到了比较满意的职位。虽然王南辞去了救助机构提供的工作,但它依然给他提供住处,让他在正式工作后的第一月不会因为没钱租房子而没地方住。"有地方住,有张舒服的床,这是很重要。另外一个就是衣着,那时他特意买了两套衣服,因为不能再穿厨师时候的衣服了。确实是这样,你要从一个状态进入另外一个状态,衣着打扮就要不同"。王南在拿到了第一份工资后,就找了个离公司近的房子,开始了独立的生活。

我再一次见到王南时他的生活已经基本稳定,自己租了房子,身边还有个马上要结婚的温柔女朋友。当我们两个约着见面做访谈时,他大方地带着女朋友,这让我惊讶不已。他们则不以为然,说两人之间没有秘密,看上去相处得很是不错。我问他为什么这么轻松地同意接受访谈,他说他对那段流浪生活有诉说的欲望。

"对于我来说,这一段就好像我喝醉了酒,现在酒醒了,要继续走路，过正常生活。可能别人只是一个晚上就酒醒了，而我用一段人生经历来体验。像我这样，经历越多，越觉得没有什么意义。关键是我没有受伤害啊，基本上我们是比较乖的流浪汉，很多人经常去赌钱"，他这么悠悠的说着。

执笔人：卫伟

回城后的挣扎

在虹口区提篮桥街道的一处老式里弄里，我偶然认识了 H 女士。那时她和她的外孙坐在弄堂里剥豆子准备做晚饭。当我上前询问周边居民的居住状况时，她便抱怨说："哪里有地方住，我们连房子也没有。"经过 H 女士的介绍，才大致了解了她一家的居住地点：在老弄堂里搭起的一座"棚棚子"。目前，H 女士失业在家，H 先生在附近社区做保安，月收入为早先最低工资标准：960 元，交三金。

违章建筑："棚棚子"

H 女士和 H 先生居住在上海虹口区提篮桥街道的一处老式里弄中自己搭建的"棚棚子"里。棚子是用毛竹和塑料布靠在老房子边上搭建而成的，里外共三间房间，分别是"厨房"、"卧室"和"厕所"，大约有 30 平方左右。在"棚棚子"里，夏天太阳直晒之后异常闷热，还有许多蚊虫困扰；雨天时候因为塑料布缝隙，地上十分潮湿、屋顶也难免有漏水的情况；更严峻的是，因为电线是自己拉过来的，也并不很"稳定"，电线电路的杂乱也存在安全问题。尽管如此，H 女士一家还是居住得"井井有条"，生活的必需品基本都较为完备，电话、冰箱、电视等都较为齐全。在这样的"棚棚子"里居住，不需要付房租。H女士说："我们也不是不讲理的人，知道这个棚子是违章建筑，但是不住在这里我们真的没有地方住了，政府也不给解决，原来的房东（房子）也有自己的用场，我们也租不起那些房子，我们也是没办法……水、电费我们当然是要交的，我们还是讲理的，不到没有办法我们也不会这样的。"

知 青 回 城

H女士原籍河南，从小在农村中长大，据她说："当时心思野，想改变自己的命运，总想到外面闯闯，不想当农民了，太苦了。"她到了当时的新疆建设兵团，并经人介绍嫁给了作为知青下乡到新疆的H先生。她开玩笑似地说："被骗了呀，也不知道当时他家是怎么回事，只以为是工人家庭出身，又是上海来的，总归成分是好的，哪里知道原来他在家乡早就没有家了。"

H先生的父亲是老上海人，而他的妈妈是江苏人，当时在迁户口的时候因为延误了时间，就成了"口袋户口"，没能迁入。作为让她母亲工作"转正"的条件，年仅15岁的H先生就成了"知青"下放到新疆建设兵团。

H先生在新疆支边期间娶了H女士，并生下了一儿一女。1986年，H先生一家在返城时被安排到江苏高邮（由于母亲的户口），而H先生不同意，一定要回到上海，正如他所说："从哪里来的就要回到哪里去。"

起初回到上海，由于没有工作，全家举步维艰。家里也没有帮上什么忙。H先生的父亲在文革期间被打成"反文革"，原先的房子被没收。回到老家，一家人一直寄宿在邻居的屋檐下。后来形势好转，政府就分配给他们一间新建路的房子，13.5平方米，而他家一共有兄弟7人。

后来，经过同样来自河南（H女士的老家）的在闵行区吴泾医院工作的老乡介绍，H先生到了吴泾镇的一个冷库中干活，H女士也跟随到了塘湾乡纱线制造厂里织布。通过当时的房东——吴泾文化馆老馆长的关系，他们的两个孩子到吴泾的小学借读（借读费用是普通孩子的两倍）。H女士辛酸地回忆道："当时还要吃饭，还要供两个孩子读书，是借读。我们最苦的时候，两个孩子才吃一根火腿肠。"（H女士边拭眼泪边说）"后来由于冷库赚得太少，而且拿不到现钱，都是最后给的，还是那个老馆长，帮我们找到了一个工厂里工作。这么一做就做了十年。"

直到1997年，H先生在工厂中脚部受伤，经鉴定为"六等伤残"，由于没有用工合同，当时单位并不承认，H先生一家几次上诉，终于获得了22000元的赔偿。法官和一些朋友就劝他们："户口迁回来会好一点，但按照政策呢，只有陆续回来，先把H先生的迁回来，然后是子女迁回来，再把H女士的迁回来……先把大女儿迁回来，小儿子就暂时在外地，送过去当兵，复员可以回来。"于是在2004年，H女士就把小儿子送去参军。

迁户口几经周折

虽然H一家早在80年代就回到了上海，但当时由于档案遗失，户口一直没有办法上来。这次正好借着官司，既可以变回上海人，又可以在官司中多争取些利益。于是，H先生一家急于将户口迁回上海，开始了断断续续的户口迁入历程。

一、在工伤发生时，H 先生的户口先迁了回来。

二、户口是按照上海旧居面积给办理的，户主由于老人出让等原因成了 H 先生的妹妹，而 H 先生的妹妹提出要 5 万块钱才给办理户口的要求。这下急坏了 H 女士，她在叙述中说道："穷真是穷疯了，什么样的要求都想得出来，唉，在上海，穷人家真是'人情薄如纸'啊。"

三、H 先生的母亲偷偷将户口本拿出来给 H 的大女儿上了户口。没想到大女儿嫁了一个一样穷困的家庭，目前失业在家（租在闵行），女婿在闵行的工厂里工作。

四、H 的小儿子复员回上海后由于政策的改变没能去派出所，只去了药厂做工，目前尚可。

五、为了解决 H 女士与儿子的户口问题，他们作为军属参加了 2008 年的建军节晚会。晚会上，H 先生身着有"＊＊"字的汗衫试图冲上舞台，被工作人员及时劝阻。在此之后，通过居委会、街道协商帮助 H 女士和儿子的户口问题得到了落实。

工伤后回到虹口，没地方住

后来，由于回到虹口区（按照户籍在虹口，闵行区不给保障）没有地方住（户籍房屋被原先的亲戚占着）、亲戚家也关系不好，于是 H 女士一家人就租借在提篮桥附近的居民房中。虽然房东对这一家人也较好，但居住条件十分简陋。期间，H 女士一家数度向居委会、街道申请低保，"和居委会说你们不给我们低保，我们怎么生存呢，居委会说：'你要是吃低保，我们居委会就 600 个人要吃低保。'我说：'为什么？'他们说：'我们棚户区，穷人太多。'"

直到 2007 年的时候，房东告知 H 女士家自己的外甥女要来

上海,所以房子需要腾出来。当时正值旧城改造大拆迁,于是 H
女士家就和房东商量好,到时候新建路上有户口的房子拆迁后分
到钱或房子就一起搬。可是直到 2008 年时旧城改造临近结束,H
女士家的老房子还是没有轮到拆迁。房东的房子到了期限另有用
途,而 H 女士一家靠自己也负担不起租其他更高价位的房子。
2009 年 12 月,房东向 H 女士家收回房子。于是他们只好借住在
高阳路月付 700 元的房子内(留给小儿子居住),自己 H 女士和先
生就在楼下的弄堂里搭建了一个"棚棚子"。H 女士说:"有很多原
先比较要好的居民都突然变了,觉得我们是违章建筑,就去投诉。"
期间城建队将棚子拆了 5 次,使得 H 先生一家经济更加雪上加
霜。但是,H 女士一家坚持在这里,她说:"在外地漂泊、租房子都
三十几年了,我不想一辈子都这样子。我们也不能借在闵行,老公
在这里做保安,一来一去的交通费,就剩不了钱了。而且因为我们
户口、房子(其他兄弟住着)在这里,要是去闵行了,这里的就没份
了,那这辈子就完了。"

　　2010 年 4 月,H 女士一家屡次向街道申请廉租房未果,而家
里确实又面临着住房困难。于是 H 先生家就在虹口区的闹世地
块开始睡马路,并打出"流浪家"的牌子。他们向路人发送自己困
难历史的传单,向路人诉说故事,还编写了一段顺口溜:

全国人民奔小康

我却身歇在马路上

倒流沪上来打工

六级伤残留脚上

用工单位一脚踢

法院不给做主张

五次申诉去法院

次次没有啥名堂

为了生存四处奔

政府见我头发涨

　　三天后，他们的露宿抗争惊动了"803部队（H女士称）"将他们抓了起来。H女士说："如果能坐牢还好，有地方住，吃的还好，但到了派出所，那的警察说'不该抓，是我们弄错了'，街道也表示尽快解决这些个问题，我们也不是不讲理，但谁知道一直拖。不过还好，现在每个月补贴我们一点钱，不过说不能说出去，说了就没了。"H女士接着说："不是本地人，街道不给你搭的，他们政府也知道理亏，现在也暂时不来拆了"。H先生也说："如果把我这个房子拆了，我们就没地方住了，还去那边（最繁华的闹市）去搭个棚子睡，他们想干嘛就干嘛。"

　　最终街道出现劝说，他们又回到棚棚子，并拿到了街道的一点秘密补助。

　　　　　　　　　　　　　　　　　执笔人：章晶晶

老潘与老曹：曾经是上海人

在流浪者这个群体中，有这样一群特殊的人，他们可以说是上海人，而且还说着地道的上海话。但是因为年轻时候被下放到农村，支农支边，户口被迁走，现在有一部分回到了上海这个城市，在这个城市却没了他们的容身之处，成了流浪者。

老潘和老曹其人

第一次认识老潘是在一家救助团体的周六活动上，他头戴黑色鸭舌帽，灰色外套，脚上一双皮鞋，背着个优质公文包。正犹豫着以什么话题接近时，他那容易辨认的上海腔普通话给了笔者机会，于是上前用上海话问他是不是上海人。他却用上海话回答："不好意思，我真是不好意思，他们来火车站接人，说可以洗澡跟吃饭，我问伊我有资格过来哇，伊讲没关系，一起去。哦，那我就跟过来了。"在接下来的言谈中，老潘不断用"不好意思"表达着自己的情感，强调着是大家说可以一起去，他才跟着过来的。当我问道他看上去不像在火车站混的人，怎么流浪在火车站时，他的话匣子打开了。

老潘在 7 岁之前住在静安区的＊＊路，家里有 7 个兄弟姐妹，父亲的微薄工资无以养活他们。1961年街道居委上门做工作,父亲为了吃饱饭,同意全家迁到安徽农村。除了在松江工厂上班的大哥的户口留在松江外,全家的户口全部迁到了农村。"阿拉爷也老实,上头一来动员,就让人家户口本拿去了。实际上,阿拉爷在上海苦日子也过怕了。老早伊是蹬三轮车,晓得哇,你也晓得的,三轮车嘛收入也不固定的,一天有,一天没。阿拉屋里厢小孩也太多,我有6个兄弟姐妹,当时我最小的妹妹刚刚养出来,我在小孩当中是第4个,上头还有一个阿哥帮二个姐姐。这么多小孩实在是养不起,这个哪能办呢? 阿拉爷讲,到了农村,把鸡当萝卜干吃。你说好笑哇,把鸡当萝卜干吃。到农村一看才知道农村也困难得要死,没东西吃,三年自然灾害,到处没有东西吃,农村也没什么吃。好,阿拉一家门就下放到安徽农村种田。实际上,阿拉娘是不愿意的,那天伊拉出去了不在家,有人来了,阿拉爷也老实,就直接让人家把户口簿拿着跑。一家门的户口全部迁到农村。这个,侬拖一拖,讲要考虑考虑,商量商量,毕竟阿拉娘不在屋里。阿拉爷老实,真的老实!"隐约中感到老潘认为全家被下放到农村是父亲同意的,因而没有太多的不公平感,"六一年上海人就已经太多了,没地方住。没地方住怎么办啦,总归要有人迁出去的呀",他唯一抱怨的就是"父亲真是老实"。

　　老曹,上海人,60岁,满口牙齿几乎全部脱落,只剩下上面几颗门牙,因而听太不清他的话,他的普通话已经听不出任何上海口音,只有当他说起上海话时才确信,"哦,原来他真的是从上海出去的"。看他走路时仿佛随时会倒下,可永远能走那么多路。老曹是个有意思的人,但起初笔者不太注意。一次,在救助团体的游戏中给我留下了深刻的印象。游戏规定答对题送袜子,但要举手得到主持人的同意后站起来回答问题。主持人说完第一题,老曹第一个站起身,主持人重申了规则后仍请他回答,可老曹支吾半天答不上题,主持人只好请其他举手的人回答,当然他没有拿到袜子。后面的每个题,老曹重复着同样的动作,第一个举手,站起身,却回答不上问题,底下看到老曹的举动全都哈哈大笑,可他不管,依然我行我素。游戏结束,老曹靠实力没有拿到一双袜子,倒是主持人以参与性的名义将多余袜子送给了他,还有其他答对题的人将自己的袜子送给了他,他一边感谢一边说着听不懂的话,只能听到"冬天需要袜子……送给其他人"之类的话。

老曹有着与老潘类似的时代性经历,16 岁时作为家里的长子到新疆支边。一开始住地窝窝,吃窝窝头,因为在新疆兵团的生活实在太苦,90 年代初,离婚后的他一个人逃回了上海,当时父母已经去世,下面的兄弟姐妹都已结婚,原来的老房子被动迁,他没办法挤进任何一个家里。

流浪生活中的苦与累

在下放的村里,有另一户人家跟老潘家一样是上海人,平日里他家也只与这个人家串串门,一般不与村里的其他人家来往。他们在家里都说上海话,村里人都听不懂,所以老潘从小知道他家很特别,他讲的是上海话,"讲的言话都不一样"。他说:"当时下放的人家不得了,有几千家人家,全部一家门、一家门的迁到农村,户口全部迁出去。我和小阿姐不肯到农村去,就在上海揦(硬拖着不走)了一年多。当时我只有 7 岁,阿拉阿姐 8 岁,两个小人,饭也没地方吃,就到菜场捡人家扔掉的菜叶子吃,困没地方困,就困在马路高头。当时的房子全部是公房呀,户口一搬走,房子就没收掉了,那时候我和小阿姐流浪了一年多。实际上呢,农村是老欢喜男小孩,因为缺劳动力嘛,我到了农村,老受欢迎的。为了帮爷娘挣工分,有工分才有饭吃,到农村去的就我一个男的,小学四年级也没上完就到地里做什活了,一直种地种到现在。"对于这个下放的上海人来讲,大冬天的睡在外面,心中不免惆怅,设想如果老早没下放,"我也有可能已经下岗了,但下岗有劳保工资拿,有最低生活费,至少有房子住,不至于冬天了还睏在外头"。

　　在这四十多年间,原来的街道几乎不曾与老潘家有联系,只有一次,安徽前几年发洪水,静安寺街道派人去慰问,发了4 000块钱造房子,实际上这钱根本就造不了房子。有一次老潘来上海找到了原来的街道派出所,还能在原来的户籍名单中找到他们一家人的名字,对此,老潘颇感欣慰。在此期间,老潘家与上海的亲戚常有往来,因而没有和上海断了缘分。而老潘这次来上海是为了挣钱,他想上海应该好挣钱,没想到工作这么难找。7月份下火车还算是找到了份临时工,包吃包住,但10月份老板就不要他了。他把前两个月的工资寄回了家,身边只留了一点钱,本想火车站找工作容易些,几天工夫就在外头熬一熬,等找到活干就好了,可已经一个多月过去了他依然露宿街头。他说如果有个保安的活干干就心满意足了,可问题是连干保安人家都嫌他年龄太大,没人要。安徽家里只知道老潘来上海打工,不知道他流落街头。在火车站的一个多月里,老潘没有给家里打过一个电话,"老婆问有没有赚到钱,怎么说,没法说,那还是不要打电话了"。按照老潘的想法,到过年之前赚不到钱,即使露宿街头也不打算回家,用他的话讲自己连吃饭都吃不饱了,没办法回去。说到这些时,老潘神情落寞而无奈。

　　如果说第一次见面尚未能从外表上一眼看出老潘的实际情况,那么事隔一个星期在火车站的白玉兰广场再次相见时,便能轻易地看到他身上的变化。最明显的，天天背在身上的那个包，拉链坏了，"讲老实话，这是个很好的包，但天天背在身上，什么东西都往里面塞，一会拉开一会拉开，拉链怎么可能不坏掉。真的，再好的包也没有用"。其次，虽然看上去衣服还算是保持着整洁，可当老潘不经意举手时发现，胳肢窝处的线开一个虎口大的口子，里面白色的棉絮露了出来。第三，上次见面敞开的衣领，现在拉链拉到最顶端，感觉整个身体都缩在了衣服里，可能天气太冷。聊天期间不时能看到爬在皮肤上的鸡皮疙瘩，而他用力地咬紧着牙关。当然，老潘本人也注意到了身体的变化，"你看我这两天的脸色是不是要比前一个星期差些？"面对这么尴尬的问题，我草草敷衍过去。

　　由于吃饭和睡觉是露宿者最大的两件事，所以每次见面总不由自主的问起吃饭这件事，"这个怎么讲呢？"老潘总是回答这句，有时会说"刚刚吃了碗阳春面"。天气越来越冷，有一阵夜里的室外温度降到零度以下，初来乍到的老潘在广场上的日子越来越难过，他依然没有钱买床被子，或许也因为想着暂时的熬一熬，也就能省就省了，将就着和广场上的其他上海老头挤一挤。老潘听广场上的其他人说救助团体为了庆祝圣诞节今天要发被子，一看到我就打听这事，却没有像胖子（广场上的另一位露宿者，年轻体胖，平日里干点零活）那样嚷嚷着一定要领被子，"吃饭洗澡倒是无所谓，我其实就想去拿被子"，他悄悄的跟笔者说。笔者和他们（广场上的其他露宿者们，有十多人）在广场上等着救助团体的工作人员来领人，老潘就说起了这几天在广场上发生的事情："前几天城管把很多人的被子收掉了，现在好多人也没有被子，所以这次好多人都等着去领被子呢。""照理讲，这个城管也不对哦，这么冷的天不应该把被子扔掉。被子放在那里可能看得出来，可是你可以好好说，比如上面来检查的时候，你通知一声，大家就收收好，也不至于把被子丢掉,这么多被子哦,全部都被收掉了,真是作孽。"老潘还说起另外一个故事,估计是其他人讲给他听的,"去年这个时候,城管在收被子的时候,有个外国人,是个女的,赶过来阻止城管没收被子,一边从车里把被子拉出来,一边生气地说:'天气这么冷,怎么可以没收被子,他们睡在街上没了被子会冻死。我们是外国人,还给他们发被子,你们是中国人,怎么会这么对待中国人。'当时广场上很多人都围着看,可没有一个人帮她,到最后被子还是被拉走了。"说着累了,几个人就在台阶边边上坐了下来,同样等待着的年轻人打闹了起来,潘看着他们悠悠地说:"你看,他们看上去开心的很,他们是过惯了,也不考虑什么问题,有的吃就吃,有的喝就喝,有的玩就玩。我是不习惯。晚上睡不着,不敢闭眼睛,实在不敢去想,也想不下去,哪能想得下去。"

冬天天气太冷,大家躲在肯德基堂内取暖,老潘和其他几个年龄相仿的上海人坐着喝茶、聊天、看报纸。他依然是原来那副穿着,背着那个面目全非的包,这周皮鞋的线也断了,皮和鞋底间露了个口子。笔者刚一坐下,他就抱怨上次发被子活动中的不公平,说:"哎,小姑娘,你们这种发被子的方法一点都不公平,居然跟着去就有被子。你们单位的领导肯定不知道底下的人是怎么发的被子。上次领到被子的都是年轻人,一个个身强力壮的,他们有被子,有的人在网吧睡,根本不需要被子,你们还给他们发被子。发给他们被子好好用也就算了,一转手卖了,二三十块钱一顿饭就吃掉了。你说作孽哇,人家好心给的被子,他一转手就卖了。像有种人没有被子,我不是指我,在这里混的没有被子的人多唰,却领不到被子。你要和你们的领导反映一下我们下边人的想法,真的要反映一下,不然这根本就不是在做好事,没有帮到真正需要帮助的人哪。"这周,老潘依然没有找到工作,也没有打算新年回家,为了在冬天能够过得下去,他必须有条被子。老曹在旁边只说去年的被子要比今年多,而且今年大部分被内定了。

五味杂陈的亲戚

其实,老潘有个表哥住在闵行一号街,偶然才去住上一天两天,一方面他需要的是工作,表哥已经退休,没有能力帮上他;另一方面本人也不愿意去打扰,对方不知道老潘在上海的实际情况。他帮着表哥考虑说:"我去,阿哥肯定老热情的,但是屋里厢又不是阿哥一个人,还有阿嫂呢,阿嫂又哪能想。去一趟两趟是可以的,老实说,去总归老热情的,但是常去面子上总挂不住。而且,不能让阿哥没面子,阿嫂想,你的亲戚哪能这副样子。不去,不想去,都混到这副样子了,哪能好意思再麻烦人家。上次去阿哥偷偷给了300块,用到现在,还好有这300块,不然早就没饭吃了。"

"这个根本就不是在过日子,而是混日子",老潘无奈地说到。坐在一旁的老曹则说:"我从来不考虑这些,我就是过一天算一天。"老潘用眼睛直勾勾地盯着老曹说:"侬这个怎么可以不想呢?老阿哥,你现在也有60岁了,我们在火车站已经认识老长时光了,我这个人欢喜讲老实言话,我就跟你说,你现在身体还可以哇?!但是啥人晓得啥时光身体就不来赛了,到时光你哪能办,啥人回得来帮侬。侬两个阿弟也不可能来帮弄的。"听到此处,老曹生气了:"啥人要伊拉帮,我跟伊拉早就讲过了,我不要伊拉来帮我。不管我在外面有什么事情,不要伊拉来照顾我。""现在的问题是,不是侬不要伊拉来帮侬,是伊拉也不愿意来帮侬,这个哪办?你想过哇,这个侬怎么可以不想的呀。你看我现在53岁,头发全部白了哇?侬60岁,头发也没我白,侬也是轻心思的人,平常不想么什的。依啊，在外头这么多年，也习惯了。真的，老阿哥，依哪能好不想呢，要想的!"老潘就这么一厢情愿地劝着老曹。老曹常常买饮料给广场的保安饮料喝，老潘对此也感到愤愤不平："这广场又不是伊的，跟伊搭什么界啦，用不着讨好的。他是拿工资的，你是捡瓶子的，凭什么倒过来你买饮料给他喝。你自己都舍不得买饮料喝呢!"老曹却一字一字认真的说："要的，哪能不要啦。该买的还是要买。"

聊到这里，老潘认真的数落起来："照理讲，这不应该的，依的兄弟姐妹啊也真是没有良心。当时依是家里的老大，16岁就到新疆这么远的地方支边，对家里是有贡献的。不然依弟妹插队的时候怎么可能这么近，上面肯定考虑到老大已经到了这么远的地方，其他的就近一些吧，好照顾照顾家里。现在居然连门都不让依进，不要说住了。"可老曹说："户口没回来呀，这个有啥办法。再讲，当时动迁的房子也老小的，只不过一室一厅，去了也没地方困，还是算了吧，我就'蹲'（上海话中的"蹲"和普通话中的住有些差异，他不只是指晚上睡觉，还指白天的其他活动）在外面哇。"他为了能够把户口迁回来拿劳保工资，跟着新疆回沪知青们一起信访，据说前几天跟着去信访过一次。老潘对老曹可以去信访这件事情颇为羡慕，"你们是可以闹的，有政府，有单位，新疆的兵团不可能不管这件事情的。像我们都不晓得去找谁，一说下放，就把我们扔在农村不管了。"

过完年，当笔者重新回到白玉兰广场，正值世博会紧张筹备的前两个月，白玉兰广场上已经看不到大部分熟悉的面孔，当然也找不到老潘的身影，心想着他是被送回了家还是自己回去的？他在后面一段时间找到钱了吗？回到家的日子会比火车站好过吗？两个月后，广场上的另一位上海籍露宿者恰巧提起老潘：年前他就回去了,他在前几个星期看见老潘正在一个小区当保安。而老曹,即使在世博期间依然住在火车站附近,依然跌跌撞撞的捡着他的瓶子,每周去不同的救助团体洗澡吃饭,参加活动,唱赞美诗。老曹说自己信教,是基督徒。笔者对此总是将信将疑,可每次看到他那么专注地唱着赞美诗,还是会被老曹感动。

附:在写完此文的两个星期,一天大雨,老曹在走下坡路时摔了一跤,据说摔断了盆骨和大腿骨。当时不知道联系谁,就打的110,110开着车送老曹去了医院,可谁也不知道老曹后来到底怎么样了,病情如何?被家里人接回去了吗?还是被送回户口地——新疆了呢?天天和他一起捡瓶子的老头说:不知道现在还活着哦?!

执笔人:卫伟

打工，带来带去；居住，住来住去
——三姐妹在城市

三姐妹同住一间房

刘云欣、刘雨欣和刘怡欣是同胞三姐妹，现都在上海松江区车墩镇打工。她们来自湖南某边远山区的小乡村，云欣在家排行老大，生于 1988 年；雨欣是老二，1990 年生；怡欣在家排行老四，1994 年生。在 80 后几乎都是独生子女的上海，竟然有这样的三个亲姐妹，在一个镇上班，且住在一个房间，实在罕见！

在车墩镇上一套三室一厅的房子里，三姐妹租住着其中的主卧，12 平方米左右，月租 700 元。狭小的空间里摆放着两张紧挨着的大床，衣柜、电视柜占据掉不少空间后，房间里其余空间站人差不多就要脸对脸了。就是在这个空间，承载了一个家庭的几乎全部希望，老三在老家已经订婚了，家里就靠三姐妹补贴家用。三姐妹都身材小巧、五官玲珑，外貌神似，性格却各异：大姐云欣活泼中不失稳重，老二雨欣伶俐而又泼辣，怡欣则在乖巧中略带些许羞涩。怡欣是 2011 年春节后由大姐带到上海来的，这是她 17 年来第一次出远门，经二姐介绍进了二姐所在的工厂，这也是她的第一份工作。到了上海，两个姐姐就带着怡欣去做了一个非常有个性的蓬蓬头,并教妹妹穿着打扮,"否则太土了",众多小姐妹一起聊天或吃饭时,两个姐姐也一直制造机会让妹妹多开口说话。一直微笑着的怡欣也许现在还不能完全理解姐姐们的好意,她能经姐姐带到上海,顺利进厂,吃穿不愁,处处有人照顾和指点,这是云欣和雨欣曾经做梦都想要的啊! 怡欣能有今天,背后有多少大姐和二姐的摸索和努力,只有她们自己知道。

姐姐云欣最先出来打工

　　云欣在四姐妹中属学习最好的,于 2003 年 6 月初中毕业,考上本市的一所三年制中专。前面一年半都在学校里上学,后一年半则安排进厂实习,文凭要实习完成后,也就是三年后才能拿到。实习的程序是这样的,先是很多厂家来学校招人,每个厂家都有自己的要求,学生们根据厂家要求和自身条件锁定一些厂家,经老师推荐后去厂方那儿面试,经笔试和面试后方能进厂实习。云欣说当时富士康也来学校招人的,但是这个单位对身高要求比较高,云欣说自己个子小,不符合条件,所以没有进这家厂。笔者调侃说幸好没进这家厂啊,不吉利,云欣也调侃说即使自己进了也不会跳楼的,满是肯定的语气。在交谈中笔者很容易被她那种对生活的热爱所感染。

　　云欣是 2005 年 3 月到广东东莞黄江镇一家大型电子厂实习的,她和学校的上千名校友一起坐着统一的车子到的黄江。开始的三、四个月里,她们算是实习生,云欣和她的校友们住在另外安排的非正式员工集体宿舍,比较旧的房子,一个宿舍住 12 个人,上下铺的那种,每个人有属于自己的柜子,房间里有阳台,卫生间则在房外,公用的。三、四个月后,云欣就是正式员工了,得重新安排宿舍。她和两三个自己同班同学约好分到了一间宿舍,新宿舍房子是新的,室内更加干净和整洁,每个房间住 9 个人,管理更加完善,有舍监管理卫生和安全等。

云欣在这家厂做了整整一年,2006 年 3 月底回的家。这一年里,厂里虽然说是包吃包住,但是每个月在她们的工资里扣了 150 元。她一直在流水线上干,要跟上线就得动作快,产品的不良率不能太高,这样绩效才会好,才会有更高的工资。每个月都是有底薪的,工资的多少取决于计件完成的数量和质量。云欣说厂里的伙食很好,种类很丰富,可以随便吃,她说这一年自己"长胖了"。一年之后选择离开,一方面是因为云欣的好几个同学走了,没有了同伴,她觉得很失落,也想离开;另一方面则是一年都没有回家了,她也想回家了。她虽然回家前和经理说的是请假,一共请了 20 几天假,说好回去之后会再来的,很多东西都还在厂里的,但她心里面是打算好了不再回去的,就算是自动离职了。

雨欣跟着姐姐出来打工

在家待了三个多月之后,2006 年 8 月,云欣和初三读了半年后辍学、在家待了半年的妹妹雨欣一起去广东找事做。她们先是到了广东中山的姑姑那,在姑姑家住着玩了一个星期,姑姑家在那边买了房子,房子很大,还有花园,所以她们在姑姑家住客房,居住环境不错,之后两人去了广东长安,因为有个姐姐在长安的一家电子厂,她可以介绍姐妹俩进厂。在长安时,她们住的则是姐姐家租的房子,由于房子小,只有一室一厅,所以她们只好打地铺,在客厅的空地上铺了凉席,姐妹俩睡一起,吹着空调住了三个晚上,之后就被介绍进厂。姐妹俩进的是一个有两三百个员工的厂,算是中等规模,老板是日本的。因为厂里包吃包住,所以她们就搬到了厂里的集体宿舍,是 12 个人一间的宿舍,上下铺,房间里有自带卫生间,24 小时供应热水。虽然有点挤,但生活很方便;日本籍经理和员工一起吃食堂,食堂伙食非常好。开始时是包吃包住,后来物价上涨,住是免费的,但吃饭就不免费了,每月在工资里扣饭钱。

雨欣在这个厂做了 8 个月,到 2007 年 4 月,就回家休息。妹妹辞职是嫌工资不高,想换个环境,云欣说自己和妹妹不一样,她喜欢稳定,所以不会轻易辞职,在她看来,在哪个厂做都差不多。2007 年 6 月,云欣所在的厂由于地价和房租等原因搬到了更加偏僻的桥头镇。工厂换了个地方,对云欣的工作没有改变,但生活发生了一些变化,原来住 12 人间,在桥头则是 8 人间,但房间里只住了四、五个人,所以大家基本上都是住下铺,房间里很空,桥头的房子比长安的更新,房间更大,阳台也更大。

两姐妹各去不同的地方

在家玩了两、三个月后,雨欣和一个同乡一起去了广东省肇庆市。去那边是因为雨欣有个好友兼同学刘芸有亲戚在肇庆,刘芸通过亲戚帮忙在肇庆找到了工作,她告诉雨欣自己在肇庆做得不错,于是雨欣就和一个同乡一起去肇庆,由刘芸接待她们。到肇庆后,雨欣和同乡经刘芸介绍进了一家做五金的厂。她们与人合伙租了一套三室两厅的房子,月租是 500 元,一共住了十多个人。雨欣与另外两人合住一个房间,房间里有两张床,一人睡一张,另一个人打地铺。当时雨欣一个月出 70 元房租。

雨欣在这个厂从 2007 年 8 月做到了 2008 年 2 月,离开五金厂后就回家过年，在家休息了一段时间后，雨欣和好友刘芸一起于 2008 年 4 月到了上海的松江。来上海是因为刘芸的姐姐在松江。雨欣和刘芸到了上海之后就住在刘芸姐姐那里，由于刘芸姐姐夫妻也只租一个单间，她们住在那里只能打地铺，住着不太方便，所幸她们很快就被介绍进厂，找到工作，就自己租了房子住出去了。雨欣和刘芸租的是一套三室一厅公寓里的一个隔间，公寓的客厅被隔成一个房间，她们就住这里，厨房和卫生间都是公用的，月租是 300 元，雨欣每月出 150 元。刚开始只有雨欣和刘芸两个人，后来又来了一个同事和她们一起住，房租平摊。

2008 年 6 月，雨欣嫌工作辛苦且工资低，辞职回家。2008 年 10 月，雨欣再次与好友刘芸来到上海，这次她们在刘芸姐姐那住了一个晚上就不能住了，因为刘芸姐姐正和丈夫吵架，于是雨欣和刘芸只得自己想办法找住处。因为刘芸之前在上海进过厂，她就带着雨欣混到她曾经工作的厂里的集体宿舍去住，当时的集体宿舍里有好几张空床，刘芸的前同事给她们提供床铺，她们就在这里住了一个星期，可以用"刺激"来形容。她们俩拿着假厂牌进进出出，保安多次拦下她们，她们就说是请假的，所以不用上班。这一个星期，对雨欣和刘芸来说都很漫长，她们找工作不顺利，工作没有着落，心理压力很大，住又没有地方住，每天偷偷摸摸地混到厂里去住，看着口袋里的钱越来越少，吃饭都舍不得。雨欣说起这段找工作的生活时非常动情，说那时真是"心酸"，所以"很珍惜现在的生活"。一周后，她们找到工作，进了一家电子厂。厂里不包住，她们自己在外租房，租的是一个公寓的一间，房间里带一个大阳台，房间和阳台加起来有 20 平方米，很宽敞，房间里有一张双人床，月租是 450 元。后来有一个同事和她们合住,就三个人住一个房间,因为两个人上日班,一个人上夜班,所以一张床也不冲突。

两姐妹重新在上海相遇

妹妹雨欣几次三番辞职又进厂,云欣则在妹妹第一份工作的那个厂干到了 2008 年 12 月,差不多两年半。实在是想透透气,换个环境,云欣 2008 年年底回家过年后在家玩了三个多月。2009 年 4 月,由于妹妹和朋友都在上海,并且这边工资比较高,所以云欣也来了上海,在雨欣和朋友合租的房子里住了三天,就经妹妹的好友介绍内招进了同一家电子厂,不用出介绍费就找到了工作,很顺利。云欣的到来使房间变成了四个人。她们四人,两人上白班,两人上晚班,因此房间一直都是有人的,床一直都有人睡。

2009 年 7 月,云欣另找了个住处,就是三姐妹现在住的那套房子,租的是一个次卧。房东是上海人,二房东是安徽人,在松江卖熟食,一家三口都在上海,儿子已经十来岁了。云欣是和另一个老乡合租的,一个房间,装修还不错,有张双人床,衣柜、电视等家具齐全,月租 500 元。选择和妹妹分开,单独租房是因为四个人一个房间太挤了,四个人一张床,平时上班还好,不会冲突,一旦节假日就得四个人挤一张床,根本睡不下,只能去网吧通宵,但这并不是长久之计。因为四个人里面是云欣最后来,所以她主动提出分出去住,妹妹也觉得这样好。云欣进厂时是品检员,做了四个月,后来干了八个月的巡检,现在则是组长,管理品检员。笔者说她"升官了",云欣说自己虽然做管理,没有流水线上那么辛苦,但是任务很重,压力也很大。尤其是现在要和客户直接接触，验货时许多事情需要沟通，有时候会繁琐，很操心，"管理层也不是那么好当的"。

图一　云欣和同乡租的房间之一，两人合住一床。（帅满摄）

坚持要在上海

做了一年，到2009年10月，雨欣觉得累了，就想回家。回家休息了两天，雨欣就闲不住了，想找点事干，但又不想离家太远，就在县城的一家大型服装店找到工作，帮别人卖衣服。雨欣有个同届但不同班的朋友正好在县城里租了房子，于是雨欣就租到了朋友隔壁，租的是一个单间，房间里除了一张床、一张桌子和一张凳子外什么都没有，卫生间公用，由于是和朋友合租，所以110元的月租雨欣只要出55元。在县城上班收入低，只有六七百块钱，所以房租对雨欣来说也是一笔不小的支出。年底，由于雨欣爷爷病故，雨欣就辞职回家，云欣也请假回家奔丧，结束后回厂上班。

2010 年 3 月时,房价波动,云欣的房租也由 500 涨为了 550 元。过完年,在家待了一阵,雨欣于 2010 年 3 月 5 日第三次来到上海,这次是和另一个好友来的。雨欣和好友先在云欣那落脚,然后租了云欣租的同套房子的另一间,房间挺大,装修也不错,有两张床,家具齐全,月租是 650 元,雨欣与好友合住一床,房租均摊。这正是开篇提到的那个房间。一个星期后,雨欣和好友找到工作,进了同一家电子厂,在流水线上作业,黑白两班倒,白班从早上七点半到晚上七点半,晚班从晚上七点半到早上七点半。至此,云欣和雨欣住在同一个屋檐下,住着一墙之隔的两个房间,但是两人并没有合租在一起。

2010 年 5 月初,云欣的室友离开了上海,云欣就住到了妹妹房间,三个人合租。姐妹俩由一个屋檐下住变成住一个房间。半个月后,云欣的一个同事搬来与三人合住,四个人共享一个房间,有两张床,两人上日班,两人上夜班,所以住得也比较宽松。2010 年 6 月 17 日,雨欣的好友辞职了,于是房间里只有三个人住,不久雨欣又找了个自己的同事来住,恢复了以前四个人住一个房间的情景。雨欣很欢迎同事来补缺,因为“可以节省房租啊”。雨欣经常说的话就是:“我出来就是赚钱和留钱的,哪里的工资高就去哪,开支能省就省。”雨欣跳槽比较频繁,在一个厂待的时间都没有超过一年,她的回答非常干脆:“哪里的工资高就去哪!”

雨欣进的厂效益不太好,“没订单的时候就闲一点,有订单的时候就天天加班,并且这种‘黑厂’没有加班费,全是‘义务劳动’。”雨欣打过几次匿名投诉电话,但是没有任何结果,很无奈。2010 年 7 月,她跳槽进了另一家厂,住处不变。

姐妹俩综合下来,觉得在这么多地方打过工,“还是上海这边好,工资比较高,也比较自由,因为可以自己租房住,而不必住厂里的集体宿舍"。发展正常的话,她们会一直在上海做下去。正是因为对上海满意,所以云欣 2011 年回家过春节时会把怡欣带过来,也才有了本文开篇的一幕。拿云欣和雨欣的话来说就是,"我们两个在外摸索和拼搏了这么久,总算找到个比较好的地方,稳定下来,怡欣比我们享福,坐享其成"。

重要的"关系":打工,带来带去; 居住,住来住去

三姐妹的第一份工作,云欣是学校推荐找到的,雨欣是表姐介绍找到的,怡欣则是二姐介绍进厂的。有了第一份工作后,新生代打工妹们或长或短时间后都会跳槽,跳槽要么靠亲友等强关系的帮忙,要么靠中介介绍,但是在城市里落脚无一例外都是投靠亲友,获得居住救助。"关系"对她们而言有不可言喻的重要性。外出一段时间后,依然依赖血缘和地缘等强关系,这是新生代打工妹的特点,也是她们迈不过去的门槛。但有一个总的趋势是,在外打工的时间长了,她们的社会行动能力大大增强,开始的时候完全依赖熟人介绍工作,随着时间的增长,她们不会完全寄托于别人帮忙介绍工作,也会自己主动去寻找工作。而居住生活也是如此,由开始的依靠纯粹性帮助到后来的合租,个人的自主性有增长的趋势。当强关系的帮助进行不下去时,就会努力往弱关系的方向考虑,如雨欣和好友刘芸来上海投奔刘芸姐姐的时候,由于刘芸的姐姐与丈夫闹矛盾,她们只好去刘芸曾经工作过的厂里"蹭住",昔日的同事是她们的弱关系,在这样的弱关系的帮助下,她们终于渡过难关,找到工作后得以建立稳定的居住生活。

新生代打工妹的居住生活,要么是住工厂集体宿舍,要么是单

位提供的非独立住处,要么就是自己在外租房居住。无论是哪种形式,新生代打工妹的居住生活质量显然是不高的。住集体宿舍的话,人多事杂,卫浴公用,生活不便,且大多都是陌生人,生活非常孤单、寂寞。在外租房的话,新生代打工妹多是和几个小姐妹一起合租,人多,拥挤,房租的负担就减轻了,但是个人空间就没有了。租房的新生代打工妹丝毫不在意个人隐私的缺失,因为她们把自己完全敞开给自己的室友。她们不需要自己的独立空间,一方面是因为她们年轻,还没有这么强烈的需求;另一个方面,也是最重要的原因,则是她们的工作时间太长了,太辛苦了,她们回到住所基本上就是倒头就睡,对个人隐私和个人空间的诉求也就很低了。

对于新生代打工妹来说,居住生活的重要性是不言而喻的。没有亲友提供的居住生活救助,她们就不可能在大城市里立足、工作和生活。而建立了稳定的居住和工作生活的她们,又会不遗余力地帮助他人,就是在这样的获助和施助的循环中,她们顺利地维持着自己和亲友们的打工生涯。她们的居住生活质量比较低,突出特征是居住拥挤,无个人空间。

每个新生代打工妹出来打工,都接受过亲友或多或少的帮助。而一旦她们有余力,就会成为施助者,帮助认识的亲友。云欣来上海是因为自己妹妹雨欣在这边,后来雨欣辞职回家后再次来上海,则主要是投奔姐姐。一个曾经的施助者,变成了后来的求助者,这种情形发生得是那么自然、迅速。正是在这样一种求助——获助——施助这样的循环中,把圈子里的新生代打工妹的生活安排得井井有条,每个人都属于这个循环中的一环。这样一个血缘和地缘组成的帮助网,为新生代打工妹获得居住救助和寻找工作提供了保障。

　　新生代打工妹们现在都还很年轻，在不久的将来，她们都要结婚、生子，到那时，她们的生活面貌将与现在大不相同，祝愿她们能过上自己梦想的生活。

执笔人：帅满

就是要住在学校

闵建，上海某高校 2009 届毕业生，毕业之后在上海一物流公司上班，月薪 3 000—4 000 元。他老家在江苏，城镇户籍，家中两姐均已结婚。毕业后在上海逗留了一年左右，还做了兼职运动教练。2010 年 6 月，他回到老家自己创业。在上海逗留期间，他数次搬家，每次总千方百计地要住回学校宿舍。

兼职教练，延长的学校宿舍生活

毕业之后，闵建没有找到合适的工作，因为未毕业之前的暑假就一直在某中学开办的暑期运动班中做兼职的运动教练，恰巧 2009 年的暑假这个学校也需要兼职老师，他就又开始了兼职工作。一般学校 6 月底就要求办理相关的离校手续，他自己也搬离了学校。

> 我毕业从学校搬离之后，从 7 月份开始，在一家中学（开办暑期运动班）兼职做运动教练，这个学校为我们这一群兼职教练提供临时的住处。我很多的东西仍然寄放在原来学校的师弟处。我们在做兼职的时候，教练基本上都是我们系的人，

全是下面的师弟们，大家在一起也挺开心的。住的地方其实就是学校的宿舍，4 个人一个房间。平常大家都挺累的，下班后就一起去外面吃饭、喝酒，反正都很熟，我们自己也不会做饭，所以也挺好的，大家在一起都挺开心的。兼职的时候我们其实赚得挺多的，那个时候根本就没考虑之后的工作问题，反正现在工作也不好找，只能走一步算一步了。不想马上离开上海，毕竟在这里待了四年，自己的同学、朋友都在这里，还是有一定的感情。

群租，感觉不适

兼职结束后，闵建找了一份物流公司的工作，这也得感谢之前的兼职经历。在兼职中，有一个来学习游泳的人，是一家物流公司的负责人。两个月相处下来，他们的关系非常好。一来二去，那人推荐他去了他们物流公司，当然顺利地获得了这份工作。有了新工作之后，找一个新的住处成为当务之急。

9 月份开始正式在公司上班之后，我与人合租一房，原来的房子三室二厅。两个客厅被房东隔离成三个卧室，一共有 6 户人家居住其中，10 人左右。一个独立的卧室，房租在 700 元/月左右，用客厅改建的房间，价钱也在 500 元、600 元/月不等，平均价格都是 600 元/月。

说是与人合租，实际上就是群租，根据上海关于群租的规定，他们的住房达到了群租的标准。在《市住房保障房屋管理局关于进一步配合做好本市实有人口实有房屋全覆盖管理工作的通知》

中，强化居住房屋租赁管理的最新举措，进一步明确各"出租居住房屋必须以原规划设计的房间为最小出租单位，一间房间只能出租给一个家庭且人均承租的居住面积不得低于5平方米。非家庭成员租住一室的'集体宿舍'，不得设在居住小区内"。闵建租住的房东，将客厅改建为卧室，违反了相关规定，并且与他同住的人，彼此之间都是不认识，是典型的群租。

　　这个房子是我一个人去找的，没找中介什么的，那些需要花很多钱的。我现在的情况，能节约一些就要节约一下。房子是看外面的小广告，随藤摸瓜找到的。房子谈不上满意不满意，毕竟租房子嘛，不可能要求很高的，我当时也很急，需要找个地方住下来。还需要离上班的地方近一些，公司不给我们提供住宿，我当时也还只是一个实习生，还没正式入职。

　　与人合租，需要共用卫生间、厨房，这些都是事先知道的，也有心理预期，但是他还是觉得很不方便。虽然现在单身，平常大多数在外面吃饭，也不怎么用到厨房，但他仍然非常不习惯。当然这其中还有安全、卫生等方面的考量，十几个人同住，人来人往，这些都是比较大的隐患。

　　和别人在外面合租，同住的人都是不认识的，安全性上有些担心。我工作日白天都在公司上班，周末待在家里的时间多一些。虽然这里只是一个睡觉地方，但是人来人往的还是让人非常不舒服。虽然租在这里的人只有十个人左右，但有时候其他租客也会带自己的朋友过来，特别是周末，本来平常很累了，很想好好休息一下，但是总是会被吵到。可能在别人看来是很正常的，但是我个人总觉得很不舒服。想着房租那么贵，环境还这样，心理就越加的不平衡了。有时候感觉在上海这个地方，要生活下去真的是需要很大的勇气呢，特别是像我们这样的外地生源的学生。唉！

在与人合租没多久之后，闵建就趁着一次机会，将现在租住的房子转让给了自己的师弟，他搬去了师弟在学校的宿舍。学校宿舍生活，让他非常的满意。

实习，混进学校

闵建似乎非常怀念学校里的生活。虽然也是跟人同住，但是同学之间的关系简单，不像跟人合租那样，需要防备很多。之后，因为下一年的实习安排，他趁着混乱，钻了制度的空子，搬回到了学校。

9月下旬，下一届的小师弟们开始实习，为方便他们实习，学校有可申请另一校区住处的制度（之前在郊区的新校区，往来很不方便）。这个时候，一个小师弟的女朋友也来上海找工作、应聘、面试等等，小师弟到处找房子租住，找了很多都不是特别满意。因为我跟小师弟感情很好，于是提出将我住的那个房子让出他住，我住进小师弟在学校的宿舍。

在这个当中，从闵建个人的角度来说，既做了一个顺水人情，为小师弟解了燃眉之急，自己还节约了一笔房租费。另外，住在学校里还比在外面更加的安全、方便。对小师弟来说，也解决了自己和女朋友的问题，也为师兄提供了合理的住处，不至于亏欠了很多的人情。很难想象，如果小师弟没有学校为他提供的临时性住所，这位师兄还能够这么慷慨的让出自己的房子，这位小师弟也不能这么理所当然的接受房子。这是经济方面考量和人情的完美结合。

　　而作为制度层面的实习制度，是一个很重要的契机，学校为实习生安排的申请另一校区住处的制度也为他能够毕业之后还住进学校，提供了方便。

　　　　之后，虽然小师弟们的实习已经结束了，陆续搬回以前的校区，但是宿管阿姨有的将我误认为是本校学生，有的虽然知道我已经毕业，是蹭住的，但我嘴巴甜，将阿姨巴结得很好，所以也对他还是睁一只眼闭一只眼，没有过多的苛求。

　　宿管阿姨对他的宽容使得他能够一直在学校里面居住。对宿管阿姨来说，只要上面的领导不来检查，这就是一个很简单的事情，反正这个人也不是坏人，宿舍空着的房间也挺多的。但是1月下旬放寒假了，出于安全方面的考虑，学校对住宿管理更加严格，宿管阿姨开始催促他搬离，从家里过完年之后回来，阿姨催促得更加厉害。

新一轮的实习：暂时搬进学校招待所

　　3月份开学后，宿管阿姨强势地要求他搬离，因为新一轮的实习生住进来了，学校的后勤也在计算空房间，以便安排学生的住

宿。因为实习而住进来的他，终归因为实习而被撵出去。从这里
开始，就是他两天三次的搬家经历。

　　开始，我搬到了学校的招待所，校外人员一个晚上 30 元，
校内人员一个晚上 25 元，长期租住的话月租 500 元，只是一
个床位，一个房间里有四个床位，但是招待所虽然允许长住，
但是相对来说，人员不固定，流动大，人来人往，财物方面不是
特别的不安全。并且没有合适的地方来放置自己的行李，来
住的人都是考试的、访学的，像我这样工作的很少，招待所也
不太适合长期的居住。搬进去之后，我就后悔了，于是找到一
个留在该校后勤集团工作的同学帮忙，住进了同学的宿舍。

人情关系：住进学校教工宿舍

学校为他同学提供的职工宿舍，也属于一般的学生集体宿舍，
并不是专用的职工宿舍。

　　一个房间有四个床位，我的同学刚好一个人住。住了一
个晚上之后，被宿舍管理人员发现，管理人员要求搬离，于是
又搬走了。但是我暂时没有找到合适的住处，后来通过各种
渠道，比如求情、说好话、找那个同学帮忙等，宿舍管理人员答
应让我住下来，每月收取 500 元费用，再后来经过很多口舌工
夫，管理人员强势态度改变不少，收取的费用也从 500 元减少
到了 350/月，这也是一个内部商议的价格，非常便宜。

他之所以会找该同学帮忙，并且一直想住在学校里，他的解释是：

　　一是感情因素。因为之前在学校两人关系很好,无话不说,两人同是外地人,有种惺惺相惜的感觉,相处起来很舒服。

　　二是公共资源的利用因素。同学在学校工作,而住在学校里面,有很多公共资源可以利用,比如厕所、淋浴设备、操场、健身房等。另外,相对其他单位,学校的住宿资源也是相对比较宽裕的。还有,该校是自己的母校,周边环境自己都非常熟悉。离学校不远的地方,工作单位每天派班车来接送,上班也非常方便。

　　三是安全因素,校园环境相对单纯,和同学住在一起,相互之间有人照顾,比如遇到急病的情况,可以有人照顾。与人合租的话,大家就只是最熟悉的陌生人,不会有其他的感情,也不会有邻居的那种互助。

　　四是在上海也没有其他的亲戚朋友,只有一些同学。

　　相对于那些学历比较较低并且已经成家的老一辈的农民工而言,同学、师兄弟关系、同事关系网络是这些高学历毕业生和新一代农民工可以利用的最便捷的资源,很多时候,他们宁愿找同学帮忙,也不会找自己的亲戚帮忙。各种原因,我想可能有以下几个方面的原因。

　　一、跟同学的感情因素。对于离开家庭到学校接受教育的人来说,同学关系网络是他们可以利用的一个非常重要的资源,特别是接受了高等教育的大学生。就上海这座城市来说,来自外地来求学的人数量还是挺大的,毕业后留在这座城市,同学、师兄弟是非常重要的资源。对那些相对来说学历偏低的新一代农民工而言,同学资源也是一个重要的资源,毕竟现在很难找到一个没有接受过学校教育的人。现在的打工者,基本上都是初中毕业、高中毕业或者是中专、职校毕业等。在学校中,他们也累积了一些人际关系资源。

二、相互理解。同学之间,年龄相仿,所经历的事件、所处的环境也非常相似,大家能够相互理解,特别是在涉及到一些工作的问题上时,同学往往能够比父母、亲戚提供更多的建议和帮助。

三、自尊心因素。因为找亲戚帮忙,家里人都会知道这些事情,特别是对那些受过高等教育的毕业生来说,会不好意思。因为大学生在普通人的眼里还是天之骄子,如今却沦落到需要亲戚求助,对于他们,有点接受不了。

四、尚未组建家庭也是一个重要的因素。现在我无法深入讨论其中作用的机制,但是否组建了家庭是一个人求助系统变化的一个因素。这是访谈了好几个打工者后接收到的信息。是否结婚,对一个人寻求帮助系统也有影响。这是否类似于涂尔干所说的婚姻对自杀率的影响。

五、这一代人亲戚观念的淡化也是他们求助是偏向同学、同事等业缘群体的一个因素。这也是跟其他人的非正式访谈中所了解到的,80后一代的打工者,普遍反映自己的亲戚观念不强,遇到困难,宁愿救助于关系较好的朋友和同事。求助于亲戚的话,也是血缘关系比较近一些的亲戚。

执笔人:邓梅

工作越好，住得越好

李刚目前在上海某知名 IT 企业工作，月入颇丰。他现在住的房子空间宽敞、装修精致，阳台、厨房、卫生间一应俱全，离公司也非常近，可以说日子过得非常惬意。但他能拥有现在这样的居住生活也不是一蹴而就的，他的租房经历曲折而丰富，向我们展示了白领的租房是如何与工作、收入紧密缠绕在一起的。

李刚为江西人，1984 年出生，2003 年 9 月考入江西师范大学，学软件。由于软件行业在南昌不发达，没有什么好的工作机会，所以李刚及其同学们就想到其他城市去发展。最早的时候，大概是 2006 年年底，班上有个能力比较强的同学王强到上海去找工作，王强在上海没有亲友，就住在一个联系比较密切的网友租的住处，一个星期后，王强找到工作，有了工作后他就自己租房子住。由于初入职，经济条件有限，租的房子面子也不大，就 6 个平米。看到王强在上海找工作进展顺利，且他在上海有了比较固定的落脚点，于是李刚和一些同学也来上海找工作，就住在王强那。随着在上海找到工作的同学越来越多，到上海能落脚的地方也就越来越多了。

李刚找工作不算顺利，先后去过宁波和杭州，各住过一个星期，在宁波是住亲哥哥那儿，因为没有合适的工作机会就离开了。

在杭州则是住同学那儿，离开杭州是因为同学走了。于是，李刚决定到上海寻找机会。他2007年6月份到上海找工作就住在同学王强那儿，半个月过去，因为即将毕业，必须要回南昌了，李刚就尽早定下了工作。找好工作后李刚得直接上班，他就利用周末外加请几天假回了趟南昌，拿了学位证来上海的单位签劳动合同，签好合同后就上班，又在同学那住了半个月。找工作加上上班后的半个月，李刚前后在同学那住了一个月，那段时间，他们两个人就挤在6平方米的空间里共同生活。对于同学提供给自己的帮助，李刚现在回想起来都充满感激。在找工作那样无助的时候，能提供免费的住处就是同学能给予自己的最大帮助了，同学的鼓励和善意也给了他巨大的信心和动力。

正式工作后，李刚稳定了下来，就想自己租房子住，一直麻烦同学也很过意不去。通过浏览赶集网、58同城、google生活搜索等网站，李刚终于在徐汇区即自己公司所在区域，租到了房子，是毛坯房，群租，月租650元。两室一厅的房子，二房东铺了一些塑料地纸，两个卧室隔开成了四个房间，客厅除了一部分公共区域外还隔出了一部分住一个人，厨房还住了一个，共计住了六个人。刚刚参加工作，手头没有多少钱，能在徐汇区租到这样的房子，让自己有个独立的空间，李刚还是比较满意的。房租占去了他三千不到的月收入的很大一部分，但他知道，一切才刚刚开始，美好生活需要靠自己奋斗才能得到。

住了几个月，上海开始整治群租，于是二房东就把隔间都拆了，重新恢复两室一厅的格局。李刚就和同学合伙租了拆掉隔板后的房子的一个卧室，房间里放了两张小床，各睡各的，两人一月1 100元，各出550元，水电和其他合租的人均摊。李刚在群租和打掉隔板后的同一套房子里一共住了一年多。在这一年多的时间

图一　第一次租房时房子客厅的居住情况
（有隔板，群租）。（李刚提供）

里，李刚招待过两批找工作的师弟、同学和朋友，一共接待了五、六个人，有的住的时间长一点，有的仅住了几天（换了其他地方）、一星期、半个月、一个月不等。自己找工作时接受了别人的帮助，待有条件了，李刚也非常乐意能给熟人和朋友力所能及的帮助。

　　一年多后，由于二房东出问题了，没有交清房租，一房东赶李刚他们走，李刚就在附近找了一个月租 1500 元的房子，因为他那个时候刚好要换工作，又赶时间，且新工作收入更高了不少，就没太在意价钱。这个房子离公司很近，上班方便。两室一厅的房子，共住了五个人，李刚住一个卧室，主卧住了两个人，客厅隔出来住了一个人，厨房住了一个人。装修要好得多，有些家具。

　　在这里住了一年后，李刚要换工作，而新工作在闵行紫竹科技园。于是他通过交大 BBS 找到了闵行区上海交通大学附近小区里的一套三室两厅一厨两卫的公寓，小区干净整洁，房子装修也比较好，家具齐全。李刚先把房子租了下来，后来再通过网络找室友合租。房子总共月租3200元，主卧1200元，其他两个房间各1000元，水、电、煤、宽带费另算，李刚一直住的都不是主卧。跟房东的合同是半年一签，房租三个月一付，押一个月。能一次性租下一套三居室，一下拿出一万多元，可以说和李刚随着工作时间的增加经济条件极大改善有很大的关系。租下房子后，他就通过网络发布房源信息，不少人就联系他来看房。李刚对于室友有选择权，这也是他选择这样做的原因之一。室友的流动性也比较大，来来去去，走了两批人之后，李刚终于趁机搬入了主卧，他之前就很想住主卧，因为主卧更宽敞、向阳，他也不在乎每月多出200块钱，但是因为之前都是合租的女生要求住主卧，李刚只得把主卧让给女生。

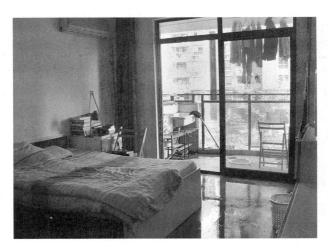

图二　李刚第三处房子的居住状况（两室一厅隔成了四间房，李刚租的未隔的次卧，一人一间，月租1 500元）。（李刚提供）

图三　李刚第四处房子的居住状况(三室两厅,
　　　合租,一人一间)。(帅满摄)

　　在这里住了八、九个月后,由于刚好租约到期,再加上室友关系等原因,李刚想换个环境,就又换了个住的地方,离上班的地方近了很多。这次租的房子是复式的,楼下三间,楼上一大间,共住了四个人,李刚住楼上一整层,特别宽敞。李刚租复式楼很大程度上受到自己好朋友的影响,研究生刚毕业的好友在嘉定租住了一套复式公寓,一个人住二楼,不仅空间宽敞还特别舒适,李刚也有条件追求更好的居住生活,于是他行动起来找到了这个住处。几经租房,李刚已经驾轻就熟了,且随着工作经验的增加和几次跳槽,他在经济上已经没有后顾之忧了,房源选择上的限制小了很多。

　　通过交流和观察,可以发现李刚的消费观念在上海的白领中是比较有代表性的,他的衣着基本上全是名牌,由于热爱运动,羽毛球拍、网球拍等一应俱全,且价格不菲,一副网球拍就 1000 多元。对于居住,他追求舒适,他愿意花自己收入的四分之一来租

图四　李刚第五处房子的居住状况（复式结构，
他住二楼一整层）。（帅满摄）

房。由于他目前在闵行区工作，闵行区的房租比徐汇区相对而言
低了很多，所以对他而言，在闵行的租房相对而言性价比是比较
高的。

　　此后，李刚又换过两次房子。李刚说每次搬家都麻烦，他现在
都不太买不好搬的东西了，像书啊，还有一些其他生活用品，租房
子的话，能不买都不买了。

　　对于房子，李刚说自己不久前去一个室友买的房子参观，感慨
有自己独立空间的好处，但是李刚说自己目前还买不起房。他说
找到了女朋友之后，居住生活将会发生很大的变化。他现在最大
的愿望就是换一份收入更高的工作，尽快找到合适的人恋爱结婚，
这样，他的居住生活就将发生更大的变化。

　　　　　　　　　　　　　　　　　　　执笔人：帅满

流浪：兼职不能支撑起的城市居住

　　粽，三十岁出头，身材高大，微胖，面相和善，喜欢侃山海经和下象棋。第一次见面在一家流浪汉救助中心，那天是周四，洗澡日。可他不洗澡，主要为了找一条黑色西装裤，因为穿在身上的裤子拉链坏了。他很固执，除了黑色西装裤，其他一概不要，并重复说要去酒店当服务生，必须穿黑色西装裤，否则就走人。其实有的酒店提供工作服，但他太高太胖，往往没有那么大的号。有一次，他顺利地通过第一轮面试后，勉强穿上酒店提供的最大号工作服。但酒店经理看到后，嫌他像"粽子"，既不好看又妨碍干活，没半点犹豫就让他走了人。气坏了的他把自己的网名改成了"粽"。自此之后，粽就坚持自己准备工作服。正因为如此，在衣服问题上显得固执又缺少变通。可想而知，不仅在酒店难以找到适合粽穿的工作服，在救助中心同样如此。

定点酒店的兼职工作

　　现在，粽做的是"定点酒店"兼职，按小时算工资，按月领工资。看似简单的"定点酒店"，里面满是奥妙，同时布满了起起的诱惑与堕落的可能性。从去年起，粽做过上海滩上二十多家四星与五星级酒店，以下是根据他的经验体会整理所得。

在酒店，日常的吃饭散客在其整个营业额中占据的比例少之又少，其最大的收入来自"周期性"的红白宴以及各类国际、国内会议。这两项服务需要大量临时性服务人员，然而酒店通常不配备这些"非日常"项目的工作人员。他说："其实，真正属于酒店里的工作人员非常少，大部分服务生都是到社会上临时招，比如像我们这种人，还有一些就是真正的兼职，周一到周五都要工作，周六、周日才出来干点兼职，贴补贴补。你知道酒店从来不会养闲人，现在养个人多贵啊，这个金那个金的。我们一概不要，一手交钱，一手交货。"上海数千家酒店，一般到同一家酒店干活的几率非常小，只有等干这一行当长了才有可能，一方面时间长了到同一家酒店的机会自然多起来；另一方面有机会累积信息，货比三家，适时挑一些待遇好的酒店。除了干的时间长之外，全天候待命，随叫随到的方便性也为粽在与"蛇头"讨价还价时增加了不少筹码。

所谓酒店到社会上招临时工，并不指由酒店张贴招聘广告，而是将这部分用工转包给中介公司，由它找人，而中介公司与酒店签订以年为单位的双方合同。合同主要为了保证酒店在需要人手时，必须有这些数量的人出现。一般，一家酒店不会只与一家中介公司签订承包合同，红白宴需要的服务生至少上百，一家公司难以在短时间内凑齐，而中介公司同样不会在一棵树上吊死。由于中介公司不会在一棵树上吊死，因而拥有众多业务，也采取类似酒店的用工模式，即少量的工作人员与大量的临时工。于是，一般带队去各处完成任务的同样是"临时工"，粽称其为"蛇头"。这些蛇头同样挂靠着几家中介公司，中介公司就是靠着这些"蛇头"方能使散落在各个地方与不同时间段的闲散人手聚集起来，凑齐对方需要的人数。

　　从酒店(其他需要临时工的单位)—中介公司—"蛇头"—粽等
诸多临时工,这四层(如果有大小蛇头则多于四层)用工链,不只是
单向的直线关系,充分的买家和卖家市场,与不同层级间的复杂交
叉关系,形成了一定的行情,其中既存在着层层的盘剥又设置着隐
性的安全阀门。按照行价,酒店开出每小时 15 元左右的工资,中
介公司看找人的难易程度给到蛇头 8—10 元之间,粽他们拿到手
则在 7.5—9 元之间,最常见的是 8 元,低于 7.5 元就没人干了。
蛇头赚得多的时候每人每小时 2.5 元,少的时候每人每小时 0.5
元。勤快的蛇头既带队又干活,大部分蛇头不干活,只带队,一个
月稳赚两三千,可以吃好喝好了。而像粽一样的兼职,就要随时等
待蛇头的通知,当然粽上面也有几个不同种类的蛇头。粽说这里
的层级越多他就被盘剥得越厉害,可他认为这些层级承担着不同
的功能,必不可少。如果粽直接与酒店联系,不说可能性有多少,
他们给的价绝对不会高于蛇头,而只可能低于这个价。"因为酒店
需要一堆人,而不是一个人。而且往往时间紧,可能只有一天时
间,只有中介公司能够做到,能发动手下的一堆蛇头找到足够的人
去干活,当时我就是这么碰到这个活的"。

　　酒店如此做的另外一个原因在于减少员工管理等众多琐事,
又降低风险。由于存在层级,结算工资时无论哪方都存在着风险。
酒店与中介公司之间的经济纠纷除了诉诸于法律途径之外,酒店
通常的做法是要求对方提供一定数量(一般在 10 万元左右)的保
证金,一旦公司破产或者负责人携款逃跑,酒店可拿这笔保证金当
作工资发放。中介公司与蛇头之间的关系则没有这么牢靠,蛇头
卷款逃跑是常有的事。中介公司唯一的做法就是削弱蛇头的力
量,即一个蛇头只能带十多人。这样即使蛇头逃跑,公司的损失还
不至于惨重。到了蛇头与粽他们的关系则更弱,而且最大的受害

者往往是这些付出劳动的人们。一旦蛇头卷款逃跑，粽他们唯一的出路就是集体去中介公司要账，"十多个人堵在公司门口，看他给不给钱。人家开张做生意，搞得局面不好看了总要给的"。在我刚认识粽时，他尚未做定点之前，就两次跟着去要债。

这次他能做到定点，多亏了这家酒店的蛇头逃跑了，中介公司一时找不到合适的人蹲点带队，粽做得时间长了，干活又卖力，所以让他先顶一顶。虽然拿的钱还是和其他人一样，可在粽看来，他有了实质性的进步，因其隶属关系发生了变化，通知他干活的是公司统管蛇头的经理了。可现在遇到的最大问题是他手下没人，如果有足够的固定跟着他的人，那么他就可以做这个酒店的蛇头，一旦人手足够，就可以只带队不干活了。有一次他悄悄指着旁边走过的年轻人说，"这就是我上次跟你说的，去年还在捡瓶子的蛇头，你看他现在人模狗样的，我现在的目标就是他"。

做了定点酒店后的粽，干活的天数和小时数明显多了起来，只要那天有活干，他就高高兴兴，"现在我不怕干活，就怕没活干，因为有活干就有饭吃"。然而定点也给他带来重大困扰。定点并不意味着每天有活干，有时候依然可能一个星期排不上班，那就意味着一个星期的吃饭就成问题，特别是在做定点的前两个月。定点不同于临时工，公司按月结算工资，可身边毫无积蓄的粽在前两个月陷入"没活干就没饭吃"的僵局。

粽天天算着怎么摆脱现在的生活困境，但是处在用工链最底层的他受着盘剥，被骗也是正常的事情，刚有希望的时候就被无情打回原形。用粽的话来说，这定点来之不易，他做过了多少行当，才换来这么一个机会，然而依然需要有耐心熬这一段"饿肚子"的日子。"现在我很难说以后会怎么样，现在能够做的就是走一步算一步。不要谈一年后怎么样，我都不知道下一个月酒店能够排几天班"。

长时间以来，粽将逃离艰苦又羞愧的日子的希望寄托在彩票上，他告诉我只要有钱就会买彩票，一般买10元钱，没钱的时候就6元，有一次连买了几个月。粽说了个故事："本来那个家伙是捡瓶子的，他也喜欢买彩票，居然真的中了个二等奖，接着就花了30万开了个水果店，前一阵子我们还在街上碰到，聊了两句，过得很不错。他看着我的样子，也没问我过得怎么样。你要知道，但凡曾经到过底层，有机会离开了的，都不愿意再碰到原来认识的人。"言语间，他流露出羡慕的神情。

晚上坚持在肯德基或网吧

虽然粽在做定点酒店之后少了许多不定的感觉，可到了晚上他仍旧要盘算去哪里睡觉，酒店只提供吃不提供住。换句话说定点酒店并没有改善他的"睡觉"处境，甚至对睡觉提出了更高的要求。粽需要好地方保证睡眠质量，以保证第二天的工作精力。"我在酒店干的都是体力活，所以晚上必须睡好觉"。粽认为最好的睡觉地方就是网吧，然而一旦没活干就没饭吃的这两个月根本无力去网吧，只能照旧去免费的地方。

在他看来自己不算严格意义上的"睡大街"，在上海某一商业区混迹了几年的粽，哪里可提供免费的所需资源摸得清清楚楚，显然早已得心应手，无兼职白天空闲时，其需求就能在各个商家为顾客提供优越条件中得到满足，到了晚上找到最舒服的地方睡觉。没钱或者想省钱的时候，睡在肯德基、麦当劳等24小时营业的快餐连锁店里。他会选择哪家店的环境更好，店员更好说话，"我现在睡的这家舒服，在靠窗的一排全是沙发，而且还是连坐的，不像另外一家都是硬板凳，只能坐着。这家在一两点人少之后允许躺下睡觉，他们工作人员还有意思呢，到点会将大堂的灯调暗一半，这时候整个店里半暗半明的，睡觉正合适"。冬天或者手头宽裕的时候，粽就选择去网吧睡觉，两个椅子一拼，躺下睡觉。当然像所有其他一样，即使有免费的场所，他还是更愿意去网吧，因为在他看来躺着才是睡觉，而坐着睡纯属没办法。不过没有办法久了也"习惯了，就这样坐着也能睡，到哪儿都能睡，只要有个地方够坐就能睡"，说完就往椅子里一靠假装睡起来。一旦晚上没睡好，白天必须找个安静地方补补觉。

粽坚持24小时营业的肯德基、麦当劳和网吧才是理想的场所，这些连锁店既干净又安全，不但有清洁人员24小时打扫卫生，还有保安24小时值班，只要不故意滋事，老老实实的坐着或者躺着，他们不会故意刁难，除非上头有令。查得紧的时候，他就去别家，实在不行就去网吧。这常常在他手头紧时，一旦有钱他从来不吝啬花钱去网吧睡觉。他告诉我，网上有一些关于其他国家睡在肯德基、麦当劳和网吧的人群的报道，日本取个特别名字叫"麦当劳难民"，这些国家很关注这群难民，他们是赚不到足够的钱租房子，所以只能睡在这些免费的快餐连锁店。据他所见在上海各大快餐连锁店里也有一大批类似的难民，他承认自己也是其中的一员。他又说："现在麦当劳晚上坐着一群销售，底薪根本不够租房子，白天一个个跑到上海各处去兜售产品，等晚上九、十点又重新回到这里。这帮全职干销售的人还不如我们这些做兼职的，我们还没有心理压力。"

粽在上海失去了第一份工作之后就做了几个月的英语教材销售，因为那是最低门槛的工作种类，那时候他急需工作赚钱。经过两个月的奔波之后顿然醒悟，自己实在没有做销售的天分。"干销售真的需要天分，我觉得自己没那天分，把产品说得天花乱坠，实在张不开那嘴，心里过不去。但有天分的，第一个月就能赚到一万多"。再后来他找了几分其他工作，都干不长，最后提着箱子走出房子的时候是夏天，那时粽已经无力缴纳房租。

　　他描述那段经历时说："辞了销售的工作后，我一直尝试着找其他工作，其实那时候已经没有太多信心了。撑了没多少时间就坐吃山空，没钱租房子了。那时候正好夏天，觉得无所谓。夏天，又是个大老爷们，在外面睡几天也没觉得有什么。那时候在长宁区，那里到处是花园，随便哪个椅子上一躺一晚上就过去了。现在回想起来才发现，睡公园之后前两天还假装去找找看看，没几天就彻底断了找工作的念头。慢慢也认识一些人，他们会讲一些赚钱的方法和生存技巧。我也是在其他人的介绍下来到这里，哇，原来有那么多人像我一样。"

　　七八年之前，粽待的这块商业区远没有现在繁华，可已经相当有人气。当商业区还未开出 24 小时营业店和通宵网吧之前，他仍然需要找不同的地方睡，公园、绿地、地铁通道，白天就在这一带赚钱，他干过打游戏机、吊鱼等不下十多种的行当。那时候的睡觉场所最让他念念不忘的是曾经和几个朋友住过近大半年的动迁房，那时候的这块商业区正经历大规模的旧城改造，周围尽是动迁后的空房。虽然敲掉了门窗，但在最后一户没有搬走之前，这些房子都可以悄悄地住进去，而且不用付水电费。他说有的朋友就专门找这类房子住，居然也能住了一年又一年，至今仍在住。不过他说自己害怕不敢住，因为到了半夜常常会有些穿着黑衣服的人在小区里兜来兜去，估计着是为了吓唬硬脖子的钉子户。

一份又一份的兼职

近三、四年他开始在网上找些兼职做，一般锁定在临时保安、群众演员、皮肤测试、服务员、排队黄牛等不需要身份证的工作，其中保安和排队黄牛需要在夜间工作，所以工作的场所便成了睡觉场所。前年，粽开始做医院专家门诊的排队黄牛，他不无骄傲地说，"是我发明了这个行当，以前都是医院旁边的本地人做黄牛或者替人排队，由我开始才慢慢介绍一些流浪汉去医院做排队黄牛，现在还有人在医院做着黄牛呢！"他做了大半年的排队黄牛，也在医院住了大半年，每天铺盖一摊睡在排号大厅。当然，也不是那么好睡的，脸混熟之后常常遭到医院保安的驱赶。

流浪者们看似毫无目的的满大街乱跑，活动和睡觉没个准地，实则不然，当你了解他们之后发现，他们无论白天还是晚上一般都按照固定的路线固定的时间活动，我对此不甚不解，粽给了一些答案。

首先，熟悉了一个地方之后才能找到各种各样生活需要的免费资源，哪里有免费的水，哪里有免费的卫生纸，进入一些免费的公共场所，那里的保安怎么样等等都可以摸清楚。一旦习惯了之后就会一直在这一带活动，这也是为什么大部分的露宿者会集中在热闹的商业中心和交通枢纽的原因。

其次为了赚钱，只有熟悉了之后才能摸清门道。比如"捡垃圾的人在地铁通道和商场里捡瓶子，也许很多时候坐在那里休息，他们也不是一天到晚捡，但是他肯定在清洁人员到点清理之前把所有的垃圾桶给扫一遍。人家都是算好时间的，干长了保证一秒都不差"。我知道粽在用熟悉和习惯表达他们对生存技巧的积极意义之外,还在传达熟悉与习惯带来的心安感受。有一次,粽去宝山的一家酒店干活,半夜十二点才完,当时已没地铁,他乘夜宵车到离他住的商业区最近的地方,然后走近一个小时路到达,最后进了熟悉的网吧睡觉,第二天早上六点起身又去往宝山。"那个地方一点都不熟悉,网吧在哪里也不知道,还是回来吧,都习惯了这里的一切,闭着眼睛都能找到网吧"。

挥之不去的痛,脆弱的尊严

在笔者所接触过的流浪者中,无论打临工、干力气活、摆地摊、捡瓶子、杀猪、乞讨、拉客、偷窃、诈骗还是其他各种各样的行当,大部分人将赚钱的来路称为"干活"或"生意",只有听得粽的嘴里"兼职"出"兼职"进。笔者感到疑惑,便问其原因,他听后满脸不自在,可还是给了答案。他心里明白虽然口上说"兼职",其实就是其他人口中的"干活"。而他这么说纯粹是为了给自己希望,希望有一天能够重新回到工作,"兼职"让他感觉离工作近些。无数次,直接或者间接地,他述说着自己和其他混在底层的人不一样。我知道,他是正正经经、满满当当读过四年制本科的大学生,英语专业。从决定离开教师岗位闯荡上海,一步一步沦落到最底层,抽不去的懊悔和无奈积郁心中。

粽经常性提起他的小团体,是以前结识七、八个经历相同的大学生,即使混到了底层,能碰到遭遇类似的大学生们也让他觉得自己不那么孤单和失落。"我们在一起就是有话说,有些感受别人是不能体会的"。"混到了底层,任何一个人一般都不太愿意说自己的往事。只有在相交时间长以后,接触过程中彼此真心相待,偶尔才可能提起一些往事,根据他说的一些片段来推断、猜测这人之前是干什么的。中山大学那个家伙，他之前应该在韩国的一家企业工作，当时不知道因为一些什么事情，在家和公司都待不下去了，那家伙现在跟着别人在搭架子。……作为我们这些上过学的人，肯定是原因的。如果他告诉你了他的原因，我不得要回报他一下，也要告诉他我的原因。总而言之，人是需要倾诉"。他们陆陆续续离开了，一旦离开就断了联系，甚至看见了也装作不认识。粽无所谓的表示这很正常，"一旦离开，谁都不想别人知道他曾经有过这段经历"。他说起那个在麦当劳找到工作的家伙，现在看见他们也装作不认识，"人家看见了怎么想你啊，你怎么和脏不拉几的人认识，我们也很自觉不主动跟他打招呼，大家都心照不宣，很正常"。

　　至今，粽远在东北的父母依然不知道事情，只隐约感觉到在外混得不好，平日里联络不紧密，数年不回家过年。前几年粽因为小赚了一笔回了一次家，之后因为攒不到足够的钱就再也没有回过家，甚至电话也几乎中断。"回家不要花钱哪，你在外面挣钱，回家什么都不买，你说这可能吗？多丢脸，我们这些人绝大部分回不去也就是这个原因"。我小心翼翼地问，如果有一天他赚到了钱，生活发生了翻天覆地的变化，也有了女朋友或家庭，会不会把他的这段经历告诉女朋友、家里人甚至是自己的小孩，他几乎想都不想就喊出了答案："当然不说！怎么可能？"在"兼职"的酒店，对他的经历也选择沉默。"别人只是隐约觉得我手头有点紧，但不知道我没房子住睡网吧的。"他又说不了解他们的人常常把他们想象成"亚犯罪群体"，他绝对不是。"我承认在最困难的时候在超市里拿过吃的，可只要有钱绝对老老实实出钱买，连瓶矿泉水都不会拿。我到底读过那么多年书，这些自控能力还是有的"。

　　可以说大学生身份让他在其他流浪者面前保持些许优越性，"我从小读书都没有干过重活，像搭架子这种重体力活真的干不了,你看我的手是没有茧子的"。他伸出清秀的双手给我看。可在与粽接触与交谈的过程中,笔者能感受到其自卫性的维护自尊的行动,特别是在救助者 K 的面前。

其实,粽和 K 的面对面对话交流并不多,可他像大多数其他去中心洗澡的人一样,不太敢与之交流,可又极其在乎他的态度与看法。粽非常在意 K 不喜欢他这件事,"真的,他很不喜欢我,他看着我这么胖,肯定认为好吃懒做。可我这胖是虚胖,不是吃出来的胖。我小时候可瘦了,初中的时候生了一场病,吃了激素后就成这样了,可他就认定我好吃懒做了"。说着抬起胳膊让我看上面的纹路,说:"你看见没有,这些纹路,只有在一下子发胖的时候才会出现。吃出来的,那种慢慢的胖,皮肤也会跟着肉一起长,所以不会有这样的纹路。你可以去查,只要是吃过激素发胖的人,他的胳臂和其他都会出现这样的纹路。前几年我可能是有点懒,可现在我干活可勤快了,在酒店脏活累活我都抢着干。明天的那个酒店,我都干了很久,他们就是看我干活勤快才让明天再过去。"

有次,他在 QQ 上跟我抱怨说 K 又批评他了。他委屈地说已经受了几次批评了,心里很难受,并坚持认为 K 对他有偏见。"在他看来流浪汉只有两个行当才是正常的,一个是捡瓶子,一个是小偷。他能够容忍小偷,因为那是被迫的,其他人都是来占他便宜的。在他眼里只有捡瓶子才是勤快不好吃懒做的人。可能在人家国外的情况就是这样的,流浪者只做这两种职业,捡瓶子和小偷。可在这里情况不一样,小偷和捡瓶子才是真正的好吃懒做,流浪汉可以做各种各样的行当,光我知道的就不下十多种,这些行当都可以赚钱。捡瓶子都是他们的副业,那些人时不时就可以捡到皮夹子,有的人专门跟在小偷后面捡皮夹子,K 根本就不知道情况。像我在酒店里干活可勤快了,不知道为什么却总看我不顺眼。他只喜欢那些他愿意喜欢的人"。接下来几次见面，粽总是纠缠着跟我讨论 K 是个怎样的人，他为什么要做慈善之类的话题。忽然有一天，他坚定的跟我说，K 虽然在做慈善，可他心理是不喜欢他们这群人的。即便如此，他还是一有空就到中心，在那里侃山海经，与人下象棋。

执笔人：卫伟

合住在旧里弄

在城市中有这样一个群体,他们负责着城市环境的整洁,每天清晨,他们早起,将自己负责街道路面清扫干净,白天还需要不定时维持路面整洁。而这样的职业,正如大家所看到的,已经变成了外来人的职业。本文要讲述的主人公,就是从事城市清洁工作大军中的一员。

闹市中的小窝

因为同学的介绍,笔者认识了曹阿姨,她近50岁,家中有一个儿子,已经大学毕业好几年,现在在南京上班。曹阿姨一个人在上海,正职是街道清洁工,兼职是钟点工,她主要是负责一些机构或者小店的清洁工作,比如居委会老年活动中心、理发店的清洁等。

曹阿姨现在居住的地方,是在上海中心城区,附近就是繁华的商业中心。笔者下了地铁一路走过去,满眼的都是高档的消费场所。走着走着发现,楼越来越矮,街面上也显得越来越不干净。最后终于到了曹阿姨居住的小屋。

这是上海旧时的建筑,红色的外墙,3—4层的小屋,社区的名称是"＊＊里",还沿袭着上海旧时的叫法。听曹阿姨介绍说,这里基本上都是外来人口居住在里面,本地年轻人都在外面买了房子搬出去了,留下一些不愿意搬的老人还在这里。

进入楼房内部,楼梯黑漆漆的,较陡,楼梯中间的公共区域,都安放着各家人的厨卫用品,煤气灶等。因为将近中午过去,一些住户在火热的做着饭。笔者(与曹阿姨的侄女)一进入楼房,一楼的阿姨就对我们说,"你阿姨今天不在吧?"看得出邻里关系非常熟悉。

上了二楼,首先看到的是曹阿姨的所谓"厨房间",在楼梯边边,紧靠着墙壁,还需要留出空间给更高楼层的人上下。厨房间很简陋,一个小桌子,上面摆放着一个小锅,为了招待我们,曹阿姨正在卤鸡腿,一阵香气飘来。阿姨的"厨房间",这一私人空间也需要跟公共空间做权衡,因为三楼还有人居住,需要给过路的人留出足够的行走空间,也需要保持路面的干爽,不然很容易造成事故。煤气从管道里统一供应的。

进屋就是曹阿姨住的地方,房子面积大概在10平方米左右,一共住了三个人,曹阿姨跟另外两个人共同租住。房子里安放着两张床,一张稍大,一张偏小。大床是另外两个阿姨一起睡,小床曹阿姨一个人睡。房间的空间得到足够的开发,两张床,还有一个并未使用的冰箱,冰箱上面放着一台电视机。电视机的位置让人很不舒服,不管在那个角度,都需要看的人仰视着,时间一久,让人脖子、颈椎很不舒服。冰箱的旁边是一个分隔为3—4层的置物柜,每一层就是一个住户的东西,上面摆放着锅、碗、水果、蔬菜等日常用品。虽然没有注明主人是谁,但是明眼人一眼就能看出,她们有约定的规矩,物品都被界限分明地摆放。床的对面是一个穿衣柜,柜子的顶上也是诸多黑色塑料装着的东西。穿衣柜的旁边是他们自己安装的一个抽水马桶,马桶旁边是一个自来水管,洗菜用。窗户这边是一个课桌样子的桌子,是阿姨们切菜的地方,在旁边还放着一个饭桌。诸多东西,本就狭窄的房间显得更加拥挤。所以,他们都充分利用床底、墙面的空间,让小屋显得整洁而有序。

图一　曹阿姨租房的内室(邓梅摄)

在狭窄小屋内,除了拥挤之外,还能感觉到温馨的家的感觉。不像年轻人,他们没有其他需要应酬的朋友,也没有其他交际活动,工作结束就回到自己的小屋休息。三个阿姨住在一起,平常都会在家里做饭,所以他们的住处,锅、碗之类的厨卫用品是最最常见的,也是最多的。他们虽然住在一起,但是东西都是各归各主,有大家都遵守的约定。

因为每个人工作的时间都不太一样,所以三个人同时在家里的时间,就是晚上了,平常做饭也不会因为时间而冲突,这就是他们虽然只有一个煤气灶却能相安无事的原因所在。不会同时在家,也就感觉不到房屋的拥挤,晚上就在自己的床上睡觉而已。

房租平摊,水费、电费、煤气费都是平摊。所以,谁家有客人来了,都需要跟其他两人报备一下,因为来了客人,总归菜需要多做,煤气需要多用,诸如此类。所以,每个人都很自觉的,不会经常邀请自家客人来,如果实在没办法,某月来客人比较多,也会很自觉的提出在缴费的时候多摊一些。正是这种并不是明文规定的约定,维持着三个陌生人在同一空间下和谐的相处着。

我现在这个房子,一个月 600 多元,因为住得比较久,房东没好意思给我涨价。开始跟我儿子一起住在这里,后来我儿子跳槽了,去了南京。房子空出来之后,就有其他人来问。跟我一起住的都是一起做钟点工的人,都是我们江苏的,大家讲话也都能听懂,这样挺好的。住在市中心有一个好处是找工作好找,你像我们这样的人,正式的工作我们肯定找不到的,进工厂也不行,到这岁数了,你让我进工厂我还有点不乐意。这种地方,富人多,饭店多,就需要我们这样的人,工作就好找。

来上海的原因

曹阿姨来上海的原因,答案是从她侄女嘴里听到的。

我姑姑因为跟姑父关系不好,从我有记忆开始,他们俩关系就不怎么好。具体原因嘛,就是农村里那种常见的男女婚外情什么的。我姑父是一个蛮能干的人,你知道,这样的人总容易招惹上一些事情。他好几年前就跟另外一个女人有不正常关系。那个时候我姑姑也没办法,又不能到娘家来哭诉,我爷爷是一个脾气火爆的人,怕说出来闹出什么事情。那个时候我表哥也上学,姑姑不想影响到他。我记忆中他们闹得最

厉害的时候是我表哥上高三,我那个时候好像是初中,我姑姑
不敢跟哥哥讲,但是又需要找个人说说。我刚好还挺讨大人
喜欢的,她就什么都告诉我了。所以,姑姑的事情,我比我爸
妈都好清楚。两个人就这样磕磕绊绊,我表哥考上大学,大学
毕业之后,他到上海找了份工作,姑姑就顺势过来了。我表哥
最早来的时候,跟几个朋友一起租的一个套间。后来我姑姑
来了,她的工作是她小姑子介绍的,房子也是小姑子帮忙找
的,因为他们家在这边已经十多年了,除了户口不是,其他方
面已经算得上是上海人了。

因为儿子的关系,曹阿姨来到了上海,一来也躲开家庭的矛
盾,二来也能照顾自己的儿子,还能赚点钱。

　　我来了之后,儿子就搬来跟我一起住了,也是在这个房子
里,自己也没感觉到什么不方便。房子肯定没有在家里的时
候住着舒服了,但是在这边心情好,自己还可以找点事情做,
帮着儿子存点钱。现在我儿子已经在南京买了房子,负担也
有。你不要看我们住在这种地方,其实住在这里除了房子小
点之外,我还真的没有感觉到其他的不方便,反正房子就是一
个睡觉的地方,其他时候我也不会在这里待着。

赚 钱 经 历

　　曹阿姨的工作,最开始都是在一些饭店打工。曹阿姨说,像她
们这样的只能从事些服务性的行业,干一些粗活累活。从第一个
饭店出来之后,曹阿姨又在附近著名的花园饭店做过一段时间,后

来因为各种原因，也辞职了。

最开始我是在饭店干活，就在外面的一个饭店，很多明星都来那里吃饭的，陆毅啊什么的，我都见过本人的。当时那个饭店养了很多员工，后来也不知道怎么回事，老板经营不善吧，就垮了。换了老板，我们这些打工的也被辞退了。

曹阿姨的工作地点，换了很多，但是工作性质都是差不多的，在各种饭店做服务。后来一个机会，小姑子帮忙找到清洁大街的工作。

我小姑子一家人在这边好多年了，这一片他们熟悉，他们现在住的地方，就是居委会帮忙的。他们本来租的地方也是像我这样的地方，窄，他们家人多，自己就搭了棚子，居委会也没不允许，他们就这样一直住着的。我现在这个工作吧，就是每天早上需要早起，不过也没什么，我们不像你们年轻人，晚上不熬夜，睡觉也没那么多。我们每个人负责一段路程，具体多长我也没仔细计算过，反正就告诉我从哪儿到哪儿是我扫的。工资每个月也就 1 000 多，打到我们卡里。

除了清洁大街的工作外，曹阿姨还接了许多钟点工的工作。

你想啊，扫大街一个月也就 1000 多，我交了房租、电费、水费什么的，没多少钱了，还是想趁着年轻多赚点。我们这一片好多都是我这样的情况，老乡很多，大家就相互介绍着，后来就去找了很多钟点工的工作。我有一个是在居委会的老年活动中心，每周去了2—3次，一次去1—2小时，就是扫扫地，有老人来玩的时候，帮他们烧点水，泡点茶之类的。在那边挺好的，每次去的时候，我还能在那边洗头洗澡之类的，像我们这样的都这样做，自己住的地方没法洗澡的，去澡堂子也不划算。有些人就在主人家洗，有时候还能把饭菜带到主人家去做。去私人家的话，我们都是去照顾老年人，有的主人也比较好说话，反正也多花不了他们什么，他们对我们好，我们也会好好照顾他们的。

曹阿姨现在接了6、7家的钟点工，虽然并不是每家每天都需要去。她每天的时间，都被分割成好几段。早上先去扫大街，一个小时之后回来，吃好早饭，顺便去买菜，休息一会，又出去干活，1—2小时之后又回来休息，吃中饭。他们的吃饭时间不正常，因为需要将主人的吃饭时间照顾好。下午休息一会，又出去1—2小时，然后又回来，如此反复。

你看我们做这样的活，不能租太远的房子住，来来回回路上的时间都浪费掉了，我们这活，人家说了1点半到就必须1点半到，私人的还好，大家可以通融通融，如果是公家的，比如饭店啊，理发店什么，他们就在那段时间有空，或者就那段时间缺人手，所以需要我们去。我们住太远的话，万一路上堵个车什么的，说不准的呀。现在这样，我到每家都走路去，也就10多分钟的事，还能锻炼锻炼身体什么的。

清洁工的正职，公司要求他们一直在大街上来来回回维持路面的清洁，但是几乎所有的清洁工，都有自己的兼职。

你说一直在街上走来走去，也没什么事情做，怎么会脏呢？上海这边的人素质还是可以的，也不会随地乱扔什么垃圾什么的。我们基本上都在附近找了钟点工的工作。公司有时候也会来查，看不到我们人，就罚款，罚款就罚款呗，反正我出去赚的钱比罚款多，再说，他们也不会每天都来查，被查到了就自认倒霉，没查到就是赚到了。其实我们该干的就干好了，比如我们去做钟点工的路上，看到自己负责的路面不干净，也会随手拣拣弄弄。

今 后 的 打 算

说到今后的打算，虽然曹阿姨已在上海十多年，用她侄女的话，除了户口外，她已经是个上海人了。可是，曹阿姨却并不这么认为。她倒是希望自己到时能和南京的儿子同住，去帮他们做饭、打扫房子和带小孩。这对她来说才好像比较圆满。

其实，我也不会一直留在上海，儿子已经在南京买了房子，等他们一结婚，我肯定就要去他们那边，帮忙照顾他们了，之后有了小孩，也需要一个老人帮忙带着。我未来儿媳人很好的，他们两个是高中同学，感情挺稳定的。只要小辈过得好，我再苦再累也无所谓了。自己一辈子没怎么过好，只希望儿子能过得好。儿子对我很孝顺的。

讲到这里，曹阿姨脸上洋溢着笑容。

执笔人：邓梅

家就等于一张床

　　住房使人们进入到一个比较稳定的社会网络,邻居、居住的社区、孩子就近入学的学校、附近的医院、商店、有无娱乐体育休闲设施等,赋予了驻区内居民广泛的社会意义,形成了比较稳定的生活模式,而这种生活模式又具有社会经济和社会身份地位的符号意义。但是对于小鱼儿这样的服务行业工作群体而言,居住只是一张安然入睡的床,其他的要求都是奢谈。小鱼儿目前入住的求职公寓在一栋二十几层的商住两用大厦里面,位于新天地附近的东台路上。住在新天地附近对凌晨下班后公共交通停运的问题来说是最好的解决方案。这个地方的租房形式是出租床位,每个床铺每月 380 元,付一百元押金即可入住。虽然名称是求职公寓,但实际上并不只接受大学生就业群体,而是交钱、登记身份证即可,外地户口的租户要办暂住证。经历了坎坷的找房过程后,小鱼儿对于现在的"宿舍生活"还算满意。

　　我们以前也找过一些附近的居民房,价格都在 2000 以上,是破旧的老式公房,没有独立浴室和热水器。这很不方便。我可以不讲究,但是女孩子总归还是要洗澡吧! 这家公寓虽然只出租床铺,挤是挤了点,但有干净的卫生间,有空调,房租每月不到 400。下班之后走二十分钟就可以回来，一回来就洗澡，然后爬上床睡觉。这比原来在店里沙发上睡觉，要好得多。起码有张床可以躺下，而且还是自己的床，所以还是很开心的。

我们下午四点到达求职公寓，开门的时候小鱼儿轻手轻脚，并提醒我不要大声说话。刚走进房门，便看到了阴暗的房间里依旧在睡觉的女孩子们。"她们很多都是晚上上班的，所以白天睡觉"。小鱼儿走到自己的床铺前，但是却没办法请我坐下，因为空间狭小到实在是没有我容身之地。除了床上睡着人，空着的床铺上也堆满了行李箱，衣服和化妆品等。房间里能利用的空间全部用来放置床位了，没有另外放行李的储物柜。所以平常女孩子们都是睡觉时把行李拿下来，起床了再放回床上。除此之外，公寓只有一个小小的阳台，只够满足晾晒衣服的功能，所以住在这里的人从来没晒过被子。小鱼儿说，"在这里住了几个月，从没看谁晒过被子。不过住在外面，也就讲究不了这些。"这家求职公寓是一套三室一厅的居室改造而成，里面摆满了高低架子床，三间卧室一共住了 34 个女孩。按照每月 380 元的房租，屋主每月有 13 000 元的房租收入。房东老陈就是靠这些女孩子们的租金作为主要经济收入。

颠　倒　的　作　息

前面已经提到了服务性行业的特殊工作时间问题，工作性质的影响延伸到了居住生活之中。在小鱼儿所工作的这家高档KTV 会所，生意最繁忙的时候是晚上 9 点到 11 点，大部分的客人会在凌晨3点前离开。所以小鱼儿一般都是晚上7点上班,早上4点左右下班。

　　有时候馋了会去街边大排档吃小龙虾,然后走回宿舍,洗完澡倒头就睡。刚开始对这种黑白颠倒的生活很不适应,身体难受得很。后来慢慢也就习惯了。其实也可以选择上白班,但是客人主要是晚上多,所以要赚钱还是上晚班。

女性时间是母性的时间。月经周期、婚姻与生育周期、青春期,以及做母亲的周期等都是女性生命中至关重要的身体经验。女性的周期性时间感与男性化的、富有侵略性的线性累进式工业时间之间存在着必然冲突。女人,无论她们喜欢与否,其身体经验都是周期性的,她们生活在两种时间之中,一种是工业社会的时间,而另外一种则是往往与前者背道而驰的时间。这样黑白无常式的作息方式使小鱼儿的脸色变得蜡黄,曾经洁白无瑕的脸上也开始长斑,经期也更加不正常。但是在晚上上班之前,她都会扑上厚厚的粉底与遮瑕膏,一是工作规定必须化妆,二是掩饰住疲倦的颜容。化妆术是这些女孩子必备的武器,化妆出来的美丽身体,是商品世界中的消费对象。漂亮的女孩子在新天地更受欢迎,因此能获得更多的服务机会,拿到更多的小费。在新天地发达的服务业发展中,被剥削的不仅仅是劳动力与情感付出,还有她们的年轻与健康。服务性产业的时间暴力将女性身体改造成了一部工作机器。但是,有压迫的地方就有反抗,辞职就是最好的反抗。虽然反抗的意识并不明显,但这种具体的行动依然对资本霸权提出了挑战。

赚钱永远都赚不完,而且这样子能赚多少钱呢? 我一个在 KTV 上班的朋友到现在脸上长满了痘痘。这里的工作强度虽然不大,但是作息时间太混乱了,实在不能继续这样了。我走的时候经理还极力挽留我,说可以少上几天班,我想想还是算了。

最后,小鱼儿还是辞职离开了那家 KTV 会所,原因有很多,其中很重要的一条就是自己的身体吃不消。她觉得应该要爱惜自己的身体健康了。

群租房里的公共秩序

当我走进宿舍的时候,闻到的是淡淡的女性芳香的气味。但是从阳光刺目的室外到一个昏暗的室内,眼睛还是有些不适应。这里的房间窗户上都挂着厚厚的窗帘,小鱼儿说,这些窗帘从来不会挂起来。

因为住在这里的女孩子上班时间不同,有的是在附近公司上班的白领,一大早就走,有的是上早班,有的是上晚班,有的上夜场,所以大家的睡觉时间都不一样。基本上什么时候睡觉的人都有。我刚谁进来的时候还觉得挺吵,几乎每个小时都有人进进出出,开门关门,上床下床,卫生间也总是洗浴的声音。

因为作息时间不同,所以室内一直保持着昏暗的光线状态,而且落下的窗帘也是保护睡觉者的隐私。不同的时间带来的困扰不仅仅是嘈杂的睡觉环境,也是诱发女生矛盾的重要原因。因为夏天天热,需要开空调,所以房东另外向每人加收每月 30 元的空调费,每天能开 12 个小时,如果要开 24 小时,就要交 60 元。老陈偶尔会来检查,甚至把遥控器收起来。三间卧室各有一个空调,但是每个房间的租户作息时间并不完全一致,所以开空调的 12 个小时很难分配,如果开 24 个小时,有人又会觉得不愿意花那么多钱。而且有的人怕冷,有的人怕热,床位离空调远近也是开关空调的重要因素,因此常常会有人因此而吵起来。小鱼儿说自己住的那个房间还好,大家都能协调好,但是隔壁房间有个女孩子就经常为空调的事和别人闹矛盾。

　　　　她是上白班的,所以希望晚上开空调。她们室友不依,大家都吵起来了。而且吵了好几次。后来房东老陈出面了,警告那个女孩子不要吵架,如果再吵,就不让她住在这里。后来她气鼓鼓地搬走了。

群租房的生活剥夺了很多个人空间与自由余地的可能,时间差序在这个小小的居住场域中多次危害到公共秩序的维持。这时候房东老陈就会充当些调整的角色,他解决矛盾的策略不是通过满足租住者的需求,而是通过掌握稀缺资源——床位的途径,来威胁和压制矛盾的出现。比如在上面的例子中,他维护公共秩序的手段就是把引发和表达不满的女孩子赶走。大多数和平相处的女孩子实际上隐忍和割让了自己的个人权利,并把需求压抑到最小化。在强势资本的空间安排之下,她们只能获得最差的空间资源。住房,在这里完全成了一家居住机器。

哪里还有"个人隐私"

尽管在求职公寓的生活解决了居住的大问题，上下班的时间也没有那么紧张了。但是这张床位除了睡觉之外，再也承担不了其他的功能。在34人混居的大杂院里，三个房间的女生很少互相之间串门，而且有些租户还会对串门者抱有怀疑和敌意的眼光。

有一次多多来我房间看我，我下铺的那个女孩子特别爱管闲事，我当时在阳台看书，没看到多多，那个女孩子就说，'你是谁啊？不是我房间的吧？跑这儿来干嘛？'多多当时火就上来了，我也听到了，和多多一起说那个女孩子，'关你什么事啊，这是我朋友，过来看我'。那个女生后来还在嘟囔，我们也不愿和她争，反正以后还是要住在一起的。

在上海这个大都市，个人隐私正日益被逼退到"一家人睡同一炕头"的状态，这一点在这间求职公寓里就体现得尤为明显。在这个陌生人杂居的环境中，每个人的眼睛都由如一架监视器，仔细地提防着邻居们的一举一动，以防自己的财物受到损失。城市社会的不信任感与匿名性是监视产生的重要原因。这样古怪的监视气氛使公寓犹如一个抽象的空间监狱。因为屈服于低廉的租价，女孩子们必须住在全景敞开式的公寓之中，城市极化的居住空间安排迫使她们必须屈服于空间内的规训，以保证居住需求的满足。

除了个人交往空间的排挤，更为尴尬的问题出现在上厕所的时候。公寓里面卫浴都是公共设施，但是由于马桶和淋浴头都在同一间公共浴室里，所以经常出现上厕所和洗澡同时进行的场面。

有一次一个女孩子在门外大喊大叫,说:"装什么装啊,大家都是女人,上个厕所还关门!"所以后来大家上厕所都不能关门了。因为浴室经常有人要用。但是我上小号还好,上大号我无法忍受,所以每次都是到楼下易买得超市去。不然不好意思,上不出来。

小鱼儿的话让我们体会到了这样的居住环境对于个人自尊的打击与摧毁。在粗陋的条件下,人们只能放弃自己的羞愧心与礼义廉耻那一套道德规范,城市生活的实现以个人权利的完败为代价。在求职公寓里面,虽然大家每天抬头不见低头见,但是相互之间却了解地很少,大家在空闲的时间做得最多的事情就是打开笔记本电脑上网。这样交流的封闭不能单纯地被当成是一种人情冷漠,它也是一种城市生存中的自我保护策略。

不夜城里的彷徨与梦想

从小鱼儿的口中了解到,租住在这里的女孩子除了有服务生,还有一些是酒吧里的公关,大部分都是夜场工作的,所以才会住到这边。她们每天八九点钟化好妆,换好漂亮性感的衣服,然后凌晨四五点钟再顶着一脸倦容回到宿舍。这些女孩子的化妆品都很高档,大部分值钱的物件都是男人送的。衣服是自己买的,虽然看上去都很时尚,但价格实际很便宜。

谁会愿意花钱买那么贵的东西呢? 又不是真正的有钱人。赚了钱都会存起来的,不会说一夜之间都花掉。服务生群体里也有这样的人,下班后脱了服务员的衣服跑到楼上酒吧去摆阔。但是大部分人不会这样,她们来这里是要挣钱养家的。她们在很努力地工作,她们也有自己的人生目标。

尽管她们身处一个充满诱惑、道德模糊地金钱世界中,小鱼儿的话还是让我们看到了这个群体内心身处的城市奋斗梦想。小鱼儿如今结束了她的城市淘金之旅,回到了自己的学校生活当中。这样一种奇特的城市经历带给她很多思考。更为难得的是,小鱼儿是一位受过高等教育的"服务员",所以她正着手准备将这段传奇经历写成一篇研究论文。她透过痛苦经验获得了对世界的第一手认识,并且将这些经验通过话语表达出来。

执笔人:黄莺

寄居校园的考研军团

　　近几年,考研成了大四毕业生的热门选项,然而一旦热门就意味着将有大票的人从这些残酷的竞争中淘汰出去。其中一些人选择其他的出路,然而有一些人则不然,选择卯足马力继续冲刺。对这些卯足马力希望通过再复习一年考上研究生的人来讲,住在哪里变成了个棘手问题。一方面,大四毕业意味着他们不再能够轻松地住在学校宿舍;另一方面,考研复习又是他们接下来一年的主要工作,没有工作没有工资就意味着不能像其他刚踏上社会的同学朋友那样,通过住房市场解决居住问题。因此,这些需要把大部分时间倾注在"复习"这件事情上的同学来说,他们需要为自己创造一个既有利于"复习",又可以节约日常支出的环境。学校,无疑是最好的选择。于是要么,借着之前积攒的同学朋友关系继续留在校园,寄居宿舍;要么,就是借着家里的亲戚朋友住得离学校最近。如此一来,他们可以享受到专属于学校的各种资源。

　　上海,作为中国屈指可数的超大都市,不仅是大多数青年的梦想之地,又是教育资源集聚之地。在上海考研,为他们能够留在大都市提供了一块不低的踏板。因而,上海的各大校园除了接纳了这些原本就在上海读大学的考生外,还需要接纳那些远远近近地为提高复考希望而赶来的外地"大五"学生。虽然，没有确切的数据可以说明上海各大高校的校园与周围有多少复考生，但是像这样的故事却频繁地发生在我们身边。

故事一：L

L是华东师范大学2004级中文系的一名女大学生，她第一年考本校的研究生失败。由于她的男友和最好的朋友（女生）均已直研本校中文系，他们都鼓励她再考一年。虽然，她去找过工作，但由于错过最佳找工作时机而未找到自己满意的工作，于是决定再考一年研究生。好友和男友的鼓励和帮助，使L得以在华东师范大学继续一年的考研生活。在这一年的绝大部分时间里，一般L在学校开放的自修教室看书和复习；吃饭和上图书馆，就用男友和好友的校园卡；睡觉则和好友挤一张床。由于L还有许多本科同学直升本校研究生或者考取了本校研究生的同学，加之许多师妹师弟及认识的朋友，L在华东师范大学的考研生活过得还不错。第二年考研，鉴于自己的个人情况，L选择了次于华东师范大学的东北师范大学，终于成功录取，一年的寄居生活画上了圆满句号。开始了研究生生活的L深深感谢在自己最需要人帮助和鼓励的时候给予她关心和支持的男友和好友。

故事二：G

G是华东师范大学2005级商学院的一名男大学生，他性格开朗，风趣幽默，为人处事非常有主见，在大三下学期决定报考复旦大学的研究生之后，每天早出晚归自习。可是天不遂人意，虽然总分很高,但是政治科目未能过基本分数线。复旦大学给了一次面试,因此他对面试抱着极大的希望,可是最终还是却落了空。无奈,他开始了迟到的就业择业过程。经过几次面试,也得到了几个offer,最终他断然地认为这些职位不符合他的定位与期待。血气方刚的 G 选择了复考,重新再冲刺一次复旦大学的研究生。正巧,G 有一位亲戚在华东师范大学读博士研究生,一个人住一间宿舍,住宿条件较为宽裕,于是 G 搬入亲戚的宿舍开始了再一次的考研生活。他基本上都在教学楼开放的自习室学习,吃饭就用亲戚的校园卡,需要进图书馆时就用亲戚的校园卡或者自己本科同学(直升本校研究生或者考取了本校研究生的同学)的校园卡。G 和许多在本校读研的本科同学关系特别好,周末了经常一起出去唱歌或者出游,G 把生活安排得像个上班族,工作日看书备考,周末适当放松。同学、朋友和亲戚的支持和切实帮助让他觉得非常惬意。第二次考研,G 信心满满,虽然现在考研分数还没有出来,我们相信他一定会有一个美好的未来。

故事三:X

　　X 是同济大学 2003 级社会学系的一名女大学生,她报考本校研究生失败,决定再考一年。为了给自己营造一个好的复习环境,她选择了和自己的同学兼好友——免试直升入华东师范大学的本科同学——合住。好友虽然有几丝无奈,但鉴于是自己的同学,又玩得好,所以虽然知道将来会有诸多不方便仍然答应了。于是,X 在华东师范大学度过了将近一年的考研生活,她在好友的宿舍打地铺,白天就收起来,吃饭就用好友或者好友室友的校园卡,平时去教学楼的自习室看书,不用刷卡。为了收留 X,好友把自己的室友也"牵连"进来了,但是为了 X 能实现自己的梦想,在关键时刻帮上一把,好友仍然没有怨言。非常幸运,一年后,X 考取了同济大学的研究生,实现了自己的考研目标。

故事四:H

H 为上海交通大学 2005 级电院的一名男大学生,江西人,他因政治科目没有上线而考本校研究生失败,于是曲线救国,打算先就业,就业后继续考研。因为家里的强烈要求,H 不得不做出再次考研的决定。身为独生子的 H 为了不让家人失望,别无选择,只能再次跋涉考研路。

H 于 2009 年 4 月开始找工作,一个月之内收到四份 offer,正在犹豫和抉择之际,得知系里正在招人,于是他果断地放弃了所有机会,敲定了系里的工作——担任实验室管理员。虽然收入不高,但仍然在自己的学校,有许多熟悉的老师和同学、朋友,这让 H 和家人都非常满意。因为他们都坚信实验室管理员的工作是暂时,吃苦也是暂时的,只要考上研究生,一切也都值了。

2009 年 6 月底,H 在学校的最后的"离校通牒"下搬出了原来的宿舍校园。通过小广告在学校附近的小区租了一间房子。房东把套式住房格出许多小间出租给房客,是典型的群租,洗浴等都公用。他的房间有八、九平方米,摆了张双人床和书桌,月租为 600元。7 月,H 开始了上班生活,住在学校附近,工作在学校里面,H 仿佛又回到了大学时期。H 在上海交通大学待了四年,有许多熟人和朋友,工作后从考研失败的阴影中走了出来,过了一段轻松的舒坦日子。

2009 年 10 月底,离考研日期越来越近,H 的家人建议其暂停工作,全身心地备考。于是 H 与实验室负责人协商,由于是自己熟识的老师,老师同意他从 11 月开始暂停工作。11 月起,H 专心备考,住在校外,但吃饭和自习都在上海交通大学里面。然而,天有不测风云,11 月中旬,房东被查非法隔离房间出租,要求拆除格间恢复原状。无奈,H 搬出。正在为找新房子而担忧之际,H 的老乡向他伸出了援助之手,答应 H 与其合住。对 H 来说,这支橄榄枝犹如雪中送炭。而 H 父母也与这位老乡熟识,认为老乡能监督 H 的学习,欣然答应他俩合住。这位老乡于交大博士毕业后在一所世界五百强企业就职,收入可观,H 读本科期间这位老乡正在读博,两人关系甚好,称兄道弟。住在老乡租的房子里,和 H 之前自己租的房子差不多,老乡白天上班,H 就在房内复习备考,晚上八点左右老乡回来,两人一起就寝,早上五六点钟起来,生活极其规律。由于 H 老乡租的房子离上海交通大学比较远,骑自行车需要将近半小时,所以 H 只会偶尔到上海交通大学去自习,平时都在老乡租的房子里温书。吃饭就近解决。

2010 年 1 月中旬,考研结束了,H 听从父母的建议,重新返回工作岗位,上了半个月班,学校就放假了。寒假开始,H 就回家了,在外半年的艰辛备考,终于结束了,如今,考研成绩已经出来,基本上能确定 H 如愿考入自己的母校上海交通大学攻读硕士研究生。

小 小 的 讨 论

高校宿舍里常年会有许多非本校学生的不符合学校规定的暂住者。他们有的是本校学生的老同学、好朋友、亲戚;有的是准备考研的、参加复试的学生;有的只是暂住一晚,有的长住两三个月,甚至一年。这些寄宿者一般都是学生或者刚毕业不久的社会新鲜人,有的本身在上海求学或者工作,有的是从外地到上海旅游或者出差,他们的经济不够宽裕,并且与同学或朋友维系着友谊,于是到这些狭小的宿舍里暂住几日。

不过,由于宿舍面积狭窄,生活环境比较差,对居住者约束也比较多,所以住在宿舍并不是长久之计。而且留住在宿舍也会影响到宿舍里其他人的日常生活,学校宿舍不能留住外人的规定和楼管阿姨的监督时常会影响外来寄宿者的生活。因此,总体上来讲,这种高校的寄居也有其短暂性的特征。然而,这些寄居大学宿舍的考研者之所以选择了这样的生存方式,是有许多原因的:

首先,不需要房租。故事一的 L 与好友合住一床,故事二的 G 与亲戚合住一床,故事三的 X 在好友宿舍打地铺,都不需要缴纳住宿费用。这对这些没有收入来源,或者低收入的复考生来说,无视是关键的。

其次,伙食费便宜。三个个案均使用朋友或同学的校园卡在大学就餐,伙食费用现对于在校外就餐便宜许多。

再次,身处大学,可就近利用学校的图书馆资源及其他设施。他们可以去图书馆自习,用亲友的校园卡借阅和查询书籍。还可以去学校的大学生活动中心休闲活动,由于有亲友的校园卡,可以享受半价优惠。

加之,三个个案都因为有亲友关系网络而得以寄居大学再一次考研,这些关系网络是他们的支持系统的很大部分,可以说是他们的精神支柱和动力。他们本科四年形成的人际关系网络都仍然在这个城市,很多都仍然在这个学校,如此熟悉的人际关系网络,对于他们复习迎考应该说是非常便利的。

当然,这些寄居于校园的考研者,心情是非常复杂的。他们最多的应该是对给予自己帮助的人的一种感激之情,但在感激之余带有一丝不安。因为他们知道他们麻烦了别人,而且还是一年。与人合住一床,较于一人一床自然没那么舒坦,自己的东西还得放在别人本已逼仄的空间,不便之处可以想象。多出一个人,水电费用的分摊也可能引起麻烦。经常需要使用亲友的校园卡,为了协调,麻烦之处必定不少。

我们也可以看出寄居大学考研者的居住环境较为恶劣,居住空间狭小,往往是与人合住或者打地铺,质量不高。更为突出的是,他们有一种心理负担,麻烦别人而无力报答别人,并且周围的都是考上研究生或正在深造的亲友,如果自己考不上的话面子上会很不好看。为了在经济上实现效益最大化,在社会资源和人际网络上获得便利,寄居大学的考研者付出的是居住质量不高、心理负担较为沉重的代价。

执笔人:帅满　张丽

"走亲戚"式的暂住

接受笔者访谈的处于有房者阶层的是来上海的经商者,他们都是在上海奋斗了十年以上的事业有成者,年龄在 30 岁到 50 岁之间,他们的经济条件较好,并且已在上海购买了 100 平方米左右的住房,所以是出处于救助系统中的上层,一般是救助行动的提供者。他们一般会接受选择经济条件和知识水平与她比较接近的同学、朋友或亲戚,居住时间根据实际需要而不同,若是一般的来往则提供住宿时间在半个月内,如果有特殊目的则可以延长到两个月左右。在对方居住期间能进行情感上的交流,一起进行一些日常活动,有比较平等的沟通和对话。

来自河南郑州的李小姐与其丈夫曾在 20 世纪 90 年代到上海经商,1997 年将事业转回郑州,不过为了给孩子更好的学习环境他们全家于 2009 年回到上海工作,并于 2010 年 1 月份在莘庄购置了一套 130 平方米的新房,不过目前正在装修,而且李小姐的工作单位距离新房子有一定距离,所以他们全家在一个比较旧的小区里租住了一套两居室,包括一个厨房和一个卫生间,面积不到 70 平方米。房子里面放满了旧家具,在放了两张大床后已经没有多少空间,所以房子显得非常拥挤。李小姐本人是位高学历女性,目前也在某高校工作,并且她从小生活在郑州市区,所以关于居住救助她认为她只会提供给那些和自己情趣相投，能进行相同水平对话的人，最有可能的是好朋友，老同学和家乡的亲人，而生活在比较下层的同乡她会比较排斥，他们的生活方式、卫生习惯也会让她比较为难，也从来没有接到这样求助。她觉得即使是好朋友她提供的住宿时间也只能在两个星期左右，而且在居住期间最好能结伴出游或者聊天交流，而不只是纯粹的寄住。不过她说自己的丈夫不会在意求助者的条件，只要是老乡基本都能答应帮忙。由于现在李小姐家新房正在由她的哥哥在装修，所以她哥哥暂时住在她家租的房子里，从 3 月 10 日装修开始的那天一直住到现在，并且要一直住到装修结束那天，总共要住大约一个半月。每天晚上李小姐的哥哥在李小姐家吃晚饭，睡觉时和李小姐的丈夫挤在一张床上，李小姐则和孩子一起睡。由于有着直接的利益诉求和血缘关系，李小姐不在意哥哥（装修工人）的借宿。李小姐认为现在由于租住的房子太拥挤，所以很难让老乡借宿，不过家里特意买了三室一厅的新房子，就是希望以后有亲戚或朋友过来后可以留宿，她也非常欢迎他们到她家小住几日。

　　浙江绍兴的王小姐目前是全职家庭主妇，有一个孩子，丈夫则在上海经商，从十年前他们从绍兴来到上海一直到现在事业发展比较顺利，现住在莘庄的一套 90 平方米左右的公寓里，里面共两室一厅，不过没有客房可以提供给客人。王小姐平时的活动主要是去游泳、做美容保养以及和小姐妹们逛街聊天，对于自己的同乡的认同基本限于老家的亲戚，在上海来往的主要是她的哥哥、她丈夫的兄弟——他们也在上海做生意，也已经在上海购买了住房。这几位亲戚每个月都有一天会到她家做客，吃顿晚饭再聊上几个小时，然后就回到自己家，偶尔其中某一位会在王小姐家住上一晚，不过基本他们会在当晚就离开。李小姐认为她家房子面积不够大,也没有空余的房子给老乡住,她宁愿给予其资金援助也不希望自己的生活被打扰。来往的亲戚主要是沟通感情,交流信息,算是传统意义上的"走亲戚",他们全家也偶尔会走一走,不过一般当天就会回到自己家。

在本人访问的案例中好几个都是以"走亲戚"形式的暂住在亲戚家,由于自己在上海有住处,而有关系比较近的亲戚在上海购置或者租住了房子,为了联络感情他们每个星期或每个月都会到亲戚家住上一两天,亲戚都对他们表示欢迎,也很热情地招待他们,并且还希望他们多住几天。其中有一位受访者的表姐曾经是从安徽独自一人到北京寻找工作,期间她就寄宿于其姑妈家,不过同时要帮助其姑妈经营服装店,当她后来找了另外一份工作后姑妈就开始面露难色,她就搬出去自己租房住。不久前刚结婚的她和丈夫一起来到上海度蜜月,两人就寄宿在她一个在上海定居的弟弟家,大概住了一个月左右,这种形式的家族式聚会似乎有着更重要的情感交流功能,不过其中在这种活动中提供的居住帮助无疑也非常的重要。

执笔人:张丽

征地后的过渡期,怎么办?

高敏是上海某校的宿管人员,住在闵行区某村,因为 2003 年紫竹科技园区建设,房屋被拆迁,土地被征收。她家有个女儿,现在已经大学毕业,在某幼儿园工作。随着上海城市化的发展,城市基础建设、工业园区的建设土地需求,越来越多的郊区土地被集体征用。近十年来,在上海已形成了一个特殊的征地农民群体。

尽管,上海市专门有政策规定,动迁或征地需要准备动迁房,但是这并不表示动迁居民或征地农民能马上搬进新房。一般而言,这个群体都需要有 2—3 年的过渡期,甚至更久。在这段过渡期内,他们或者通过住房市场解决,或者通过亲戚朋友解决住处。《上海市城市房屋管理实施细则》第四十一条规定:"(拆迁居住房屋的过渡期)拆迁居住房屋以期房调换的,拆迁人应当与被拆迁人、房屋承租人在拆迁补偿安置协议中,根据建设情况约定过渡期,并遵守过渡期的约定。过渡期内,由被拆迁人、房屋承租人自行安排住处。"根据紫竹园区的动迁政策规定,高敏家能够拿到每个月 2000 元的过渡费。因为这是暂时性的居住困难,因而她家并没有借助住房市场,而是更多地依靠亲戚朋友的帮衬。

寄居小姨家

房子拆掉之后，高敏一家就开始了他们的搬家生活。对于被征地农民的去处，政府没有提供完善的安置处所。就闵行区而言，政府仅仅提供很少的一部分房屋，作为特别困难的征地农民暂时的处所。政府将农民的土地和房屋征了去，对一般的征地农民来说，政府将后续的问题完全推给了农民自己来解决，将政府行为造成的后果推给了市场来解决。每个月提供一些租房的费用，他们住在什么地方，能否找到合适的地方这些问题，都没人关注。高敏家第一次搬家是去了她小姨家，小姨没有收他们的房租，他们就是在生活上多花点钱（平常多买买菜），也帮小姨带带孙子。小姨跟自己的女儿女婿一起住，他们住了三个月。高敏的小姨非常愿意跟他们一起住，因为这样比较热闹；而他女儿女婿也没有反对的意愿。

> 房子被拆掉以后，我们一家人搬到了我小姨家，就是我妈妈的妹妹，那个时候我妈妈还在。我小姨家是三室两厅，三代人居住，小姨、她女儿女婿，还有一个小孙女。也很挤的，但是他们还是腾了一间房子给我们，我们三个人放了一张床进去，女儿平时住校，周末回家的时候，她爸爸就打地铺。其他亲戚家都在农村，离女儿上学的地方和我们上班的地方都比较远。（所以不太好住到那边去）那个时候我女儿上高中。她爸爸有时候打地铺，有时候去他姐姐家住，反正都是自己人。在我小姨家我们也不给钱，就是平常多买买菜，帮他们带带小孩。

　　在遇到困难的时候,他们首先还是救助于自己的亲戚。而在选择的时候,首先还是考虑了对方的承受能力和对自己的方便程度。按照道理,在农村的亲戚房子更加宽敞,但是他们选择了在城市里的小姨,因为小姨家离孩子上学和自己工作的地方更近。亲戚之间的亲疏程度也直接影响到他们的抉择。"我妈妈那个时候还在"这个因素非常重要。在费孝通先生提出的"差序格局"中,血缘关系是一个关键的因素,小姨跟妈妈是亲姐妹,这样的关系使得他们能够救助于小姨,小姨也愿意提供帮助。试想,如果老一辈的老人没有了,那么下一辈之间的关系势必会疏远,这会直接影响到他们救助对象的选择。

　　　　我小姨平常都是一个人,所以她很想我们住在他们那边。我们搬走的时候她都哭了,不想要我们走。但是呢,我女儿那个时候高中,要参加高考,为了孩子的学习,我们必须要买一个房子。当时紫竹科技园区也没告诉我们后来会分房子,我们就直接买了一个房子。

　　虽然小姨不介意他们住在一起,但是总归是寄人篱下,他们还是觉得不习惯,所以买了自己的房子,搬出来了。其实在这三个月中,他们自己家庭的居住生活是被打乱的。女儿平时住校没有多大影响,但是一旦放假回家,丈夫就要打地铺或者到姐姐家去居住。并且小姨再亲也不如在自己家里,并且小姨还有自己的女儿女婿。可以想象,小孩子读书应该是一个脸面上的接口,虽然她一直强调说"自己人",但是一家三口挤在一间房间里,还是很不方便,接着小孩子要参加高考,为了给小孩子一个好的环境的由头,就自己买了一个二手房。所以他们拿到拆迁费后就自己去买了一套二手房。

女儿第一，全家应付高考

三个月后，为了给女儿提供一个好的环境，他们买了一套房子。当时他们买房子的时候没有买新房，而是一套二手房。

当时买二手房呢，主要考虑到小孩子读书的事情，要靠近她学校一点，当时也没听到以后会分房子的事情。你买新房子呢，还在建造，还要等装修好，时间上我们等不起，那个时候要保证小孩子的高考（女儿是零五年考入大学的），我们就要得比较急。

子女在家庭生活中的重要性毋庸置疑，正如费孝通先生在《生育制度》中讲到，父母和孩子组成了一个家庭的"三角关系"，缺少孩子这个角，对家庭关系和夫妻关系都是一个不小的冲击。而在现代社会中，子女的教育问题，又成了每个家庭非常重要的一部分，甚至可以说，孩子的教育有时甚至建构了一个家庭居住生活。比如现在的陪读现象，父母辞了工作跑到别的地方陪孩子读书。

而购买房子的时候，市场作用和亲属帮忙同时起到了重要的作用。

我们买房子的时候也是去中介的，我老公有个侄女在一家中介公司上班，我们拜托她的，所以，当时我们买房子的时候还是便宜了一些的。当时将近3000元一个平方米，我们那个房子近100平米，加上中介费，差不多30多万。

购买二手房的钱基本上将征地后的住房赔偿花掉了，那个时候还是房价没有飞涨的时候，30万的费用还在他们承受的范围之内，购房也没有在经济上给他们带来过重的负担。购买房子之后，一家人住在了一起，陪着女儿专心的准备高考。

托 熟 人 租 房

后来紫竹科技园区出了要给拆迁户分房子的政策，但是他们的钱已经都用在了购买二手房上面，没有多余的钱来购买新造的公房，唯一的办法就是将现有的房子卖掉，这样才能有经济能力来购买新房子。

这个时候矛盾就出现了，旧房子卖掉了，但是新房子还没造好。为什么不能等到新房子造好之后再卖掉自己的房子呢？这就是市场作用下的无奈了。一方面要付新房子的钱，另一方面又要应付上门的买家。

在买的房子里住了三四年后（2007—2008年），紫竹科技园区说要分房子了，那个时候面积是按照拆迁的70%来算的，我们可以分到了180平米左右，但是我们的钱基本上都用在购买那个二手房上了，没有多余的钱，我们只有将那个房子卖掉，那个时候房价已经涨了，我卖的时候买了5000元一个平方米，赚了一点钱。后来就用来购买新房子上了，我们70%的折扣下来，有180平方米，我们要了两套，每平方米2 400元，差不多也用了43万多。当时卖房子的时候，刚好有个合适的买家，我们卖房子也是到中介所去登记的，花了好多钱呢！我们想着等新房子到手了再卖，但是当时那个买家也要着急着搬进来，所以没办法就只好搬了。

　　租房子就在新家附近的地方找了一间房子，租房子没有依靠中介的作用，通过熟人关系找到了现在的房子。熟人关系一方面给他们带来了方便，一方面也为之后的矛盾留下了隐患。

　　　　其实那个时候新房子还没有造好，我们没办法，只能搬出来，这样就在紫晶南苑租了一间房子。房子也是拆迁户分到的房子，是当时村子里一个熟人的姐姐，我们当时在找房子，他说刚好他姐姐也有房子，问我们要不要，后来看看挺合适的，就要了。房子没有装修，有80几个平米，一个月700元。

熟人尴尬，终搬新家

　　后来自己的新房子分到了，但是还没有装修，装修也需要一些时间。那个时候上海房价涨得正厉害，房东既想借着房价涨动的原因获得更多的房租，但是又不愿意跟他们要更多的房租，因为害怕把熟人之间的表面和谐关系给破坏。这样，熟人情面的维持与赚取更多利益之间的矛盾越加突出，当物质利益的追求冲破了熟人的情面时，房东只有把他们赶出去。而这个时候正好有了正当的理由，因为他们自己的房子已经分到了。这可以理解为人们在情感跟经济之间的选择，如果他们的房子没有分到，那个房东可能还是会让他们住着，但是正因为他们房子分到了，所以房东认为让他们出去也是很正常的。这样摆脱了熟人的关系，涨价也更加的理直气壮，不用担心情面和脸面问题。尽管他们愿意多支付一点房租，但房东还是将房子租给别人。这正是传统的情感在现代经济面前解体的一个突出表现。但从另一方面来看，也可以理解为他们的熟人关系还不是很熟，因为是村里人的姐姐，关系又隔了一层，所以房东才能这样让他们搬出来。

后来我们的房子分到了，但是还没装修，我们就想在那边再住3个月，等装修好了再一起搬。但是那家房东呢，好像又不愿意给我们涨房租，但是又想靠这个房子多赚点钱，就很着急的要把我们赶出去，气得我老公一直骂。因为他哪怕让我们多住3个月也好，等装修好了再搬，这样我们就能少搬一次。但是房东不这样，他就是要把房子租给别人，这样他就能多赚点钱。让他们涨我们的房租他又不愿意，少赚了钱他也不愿意，所以只好把我们赶出去。这样我们只好先搬到没有装修的房子里去，先装修一套，等装修好了，就搬到进去住了。现在我们的另一套房子也没有装修，就租给别人。

在高敏的搬家经历中，每一次搬家既有跟政府政策与市场行为的博弈，也有亲属之间的互助。高敏自己既得到了小姨的帮助，在之后搬进新家后，她也为自己的姐姐提供了住房上的帮助。

执笔人：邓梅

友爱村和它的住户们

通海路是吴泾镇民房出租集中的地方。城郊结合部的房子基本上都被征收后拆掉了，但是这里还保留着，非常难得。这一片民房因为有铁路穿过，所以没有被征走。这里是吴泾剩下的最后一片民房。

从弄堂入口往里可以望见一大片的房子，大多是一层，少部分两层，房子多数陈旧，有些则像是临时搭建的，房子外面堆放着很多木头、钢筋之类的杂物，显得很杂乱。泥土路和水泥路混杂着往前延伸，路面不大平整，这个地方好像被遗弃了一样，和不远处的楼房格格不入。作为仅存的民房，许多外来人口都在这一片租房子住，因为民房相对公房便宜很多。同样面积的一间房子，民房月租三、四百元左右，而公房或住宅小区则至少也要六、七百元。

沿着巷子往里走，虽然是高温的夏季中午，但仍能发现这里人气非常旺盛，随处可见炒菜的、洗衣服的、晒衣服的居民。还能看到许多小孩的身影，年龄介于 3 岁到 12 岁之间，他们正在进行着自己的娱乐活动，浓厚的生活气息扑面而来。这些小孩们来自安徽、河南、山东等，可谓五湖四海，他们的父辈在上海工作，他们有的一直跟随父母生活，有的则是暑假被父母接到身边来度假。

图一　友爱村的白天景象,浓浓的生活味(帅满摄)。

作为出租房的这一片民房,有其自身特点。首先,地理位置较为偏僻。上海的城市化进程推进很快,如今的民房主要分布在城郊结合部和尚未涉入城市化的郊区,因此,有民房出租的地方地理位置基本上都处于上海的郊区。其次,房子整体质量偏低,房租便宜。民房质量规格不一,没有精装修,很多甚至没有装修。生活设施没有小区房健全,卫生间需要共用,用水也不太方便。

租住在民房里的外来人员,有熟人帮忙租好再过来的,也有自己多方打听找来的。他们选择这里,是因为民房租金便宜,而郊区的地理位置也不影响他们的工作。因为他们的工作场所要么离住处不远,要么就在房子里进行。因此,从居住救助的角度说,选择民房,是他们自救的结果。在租房的过程中,成功租到民房,需要熟人介绍和帮忙,也需要自己的积极行动,同时他们也会对自己社会网络中的成员施加居住方面的救助,这也是居住救助的体现。

住户一：经营小店

这是一对 30 多岁的夫妻,籍贯是浙江淳安,靠经营南货店为生。有一个儿子,现在吴泾小学念五年级。她家经营着"东海商店",市口很好,就在东海学院对面。友爱村是典型的拆迁村,村里主干道周边的房子都被拆的七零八落,还有一些零散的民房在挂牌招租。"东海商店"在独栋民房的底楼,小店足有 20 平方米,生意还不错。在我们和主人聊天时,一直有顾客光顾,客源主要是周边居民和东海学院的学生。二楼则是一家人的房间。房间大约 20 平方米左右,房内带有简易家具,还带有卫生间。儿子和夫妻的床中间用个布帘,晚上拉上。自他们租房六年来,从未涨过房租,280 元每月。

上海生活 20 年,依旧是浙江人

笔者一行三人在烈日下走到友爱村,口渴难耐,正巧看到这家东海商店,便想买瓶冰水,店主很热情,在喝水的时候便和店主聊了起来。他们夫妻俩是浙江淳安人,提起家乡的时候有一股明显的自豪感,一直说"我们千岛湖是个好地方啊。"来上海已经有 20 年时间,一直住在闵行。最初来上海是因为有一个亲戚嫁到上海,通过这层关系也来上海找事情做。最初的时候是在闵行纸品厂里做事。后来华东师范大学建设新校区,工厂便拆迁。后来又换了一家印刷厂,同样也拆迁了。在那之后,便开始自己经营小店,一直到现在都是以此为主要谋生手段。夫妻俩有一个儿子,目前在附近的吴泾小学念五年级,每天儿子都是坐 729 路公交去学校上课。

　　我们在上海20年了,和我老公一结婚就来了,住在友爱村,有时候跟村干部开玩笑说可不可以把户口迁到上海来,我们也都交税,也是守法良民啊,根本不可能。我儿子就是因为户口问题,所以读中学还是要回家读的。过两年等他要回家念书的时候,我们也回家了。

　　由户籍制度控制的身份市场依旧是屏蔽外来人口的重要机制,店主一家不属于普通意义上的"流动群体",而是已经在上海居住多年的老居民,但外地人的身份一直没有改变过。这种身份差序所带来的不平等公民权给他们的生活造成了很多困扰,而最严重的影响就是因为孩子的教育,他们必须离开已经生活了20年的上海,回到老家。而他们从小在上海出生长大的儿子,是否能够适应从未熟悉的老家生活与学校教育,我们不得而知。

租户间的地域歧视

　　友爱村里面像这样的独栋民房有很多,基本都是村民租给外地人住,很少有村民还留在村里,留下来的也是一些孤寡老人,所以友爱村称得上是外来人口的聚集村落。因为当时上海举行世博会,有一些房间租给外地的游客,这段时间也是租房市场房源紧张的季节。民房里面都是一个大房间被隔成多个小单间出租,所以带有卫生间的房间很少,租金相对也比较贵。租户主要是在周边工作的外来务工人员,他们收入不高,住房消费水平很直接地被经济收入所制约。谈到租户之间是否相互来往时,阿姨很警觉地问笔者家乡是哪里,说怕万一说错了得罪人。她指的是安徽人在居民的心目中社会评价较低,这种地域刻板印象从何而来,值得进一步探究。

我们这栋房子里面住了12家,楼上3家,后面6家,房东一个月房租都不得了。最低房租也要350。我们时间长,都知道我们为人,我们是浙江人。你们是哪里人? 我一定要问过了才敢说。安徽人这里比较多。我们房租半年一交。房东信任我们。这边也有华师大学生的住这边,还有紫竹园上班的人。秋林阁里的瓦罐汤、酸菜鱼都住这边。

瓦罐汤和酸菜鱼指的是附近大学食堂里的煮饭师傅,从这些的标签称呼可以看出店主对于租户的情况都比较熟悉。一栋普通两层小楼里面住了12家,拥挤程度可想而知。

房东与租户之间的信任关系

城市移民群体中的主体部分是流动性较高的外来务工群体,同时也存在长期居住于城市并有定居意愿的非流动性群体,由于政府目前并没有相应的公租房或廉租房制度来满足他们的居住需求,这类群体便构成了民间租房市场中的主要租户。合同是租赁双方必需的法律凭证,租金一般都是付三押一、付二押一或者半年付、一年付的方式,押金条约既是为了减少租户的流动,也有助于降低房东寻找租户的机会成本。合同本身的契约关系也体现了租赁双方的商业合作关系,即使同住一个屋檐下,互相之间也是一种纯粹的经济交易关系。本文中的个案有些不同,他们并没有与房东签订合同,而且租金也异常低廉。店主一家在目前的房东家租住了6年,与房东家庭建立了良好的信任关系。这种信任关系给他们的生活带来了诸多便利,最明显的即是大大降低了居住生活的支出。

在现在的住处住了6年,和房东关系很熟,一间二十几平米带卫生间的房间,280元一个月。我一直租,所以没给我涨价。他们里面四百块卫生间都没有。我们没签合同,他们都要签合同的。

房东本身并没有住在这栋楼里,只有房东的老母亲还住在这边。商店前面是一片菜地,房东的老母亲在上面种了一些黄瓜、大蒜等蔬菜。听店主说,平常老人家收了菜都会拿给他们吃,还让他们在地里种菜。这些细节都显示出店主与房东家的关系融洽。

以后还要回老家

尽管已经在上海生活多年,但他们并没有以后一直在上海生活的打算。

我们浙江人不想留在上海,想回家的。等小孩子上中学就回去。千岛湖是好地方啊。为了小孩,没办法,都得回去。店本来在马路对面,后来对面拆了,就搬到这边来了。这一片地都是华师大的,要做小学、幼儿园。

店主说现在住的房子迟早也是要拆的,在上海也待不长久。由于各地教材不同,高考内容不同,孩子必须回到户籍原地上学才可能考出好成绩。他们只有一个小孩,非常重视孩子的教育问题。他们说:"这么辛苦,不都是为了小孩嘛。现在又只有一个小孩。"等小孩读完五年级,他们便要全家搬回千岛湖,在那边买房子,开始老家的新生活。

住户二：陪读的食堂 K 阿姨

　　K 阿姨住在友爱村的一栋楼房里，整栋楼房共有 5 家住户。K 阿姨租了二楼的一个房间，共有 20 平方米左右。走进房间，内设一间狭小的洗漱间，左侧一张大床。半扇床板架在华师大退役宿舍床，二层上堆放着棉被、衣物等；另半扇架在长条凳子上，铺着被褥，在被褥上盖了几件厚衣服、整齐地叠放着三床被子。床对面，即靠门的一侧，老旧立柜上摆放着一台老式大约 16 寸的电视机。在床边，也就是洗漱间的门口，矗立着一个自制衣柜，而柜门是江苏某个厂家装货用的木板。进门直面的是一张印有"华师大"字样的淘汰书桌，书桌上放挂着主题为"老师"的两挂锦旗，书桌右侧则叠放着诸多图书，如《牛津英语大辞典》、《SPSS宝典》等。这些书的底下，躺着一个电磁炉和小锅，再往右看，则放着半箱"如霜打过"的桔子，另有半袋花生拉在小桌子上，黄瓜和大葱耷拉在桌子下面的地上。

租房，完全依靠自己

　　K 阿姨，大约 60 多岁，籍贯东北，辽宁鞍钢退休工人，陪女儿来沪读研，目前女儿已经研究生三年级。她现在华师大华闵餐厅工作，居住在友爱村。作为"陪读"，K 阿姨来沪已经两年半，并计划还将在友爱村居住半年等到女儿顺利毕业。在沪期间，K 阿姨找到了在华师大华闵食堂的刷碗、拖地的工作，月收入为 960 元（此外，还有原来的退休金 1400 元到年底还能加 100 多元钱。加上工资 2000 多元）。K 阿姨谈起她找工作经历说："（工作）自己去找的，我的工作都是自己去问的，旁边谁在哪里做活，就上哪去问。

如果去找中介都是很费钱的。干的动还成,干不动白扔 200 多
块钱。"

初到上海,K 阿姨跟随女儿来学校报到后就张罗着租房子的
事情。K 阿姨回忆:"我来是现找的(不是女儿安排的,也不是当天
就找到的),我们还住旅店。上哪找到? 我来上海,东南西北都不
知道。走马路还得看路标。""(房子)自己找的,找中介都花钱的,
一般性地哪有找中介的,都是自己找的。找中介花 200 多块钱凭
啥啊? ……就问呗,他们打工者不少都是自己找的,他们都是老板
租的,一些打工(才居住)的房子。他们是生物园那边承包的,工地
上做事的。"K 阿姨的房租是 250 元钱,一个月一交(预付房租),提
前压 100 元钱押金。加上电费一般一个月 300 元钱不到一点。

不咸不淡的邻里

K 阿姨一个人过来陪女儿读书,周边居住的多是同在华岗食
堂工作的员工,还有一些其他外来务工人员。她表示有些房东也
和他们住在一起,而一些另有房子的年轻人已经搬走了,年老的有
的还在。K 阿姨这样描述她的邻居:"这面离得近嘛。这里也有东
海(学院)的,东海有来的多。都附近的,附近的居民都是华师大养
活的啊。他们都是环保、绿化了,不都是嘛……他们就一个月,那
间小院。我们也不知道(别人住多久),总之隔壁的比我久,我来的
时候他们就在了。楼上的一般都不爱动弹,楼下的老动了,我们楼
上一般都很'阴'(方言,表示文静)的,都不爱说话。""这上面四家,
底下这楼是三家,有承包的。人也不多,一般每家也就一到两个
人,不过他们承包的,紫竹园承包的住的人可多了,他们底下的人,
洗澡了吃饭,十来个以上,乌嗷乌嗷(拟音,意思是烦闹、乱七八糟)
的。他们都在地上搭铺。咱们这样的小屋里,都是供他们吃,供他

们住，那工地上搭铺啊，一间十来个人，老板省钱就行。"由于 K 阿姨来自东北，语言就成了问题："你们的普通话不错，我们是打工的，很多人我们都听不懂他们的话，巴拉巴拉的。他们讲上海话，还听不懂我们普通话，老年人听不懂普通话。"

K 阿姨的社会关系网络很少："我们家很少来人，没有客人的，我们家这边没有老乡也没有亲戚。""（那些邻居）有的也就在这睡，都不打招呼。这里的人都不打招呼，谁都不应谁。有的脸熟，有的都不知道是谁。""（我感觉）不孤单，回来就睡觉，起来就上班，7 点就往那边跑。"

在问起友爱村村委会时，K 阿姨表示不是很了解："他们可能是有吧，他们叫大队，我们跟他们也没有什么关系。"阿姨还遭遇过一次办证经历："有一回派出所来登记，去年夏天，办了个临时上海证，我还办了一个呢。就让你登记，后来就没来啊。这证啥用没有，50 块钱。从来没用过，又不等于身份证，让我赶上了。他们来的时候就我在家。别人在家有的也不办。人家办就 50 块钱嘛，我也不找麻烦。（笑）啥用没有，有时候身份证没带吧，拿它当身份证不好使。就这么回事。"

将 就 着 住 吧

K 阿姨是鞍钢退休工人，因为当年女儿在辽宁师范大学读的专业与华师大对口，于是考来了华师大。而她在家又没有什么事情，便跟着女儿来"陪读"。他租住的老式房子又破又旧，地方狭小、阴潮。家里的家具很多是旧的，"这些（家具）是我自己要来的，有的是房东的，他们有的不要的呗。谁家搬家，不要的我就要了。他们这里都是华师大的，这个课桌也是他们淘汰下来的。"在这样的环境下，阿姨还宁愿住出来，并不是华闵食堂不安排住宿："（食堂安排的房子)很乱啊,那屋子里都是人啊,乱七八糟的。他们就学校的这样的床,上下铺,一人一个床,再拉个帘子,挺别扭的。反正不花钱,花钱住得肃静点。"

　　住处的卫生间也只有一二平方米。K阿姨说:"这里也能洗。我们烧水,要不去买水。门关上不冷的,门关上一个人洗热气还是有的……也就那样吧,这样也蛮好的,不冷的,要是水多了热气都很暖的。啊呀,租房打工能省钱就省钱呗。"

　　对这个房子,K阿姨表示无奈,但也挺满足:"漏,这房子没有不漏的,都漏,我们的是好房,就是漏点,(那怎么办呢?)就漏呗,这边什么也不放,他漏他的。""在这住得还习惯,还可以吧。要说方便也不方便,我们家是疝气房子,屋里也挺暖的,这屋里像冰窖似的。我们东北虽然冷,我们暖气很热的。冬天(东北)外头零下20多度,我们是很暖的,像这里,你看我,我女儿回来还穿着羽绒服,我们在家里,穿的毛衣就可以了。……不习惯也得习惯,不过还行,回家捂在被窝里也得了。"

　　K阿姨对安全问题相对比较担心:"这里真还不太安全吧,不过我来之前听他们说着过贼,有偷过东西,不过我们打工的就想偷也没啥偷的。我们没有什么贵重的东西,我的破电视才200多块钱。按赵本山讲这是家电。现在工资都是卡,给你卡也没有密码,拣到卡也没用,打工的没有值钱的东西。不值钱他们也防备,上次楼下放一电饭锅就被拿走了,现在他们都看着了。"

　　不过最令阿姨郁闷的还是医疗问题:"(激动的)看过,我都看过两回病了,都花了500多块钱呐,有一回一迷糊,做了个脑CT就260(在吴泾医院),你不做不好使他不给看病啊。我女儿说检查吧……我没有病(笑)。对啊,你检查,抽血,化验,500来块钱就没了,打了两天点滴吧。他们管这叫打水,我们叫点滴。"

以 女 儿 为 重

K阿姨说是"陪读",实际上对女儿的事情并不十分了解:"她(去哪)我就不知道了,几条直线我就不清楚了。她又去浦东了,又去上海了,老是事儿。"最近一个学期,为了节省住宿费,女儿已经退了学校宿舍,搬来和阿姨一起住:"现在住在这里啊,以前(女儿回来)没定数,不愿意住就回来嘛,很少在她那寝室住,一般情况下来这住,她如果有事了,学校开什么会了,上网了,有什么活动了,她就在宿舍住。基本上,都会来住的,回家很方便的。"

K阿姨的活动交流范围比较狭窄。她说:"上海市没去过,除了上火车站。火车站到闵行,转一下到吴泾,做汽车晕车。坐地铁不晕,倒了两趟你得1号到5号,2个小时到这边,哎呀,图一啥啊? 我不爱折腾。(笑)回家乡稍稍走一段就到。"

K阿姨回老家的机会也不是很多。"回家也不在这个时候(正常放假)回,太挤。像我这样,正月初十要上班的,食堂就开了,初六、七就得来,(火车上)那挤得站的地方也没有,我们遭老罪了。从鞍山到的上海终点,沈阳发车的,就一趟车,在鞍山买不着票你得到沈阳买。"

陪着女儿是阿姨继续留在上海的唯一理由,女儿的工作地点直接影响到阿姨之后的去处。"等她找来工作了,要看她在哪嘛,房子怎么样,一般情况下都(愿意)和她住。反正退休了,没啥事。"

执笔人:黄莺　章晶晶

夫妻房：老板提供的家庭式宿舍

我们坐公交从繁华的陆家嘴一路行进，到了偏僻的高桥的老工业区。还在公交车上的时候，就已经感受到属于这里的刺鼻气味：各种化学剂混合的味道。车上下来，空气中灰尘繁重。脑子里中立即闪现，这里怎么住人？

接下来我们走的一路，灰尘满天飞。不宽的马路上，来来往往的汽车、运货车不断，夹杂着灰尘，高分贝的喇叭声，使得此地更显脏乱嘈杂。不时有身着蓝色工厂服的工人骑着自行车经过，附近有大片居民楼，都属于老式公房，每个窗户里面伸出来的竹竿，挂满了晾晒的衣物。一眼望去，很有生活气息，但也显出一副惨落的景象。

到达目的地之时，已近中午，找了一家外表看起来还稍微像样的餐厅，进去之后，才感觉失望。虽然窗户紧闭，但是被当作桌布的塑料薄膜，还是布上了一层灰。餐厅的卫生让我们甚是担忧，跟老板娘聊起来，她对桌上的灰尘也是甚是无奈，"没办法，这边靠近公路，路上来来往往的车辆，怎么可能没有灰呢。我们这边的窗户一般都是关着的，不然灰尘更重，但是也不能一直都关着，还需要透透气。"

辗转才找到老工厂，被门口的保安拦了下来。原来规定非里面的工作人员，不能入内。于是打电话求救，找到老乡，把我们三人带了进去。在门卫室等待老乡的时候，从保安嘴里得知，这是一个老工业区，原来的厂已经基本不存在，现在把厂房租给了许多的小工厂主。在这块区域里，有大大小小几十家小工厂入住。有的工人居住在里面，有的没有。之后老乡带我们进入厂区，进入可以看见非常多的工厂在里面办公，各种各样的工人在工作。

工业产权房租金便宜

南方周末曾有过报道，说"工业产权房"可能会成为上海公租房暗礁，因为工业产权房的地租便宜。很多企业会利用工业用地从政府手中拿到便宜的土地，之后在此工业工地上建设住房。在便宜的土地价格基础上建立起来的住房价格，自然要比周边商品房的租房价格便宜得多。而且，这也很可能是上海公租房建设中的另一块肥肉。

相对于新近建设的工业产权房，之前的老厂房也因为土地性质的原因，可以以比较便宜的价格出现在市场上。承租者用便宜的价格租下了老厂房，在老厂房中又改建一些作为员工的住房。这是一个"多赢"的交易：对厂房拥有者来说，废旧的厂房得到了利用，每年有一笔不菲的租金；对承租者来说，能够比较便宜的租到生产以及提供员工生活的场地；对被雇佣者来说，"包住"的雇佣模式为自己节约了一大笔的开支。

租金便宜是一个优势。但是，在这种工业住房中居住，生活的便捷性就要打一定的折扣，安全也是另外一个需要注意的问题。但是在现在住房市场价格猛涨之时，生活不方便以及安全隐患，在便宜的租金面前仿佛都是可以忽略与克服的。

图一　工作车间（邓梅摄）

　　本故事的主人公是一个来自四川的中年妇女，杨华，45 岁左右，家中有两个儿子。大儿子已经结婚，也在这家公司工作，负责帮助作坊开车运输，儿媳妇也在一起工作。二儿子在上海搞运输，但是不在高桥地区。杨华和老公一起主要负责清洗衣物。杨华还有一个特殊的身份就是彝族，她老家是云南的，之后嫁到了四川。

　　杨华一家就职的公司是一个家庭式的洗衣作坊，负责清洁饭店、医院、宾馆的桌布、台布、衣服等。但是医院、宾馆等级差异很大，所以清洁等级不太一样。这家洗衣作坊的老板是个上海本地人，很能干。他雇佣了大概 70—80 工人，基本上都是像杨华那样，一家一家在这里干活。

　　老板根据用工特点，非常人性化地为他们提供了夫妻房。这是由一栋破旧的工业厂房改建的宿舍。老板之所以能够提供员工宿舍，原因就在于改建为宿舍的原工业厂房是工业产权房，房租要比外面的住房租金便宜很多。宿舍按照居住者关系分成两种：夫妻房和集体宿舍。对于经常在外打工的人来说，老板提供集体宿舍并不稀奇，可是这里居然还为夫妻提供整个一房间，这是不可思议的。夫妻房，顾名思义，就是为夫妻提供的房间，在这里工作的人，只要是夫妻，都可以申请夫妻房。夫妻房有一个好处是能够给夫妻提供一个相对私密的空间，但是也不排除夫妻带着孩子一块儿居住的情况。比如被访者杨华，她的大儿子没有结婚之前，就是跟他们一块儿住，两张床，中间隔着一块布帘。有一段时间，儿子谈恋爱，女朋友也跟着住在了这间屋子里，一间夫妻房中容纳了事实意义上的两对夫妻。而对这种现象，工厂也没有严格的规章制度来规范。集体宿舍的房间跟夫妻房大小相差无几，但是居住的人要多一些，大都居住的是未婚的单身青年。

图二　漂亮的红色宿舍楼（邓梅摄）

图三　公共浴室（邓梅摄）

因亲戚介绍才来的上海

杨华一家之所以能够来到上海，都是由亲戚牵线搭桥。

　　我们的一个亲戚，是在旁边的那个洗衣粉作坊做老板的，他们一家很早就来了上海，混得很好。他们就介绍了我们来这家洗衣坊，刚开始时我老公一个人来的，因为那个时候二儿子还小，还在上学，家里的农活也丢不开，所以他就先来了。其实我们并不是来得最早的。我四弟他们一家最早来，之后我们，我三弟一家也都陆陆续续地来了，他们也住在附近，我们都挨着的。一来就直接来这儿工作了，没有找其他的，这里有熟人嘛，又包吃包住，其他的花费少，工资能够余下很多。当时大家出来就为了能够多赚点钱，像我们这样没啥文化的，也找不到更好的活了。

开始干了一段时间之后，大儿子夫妇也选择了其他的事情来做，但是最终还是又回到了这里。

　　我来上海之后，没过多久我大儿子也来了，之后有一段时间，我们一家三口还去了广东，在那边没赚到什么钱。之后我的二儿子也不上学了，我们一家又回到了上海。回到上海后就一直在这个洗衣作坊里工作。这个地方工作工资不高，每个月只有1000多元，每天还挺辛苦的。我们是两班倒，中班从早上8点开始，上到下午5点；晚班从下午5点开始，上到第二天的早上，活不多的话，到凌晨两三点能够结束，活多的话，要到五六点才能结束。白天主要洗医院的东西，晚上主要洗宾馆的东西。但是在这里上班也有很多好处，这里包吃包住，每个月的房租我们不用花钱。老板提供饭菜的话，一个月交150元，现在我们一家人在这里，我们自己做饭吃，150元我们也不用交。刚你们进来那个地方看见没，有一个房间，就是我们公共的厨房，自家买煤气罐，饭就在这个房间里做，烧菜就在外面烧。我们反正就是自己做饭吃，想吃什么做什么，也不受限制。这样才能省下一点钱来。之前我大儿子结婚之后，媳妇不让他在这里干了，他们出去了一段时间，但是在外面实在混不下去了，又回来跟我们一起了。现在他们住在另外一个房间里，之前我儿子没结婚的时候，跟我们住在一起，他就睡那个床，（指了指旁边的床）媳妇之前也是在这里干活的，两人就好上了。结婚之后就重新申请了一个房间。但是我们吃饭还是在一起，我们老两口就是我老公买什么菜回来我就做什么,他们年轻人想吃些好的,他们自己去买,买回来我就做,不买回来我也懒得理。我也没办法将就他们,现在他俩跟我们一起吃,一分钱都没拿出来,都是在蹭我们的。

家庭生活在延续,心中有希望

在这个家庭式小作坊里,虽然工资不高,但从语言和表情中,他们表现出非常高的幸福感和满意度。其中原因大概有以下几点:

第一,家庭作坊式生产方式,是家庭生活延续。在这个小工厂里,很多都是一家几口人在一起,家庭生活没有遭到严重的破坏。

> 我现在跟老公、儿子媳妇在一起,儿子还没分家,他们估计也不想分家,现在跟我们混在一起,可以帮他们省下一笔生活费。他们自己也要带小孩,之前媳妇已经流产两个了,她身体不好,开过刀,在一起刚好可以照顾照顾。我觉得在这里还是比在家里好一些,家里的活太累太杂了,这里虽然上班时间比较长,但是上班时候干的事情比较单一,习惯之后也觉得没什么了。我出来七八年了,都没怎么回去过,现在家里也没人,回去也没啥意思。我大儿子结婚,办喜酒,还是在上海办的,把女方家的亲戚接到上海来,我们一大家子反正都在上海(她指的一大家子指的是老公的兄弟们)。

第二,除了工作相对轻松外,这里的看似集体生活的非集体生活也是他们所乐见的。

在这里，我们有公共的浴室，男女分开的，每天固定的时间才开放，厕所也在外面，感觉也没什么不方便的，就是几步路的时间；厨房也有，我们可以自己做饭。和外面那些打工的比起来，我们好很多了。在这里，方便一些，有时候上班去晚一些也没关系，反正老板也不会怎么说，在外面打工的话，要自己找地方住，花费也多很多。跟老板关系不好的话，上班时间规定得非常严格，我们也不习惯，在这里，相互之间都很熟，比如家里来客人了，我们也可以照顾到，也可以住在我们这里，老板不会说什么，不像有的大工厂里面，规定得很死的，外人住不进去的。

第三，在郊区的工厂自成相对独立系统，跟城市生活的相对隔离。杨华来了上海七八年了，但是她的活动范围只是高桥地区，以来亲戚朋友都在这里，二来也不认识路，不愿意出去。

平常我们不怎么出去，不识字，也没空出去，天天上班，不上班就在家里睡觉呀，看电视什么的。我们还在厂子周围自己刨出来一小块土地，自己种点蔬菜什么的，冬天的时候种红薯，夏天的时候种空心菜、葱蒜之类的，一来可以不用去买菜，省了一笔花费，二来休息的时候也有点事情干，这样显得也跟在家里一样，自己种点喜欢吃的菜，很好的。我平常就去二号桥那边，买买东西什么的，其他地方没有去过。

当问到有没有去过市里面和东方明珠之类的地方时，得到的答案是否定的，但是他们没有抱怨，这种相对孤立的生活状态反倒让他们非常的惬意。

第四,邻里关系存在,跟老板关系的融洽。在这个家庭作坊里,邻里之间的关系比较好,他们跟老板的关系也相对融洽。

> 这里做工的都是老乡,还挺好的;老板是上海人,但是对我们还是挺好的,你看我这个屋子里的床啊,衣柜啊什么的,都是老板不要了给我们的,不然这些东西我们自己去添置,还是需要花一些钱的,添置之后我们走了之后也带不走,也浪费。平常跟老板讲话,我们用四川话他也听得懂,他讲的话,我们也听得懂,所以还挺好的。

没有了语言上的障碍,他们生活更加方便。

第五,唯一的希望,为后代铺路。打工者在外再苦再累,唯一的希望就是回到家乡,能够改变穷苦的生活环境,他们也一样。

> 我们现在这么辛苦,还不就是为了能够存好钱,回去修房子或者买房子。我家现在还没考虑清楚,我有两个儿子嘛,需要的房子要大一些。我四弟家现在已经存好钱了,他今年过年的时候就回去给他儿子在县城里买房子,我侄子现在在家里那边上班,租的房子,总归不方便。现在房价那么高,早晚要买,所以还是早些买好。

执笔人:邓梅

市场错位的"白领公寓"

上海闵行吴泾镇心连心白领公寓,地处龙吴路东川路交界处,交通极为不便,没有直达的公交车站,马路上也很难得见到一辆出租车。不过这倒给黑车提供了生存土壤,笔者从这里离开的时候,在烈日下苦等 20 分钟无果,不得不选择了一辆黑车。公寓共有四层,外面黄粉色的墙壁,房间里面是水泥地,白色墙壁,没有任何装修,属于毛坯房。公寓目前基本住满,房东说只有两间空房,共住了 70 多户家庭,形式上可以称得上是一个小型社区,但居民互相之间并没有形成往来的邻里关系,大多数人都只跟老乡交往。公寓仅仅只是提供居住场所,并没有其他配套的体育娱乐设施。由于租户群体流动频繁,所以整体治安情况不是很好,门口的保安亭只是个象征性的符号,大门口都是进出自由。

一楼租户——附近菜场摆摊的山东大妈

2010 年 7 月 1 日下午两点骄阳似火,调研小组一行三人从东川路步行至友爱村的邻村星火村。之前了解到此白领公寓是从上海赶集网上偶然看到的信息,只知是在龙吴路与东川路的交界处,星火村九组,具体在哪笔者并不确定。于是在半路向两位正在树荫下乘凉、穿着清洁工衣服的大妈问路,碰巧其中一位便是星火村六队的村民,她很热心地指路,路是好找,到东川路右拐沿着龙吴路一直走便是,但是路程却是相当的长,三人大汗淋漓地在大太阳底下步行近半小时,终于看到了吴泾心连心公寓——坐落于一片低矮的农村瓦房之中的四层黄色大楼。

公寓所在地交通极不便利,因此市场辐射范围不可能很广,这一方面造就了郊区租房的低价位,上海的租房市场中交通便利是重要的价格筹码;另一方面也影响了郊区外来人口聚落的形成。在后来的采访中就发现,很多租户都在附近的紫竹园工业区工作,有的是建筑工人,有的是在吴泾镇上打工,也有人在附近的菜场摆摊卖菜,还有少量的是在公司上班的白领以及附近的大学生,居住者群体大部分属于中低收入,户籍来源地以安徽居多。

虽然在网上的广告标榜着门口有全天候的门卫保安室,我们三个陌生人还是毫无阻碍地进入了公寓,并且在公寓里面转悠了一圈也没人来问我们是来做什么的。二楼有两间麻将室,四个外地口音的中年人在热火朝天地搓麻将,这是公寓里最主要的娱乐活动形式。二楼的房间都是关着的,可能是因为屋内有空调或者是房主不在家。一楼的每个房间门上都挂着蚊帐,门是敞开着的。看到有一位中年大妈正躺在床上悠闲地看着电视,我们便到门口与她攀谈起来。说明了来意之后,大妈热情地让我们进屋坐下。

这位大妈今年55岁,山东临沂人,和老伴来上海已经两年了。当我们问到"是不是在附近打工"时,大妈立刻否定地说:"我们不是打工的,我们做生意的。在菜场摆摊卖蔬菜。"大妈一共有三个儿女,儿子在闸北区打工,两个女儿在虹梅南路那边上班,儿女们都有自己的家庭和孩子,两个老人带着孙女一起住。孙女今年五岁,在附近的幼儿园上学,每天四点钟大妈都会骑电瓶车去接孙女放学。

　　大妈租住的房间是白领公寓里面最便宜的一类,大小约20平方米,房租380元一月,不带卫生间,有一间两平方米的隔间做厨房,里面所有的家具(两张床、电视、吊扇和衣柜等)全部是自己搬进来的,"刚搬来的时候就是一间空屋子,啥都没有"。因为没有卫生间,所以洗澡就在屋里拿澡盆洗,厕所是一楼的公共厕所。他们之前住在星火村上的民房里,条件要差些,租金也要便宜些。最近两个月搬到这里。

　　他们来上海之初就是在菜场卖菜,理由是"卖菜简单啊,我们老了,打工也不能做什么"。来买菜的也都是外地来沪打工人员,她和老伴每天六点起来去卖菜,中午轮流睡午觉休息,下午三点钟接着卖菜。大妈和老伴是自己出来打工的,一开始没有老乡和亲戚的帮助,她说:"我们是自己摸过来的。后来儿女也跟着出来了。"当问及为何要搬家时,大妈爽气地说:"我们想住哪就住哪,不好就搬。这边条件要好一点。"这也反映出成熟的民间租房市场提供给外来务工者自由迁移的便利。

　　由于没有亲戚朋友在上海,大妈平时走动最多的就是儿女家,和周围的租户并没有太多的交往,"他们很多都是安徽人,山东人很少,我们又不是老乡,不会在一起的"。这种社会交往的地域性也说明了社会网络地缘性的特征。而对于安徽人群体的评价普遍较低,也体现出外来务工群体内部的身份地域歧视。

房屋产权属于村集体

　　和大妈结束访谈之后,便径直去了门口的小卖部,听大妈说那里便是房东住的地方。那是与公寓主体分开的一片平房。因为之前访问的个案中很多房东都不和租户住在一起,而且一般都是家中私房出租,像这样的大型公寓在农村倒是很少见,这些都引起了笔者对于房东的好奇。来到小卖部买冰水喝,一位年轻女孩跑了出来,热情地问我们需要什么。当了解到她和她丈夫就是房东的时候,我们表达了访谈意愿,但是,女房东并不十分友好,对我们的来意表示紧张和怀疑。

女孩的丈夫倒是愿意与我们交谈,只是很忙,谈了一会儿便被别的事情耽搁了。从他口中我们了解到,这栋公寓也是前两个月才开,"现在基本已经注满了"。两个月的时间里面把 70 多间房屋都租出去,足见租房需求之大。"一楼比较便宜,380 元一个月,二、三、四楼都是带卫生间和热水器的,450 元一个月,带空调的房间 600 元一个月。基本都是周围工作的人,二、三、四楼都是上班的"。这栋房子他们刚刚装修好,外墙的黄油漆显得与周围灰色破旧的民屋很不搭调。听他们的口音,就发现其实他们不是上海本地人,"我们也是外地的,这栋楼是从村里承包的空房子,一开始一楼到四楼都是空的",男房东说道,"每年都要向村里交租金的,我们是几个人一起承包的"。

一种新式公租房的可能?

目前在上海,通过动员村集体来建设廉租房的方式,倒是不乏其例。2010 年 6 月初上海发布的《上海市发展公共租赁住房实施意见征求意见稿》,目前还处于向各界征求意见过程中,从《征求意见稿》中可以看到,上海对除个体之外的目前已有的各种出租房经营主体,都给予了正名。上海试图调动各种性质的企业、经济园区、区县政府、农村集体经济组织等所有主体的积极性,一起来解决麻烦的住房问题。我们看到的白领公寓,实际上是村集体转让土地使用权通过私人承包的方式建立起来的。这种私人资本与官方土地相结合的"廉租房"模式方式既使得村里闲置的土地得到了资源再利用,是新的村集体收入,同时也解决了众多外来务工人员的居住需求,形成了多赢的局面。但是本文中的白领公寓不同于政府大规模兴建的公租房,因为从基础建设到市场运作全部是私人运营,最关键的是没有复杂的入住"政策门槛"限制,完全是买卖双方市场自由选择的结果。这一类居住环境简陋的低廉住房解决了外来务工群体的最基本的居住需求,是社会用市场化的方式消解了政府扶持力量所不及的大量居住生活困难。在建立廉租房和经适房的过程中,政府是否可以发掘和建构低端房产市场来解决大量的住房需求,值得关注。

附录:

上海赶集网的广告语:

吴泾心连心白领公寓,为现代化生活区、主楼为四层,房间设计如同宾馆、酒店。房型多样化、布局合理,不同于合租房、独门独户、独立厨卫,入住者可以拥有独立的空间,和自己的世界。本公寓房型适合各个层面人员居住,有一室户、一室一厨、一室一厅一厨卫、二室一厅一厨卫等等。价格也从450—1200元不等(房间根据房型和配置定价)。左于黄浦江相伴、右于紫竹科技园为邻,距离吴泾镇中心步行街1500米。此处空气清新、原野风光,是吴泾镇的一块净土。生活设施设备齐全,有网吧、棋牌、超市、菜场、开水锅、免费汽车停车位,和电动车停车充电车棚等。此公寓安全更有保障,24小时红外线摄像监控、门卫保安室全天候值班,是居家生活的绝佳选择地。

执笔人:黄莺

以大棚为家：一家人在一起

　　本文要描述的群体，不是在都市领取固定薪资的农民工人，而是在城市郊区继续从事农业生产的人。在城市郊区从事的农业生产，主要是为都市供应蔬菜和鲜花，所以，这个群体主要包括菜农、花农两大类别。他们是一群到城市里来讨生计的人，跟90年代之后流动到城市里的人一样，户籍所在地为外地农村，并且一般都贫穷落后，怀揣着赚大钱的梦想来到了城市。借用主流话语对农民工的称呼，我们将其称为"农民农"。笔者的理解是，第一个"农"字，代表着他们的户籍归属，是一种身份象征；而第二个"农"字，代表着他们在城市的工作属性，一种职业上划分。有意思的是，虽然笔者认为，他们是"农民农"，但是他们还是认为他们是打工者，而不是种地者。

　　笔者调查的这户菜农，原籍安徽六安，夫妻两人带着两个孩子。R叔叔和L阿姨都近40岁，在家务农种田，因为家里田地太少，为了赚钱来到上海，通过亲戚介绍承包了塘湾村开荒而来的土地，种植大棚蔬菜，居住在自己搭建的田边小棚里。大女儿11岁，已经上小学五年级，儿子7岁，上一年级，都在附近的塘湾小学上学。但是塘湾小学因为没有初中，阿姨正在焦虑大女儿上学的问题。让小孩子一个人回家也不放心，在上海上学离得太远，也不放心。除此之外，还要考虑学校是否接收的问题等等。这些对我们来说已经不算太稀奇，可是让我们稀奇的是，他们一家居然住在大棚里。

家 住 大 棚

这两个大棚形状跟一般的蔬菜大棚一样，只是面积比蔬菜大棚小很多，类似于城市棚户区中的"滚地龙"型，就跟以前的乌篷船一样，半椭圆形的外观。内部用非常结实的竹子烘烤成弓形，搭建起来的主体框架，支撑起一个架子。最外面一层是用比较结实的、黑色的塑料膜铺盖着，较里面一层是薄薄的木板覆盖。整个大棚都是用一些木板、塑料薄膜建成了，易于拆迁，成本也不大。大棚外挂着晾晒的衣服，腊肉、鸡鸭肉等，一派生活气息。两个大棚内部空间大概都在 10 平方米左右。第一个大棚长约 4—5 米，宽约

图一　大棚外（章晶晶摄）

2—3 米,高约 2—3 米,门是用破烂木头拼接成的,很别扭的装在大棚外面,用铁丝系在主体大棚上,上面挂着一个破破烂烂的锁。

第一个棚内,进门右手边堆着一堆穿过的鞋,旧旧的,脏脏的,还有一些乱七八糟的杂物,另外,还有一箩筐的小菜,估计是早上没有找到买家的菜。往里走两步,是一张矮小的桌子,桌子旁边是两张破旧的单人沙发。桌子大约半米高,1 米长,也是用废弃的木料拼接而成的,上面钉了一层塑料纸,桌上摆着暖水壶和水杯,两个小男孩坐在沙发上,靠着桌子玩游戏。桌子后面就是一面木板墙,将大棚的右半部分分隔成两部分,靠着墙面和沙发之间的最右面的角落,随便的堆放着很多的衣服,大多是旧旧的,还有学生的校服。木板墙上,贴着一张很旧的年画,看得出已经挂了好几年了,还有一份老式的日历,但是日期确不是现实的当天的时间。墙面上还歪歪扭扭的写着"挂奖状地方"五个黑色大字,但是奇怪的是,墙面上还没有一张奖状。墙面上还胡乱的画着很多其他的图画,但是都是黑色的(小孩子没有彩色的笔)。木板墙的最左边,是一根碗口大的竹子,矗立着也支撑着大棚的一些重力,竹子上被缠上了拖线板和开关,还有一些电线,也好无规律的缠绕着,其实是比较危险的。墙面的里面是一张床,1 米宽,2 米多长,是简易的用木板搭起来的床,床底下堆放着很多的杂物,纸箱等,应该是一些别的季节穿的衣服还有棉被之类。床上的棉被还算厚实、干净,挂着红色的蚊帐,冬天的话,蚊帐的作用应该不是很大,夏天的话,蚊帐就是必须。这一张床是两个小孩睡的,靠近墙里面,冬天可以挡住很多的风,比较暖和。爸爸妈妈早上很早起床去卖菜的时候,也不会打扰到小孩的休息。这就是大棚右边的布局。

大棚进门左边是一张床,比前面介绍过的床略窄,也都是搭起来的，不是真正的床，下面是一些砖头，上面是木板，床下面也堆放着很多的杂物。床上的棉被也没有前一张床上的好，都比较旧。床铺也没怎么整理，棉被、衣服胡乱的放着，这是叔叔阿姨睡的床。很明显，大人要顾及农活，很多时候没有时间打理一些日常生活中的事情。稍微里面一些，紧挨着床的，是一张用废旧的木料拼接的桌子，大约半米多高，半米多宽，上面摆放着一台黑色的旧电视机，14 寸左右。没有有线电视信号，只能看到一两个电视节目。桌子下面是 3 个旧水壶。桌子进去是一个破旧海尔冰箱，（不知是否使用），再往里边是一张书桌，书桌上摆着一个脏脏的旧旧的小电饭煲，看得出使用很长时间了。前面提到的最左边外面的桌子和书桌是小孩做作业的地方。

棚内电线随意缠绕着，是一个很大的安全隐患，如果出现电线老化等现象，非常容易发生事故。棚内安装了两个节能电灯，这样可以节约电费。棚内四周透风，雨天还漏雨，访问员站在棚内，就感觉特别寒冷，不自觉地想要将"门"关上，门一旦关上，棚内又阴暗无比。在大棚的后面，夏天的时候开了一扇小门，一米高。能跟前门形成对流的空气，棚内能够凉快一点。而冬天的时候后门是封住的。两季不同的策略，显示了老百姓的智慧和无奈，只能靠这样的方式来进行自助。整体感觉，大棚虽然小，东西也比较杂，但是地面扫得很干净，虽然是泥地面，也凹凸不平的，还是比较整洁的。这个棚外面还拴着一条狗，脏脏的，瘦瘦的，气色很不好，地道的看家狗，一看到陌生人就不停地叫。这一个大棚是他们睡觉、学习的地方，而挨着的另一个大棚，就是他们做饭的地方。

作为厨房的大棚，比之前的大棚要稍显矮小些。进门的左边是两个大箩筐，装着很大洗干净白萝卜，可猜想是准备着自己吃

图二　大棚内（章晶晶摄）

的。主体空间里，是一个自造的灶台，没有天然气或者煤气，烧的
是柴火。灶台只有一个灶孔，安放着一个很大的烧菜的锅，直径
60—70厘米，很像农村里养猪的人家用来煮猪食所用的锅。锅盖
是用一块圆木板自制的。灶台上随意地摆放着抹布、丝瓜布、洗涤
精等用品。灶台的右边也是用废旧木板搭起来的台子，用来放置
碗瓢盆等厨房用具。用完了的装食用油的塑料瓶子整齐的摆放在
台子下面，还有泡菜用的坛子等。左边是一辆自行车和三轮车，三
轮车是别人家寄放的。挨着三轮车的地方，也胡乱地堆放着很多
的柴火，烧饭的时候用。整体上看，作为厨房的大棚比之前作为卧
室的大棚要显得脏乱，地面也是湿哒哒的，柴火等也是随意地摆
放着。

　　厨房外面，是一口水井，水桶挨着摆放着。他们没有自己的厕
所，相隔50米的地方，有一个公用的厕所，外墙刷成白颜色的，看
起来还是挺干净的。附近没有洗澡的设备，冬天要洗澡的话，就要

到 500 米之外的街道上去，那边有收费的淋浴间。

　　种蔬菜的大棚就在他们住的大棚的后面，大棚很矮，我们必须弓着腰进去，很长很长的一条条的田地，每一块分开种植，种植不一样的蔬菜品种。他们劳作的时候坐在一个自制的矮小的板凳上，这样省得蹲着累。访谈期间访谈员因为蹲太久腿很累，时不时地站起来舒缓一下，但是因为大棚很矮，也不能站直了，只能弯着腰。叔叔发现了，就将板凳让给了我们，互相退让了很久。大棚里面比较封闭，充斥着蔬菜、肥料等的混合气味，蔬菜气息既让人舒服，肥料等其他的气味又让人难受。叔叔阿姨一般要在这里干一整天。

大棚：不得已的选择，合法化的住宅

　　在闵行区塘湾村，这样搭建大棚的菜农和花农大概有 20—30 家，他们大多都是安徽人，因为亲戚老乡的介绍过来的。在家里也是农村种地的，但是因为人多地少，分到的责任田很少，比如这一家，4 口人，只有户主分到了田地，其他三人都没有土地。未结婚之前都是在家里的县城或者外地打工，进厂子，后来组建了家庭，特别是有了孩子之后，两人分散打工就不太好照顾小孩子，所以选择来承包土地，这样一家人能够在一起，方便照顾小孩。

　　在访问中，我们非常关心的一个问题是："为什么要住在这种大棚里面？为什么不在附近租房？"在他们的回答中，方便原则，省钱原则，还有与房东的相处是影响他们选择的主导因素。

　　　　这边反正是荒地啊，我们种地的所有东西，三轮车、搞地的工具农具没地方放,都放在这里,方便;租房子很贵,贵的300—400元,400—500元都有的,你像我们打工的,说实在的,租不起。再说,租那个房子,房东好一点的还好,房东不好的,一点点不顺心,一天唠里唠叨,烦死了,没有自己住的自在,现在我们卫生啊自己搞自己的,你租房子的话,不可能就你一家吧,好几家,十几家都有,你能管好你自己,别人呢?搞得不好,还是不知道是谁做得好坏,搞得清爽不清爽,搞得不好,就在那边叽叽呱呱的骂。

仔细分析,其实便宜才是最最重要的因素。试想一下,假如在附近租房很便宜,一个月200—300元钱就能租到一个比较理想的房子,房子大到能够放置他们的农具,那么,他们还会辛苦的搭建这样既不遮风又要漏雨的大棚么?城市扩展带来的地价的上涨、房价的攀升,使得租赁市场的价格也是不断地提高。一度为外来农民工青睐的民房市场的价格也提高很多,这给他们带来了更重的负担。而管理者是怎样看待他们私自搭建大棚的呢?他们会干涉大棚的搭建么?

他会管,但是我们租这个地,我们不在这个田边上住,没办法,你租老远的也不方便,第一我小孩也在这边上学,没办法。我们是个别,我们因为是种蔬菜,像其他打工的,就租人家房东的房子住。我们租房子不方便,要弄田地。比如说我们不是租地的话,肯定不让你搭的啊,这样不好管理啊,要租地了的,才让搭,我们住在这里,不管做什么事情,都要在他的范围之内啊,他要管理,不然你也要在这里搭,他也在这里住,就乱了套了,不好管理啊。你想我们大房子都要经过村里面同意的啊，不是乱搭的。你搭建其他好一点的房子的话，那是违章建筑，他不准的，要拆的。

在访谈中，叔叔阿姨充满了对访问员的不信任，中途问了好几次"你们是干嘛的啊"。笔者一遍一遍地解释，并且随着访谈的继续，这种不信任感才逐渐的减小。村里对他们搭建大棚是允许的，还允许他们挖井（因为没有自来水，河水太脏，无法食用）、拉电线，满足基本的日常生活需求。但是正如阿姨提到的，"不管做什么事情，都要在它的范围之内"。而叔叔阿姨们对这种管理也非常能接受，很多时候他们看问题，都基本上站在了管理者的立场，"不然你也要在这里搭，他也在这里住，就乱了套了，不好管理"。对这一现象，我将其理解为，一方面是他们已经从日常的规训（包括国家的政策，媒体的报道等）中，接受了"我们就是应该服从城市的管理"这种理念；另一方面，我将其理解为叔叔阿姨对陌生人的谨慎言论，害怕招惹上不必要的麻烦。虽然我们一早就表明了身份，但是他们还是不清楚我们的目的与动机，所以不管他们内心有多少不满，但是面对我们这一群陌生人的时候，还是非常注意自己的言论，要保护好自己不受伤害。

管理者允许他们搭建的大棚，也是容易拆掉，他们不能用砖头等传统的建筑材料去修建一件哪怕小小的房子，即使那样的房子能够遮挡住外面的风雨。他们只能用竹子，塑料，木板等材料来搭建，因为这些材料易于拆掉和销毁，能够很快的恢复到没有的状态。

所以，村长对他们搭建房屋的允许也是为了不引起更大的麻烦，不是单纯的帮助他们，而是站在管理者的立场，为了更好的管理村子。

　　你看我们这个，不安全，台风一来就吹走了。那年台风来了，队长就来把我们个搞走了，他说钞票自己带着，家里的东西都不要了，把我们搞到那个敬老院去了，幸好那次不是刮台风啊。就算我们到那里去，他也是要对我们负责的，他不可能不管的啊。如果说出什么事情的话，他也不好说啊，我们在你的地上，你没有尽到义务，他也怕的。

　　而对大棚的简陋和不便，他们也抱着"只能这样"的无奈态度，毕竟自己只是一个打工者，不是这个地方的"人"，在老家的话，那就不一样了。

　　跟城市里的棚户区不同，大棚跟周围的环境并不是那么的冲突，举目四望，东边是片农田，农田上布满种菜的大棚，菜农住宿的大棚点缀着安置其中；西边是本地农民的房子，大多是两、三层的楼房，但外表也并没有装修得富丽堂皇，看起来也都是破破旧旧的。除了环境的协调之外，跟城市棚户区不同，权力者允许居住大棚的存在，为他们减轻了一定的经济负担，但是必须在他的控制之内，有一定的资格认定，即承租的农民才能搭建。

　　叔叔阿姨说，这一片的民房中，大多数住着的都是外地人，本地年轻人，家里有钱的都在市中心或者比这儿繁华的地方买了房子，就留一些老人住在这里，收收房租。

　　我有一个女儿还有一个儿子他们也住在那小屋子里，挤肯定是挤的，但是怎么讲呢？你打工的嘛，将就一下。那肯定没有自己在家里（方便、宽敞）啊。

　　虽然有很多的不方便，也没有多少保障，但是他们还是没有想过回家，因为还没有赚够足够的钱回家，家里也没有很好的赚钱的机会。虽然他们一直说开销非常大，赚不到什么钱，但是笔者有理由相信，这也只是他们面对陌生人时候的一种保护方法，是中国人"财不外露"观念的表现。因为在第二次的访谈中，他们明显对访问员更加信任，说他们一家已经计划好再过一、两年就回家，已经在老家的县城买好了房子，搞好了两个摊位，回家卖蔬菜去，买房子花了几十万。回家对他们来说，是最后的一个无可奈何的选择。

这个地，没有合同的，种一天是一天，他想收回就收回。反正就一年一签，今年种完了，明天不给你种了，有其他的用途了，那你就不要种了。（土地租金是多少？）今年1400元一亩，我们有4亩地，租金一年要5600元。还有种子，肥料啊，开支很厉害的。（一年能赚多少钱？）哎呀，一年下来余不到多少钱。（跟在老家比？）差不多吧，反正带小孩，在家里地少，没有地，大多数人都要出来打工，在这里比较那个，好像安稳一点，一年到头都在这里，像打工嘛，今天在这，明天在那儿。（是否想回家？）怎么不想回去，但回去有什么用，回去还是那个样。我们老家人口多，每个人没有多少地，一个人就一、二分地，一、二分地，在家里吃什么啊，没有地，我们结婚的时候，我也没有，小孩也没有，只有他（男性/户主）有。

多个亲戚多条路

在叔叔阿姨的交谈中，笔者了解到是亲戚为他们介绍了来种地的机会，为他们提供了暂时的住所。亲戚网络对他们来说是非常重要的,正如阿姨所说,"多个亲戚多条路"。

　　我们种地这个活儿没有找,是亲戚介绍的。来上海后就住在这里了,住了6年。来的时候,我姐姐也在这边嘛,开始就是帮我姐姐忙,我一边帮她忙,一边搭,搭好了就自己过来了。姐姐家也是种地的,房子也是自己搭的。

可以想象这样一个狭窄的大棚里面,居住两家人的情形,但是毕竟是亲戚,能帮忙的地方也一定要帮的。"尽力"是他们经常挂在嘴边的词汇。这一家的经历,都是一家帮一家,像一条链子一样。先是男方的哥哥帮助女方的姐姐来种地,然后是女方的弟弟,再然后是他们一家。

　　第一个来上海种地的是我姐姐。我姐姐他们来了8年了。开始外出打工是从我这边开始的,我跟我老公,没有结婚的时候,就在外面厂里面做了,结婚后,就有小孩子,我就在家里面带孩子,他爸爸一个人在外面。我姐姐他们家里不怎么样,要我老公帮他们找事情做,我姐夫就出来了。我姐夫一来他一个人,二来他的手不怎么灵活,做事情很吃力,大家就想,到底能干什么事情,没有路子走。没有路子走呢,我老公的大哥,在这边种蔬菜,我们就打电话给他,问能不能在这边搞点地,把我姐姐他们弄过来,他们就过来了。后来我弟弟也来种这个田。我弟弟呢,先前那个弟媳妇,两个人经常吵架,那个弟媳妇就喝农药死了,之后,我弟弟就没有做了,他一个人不好做呢,他就出去闯,又找了一个弟媳妇回来,然后又过来种地,一直到现在。他负担也很重,家里还有一个老的,一个小的，一老一小在家里很麻烦，这样就又帮他们搞了一块地，就过来种地，把老的小的都接过来，这样好照应。如果他们不种地的话，我弟弟、弟媳妇在外面打工，一老一小在家里，分了两地，不方便。小孩子太小，老奶奶管不住他，所以现在来种地，在一块儿。他们也都是自己搭的房子。

我的孩子大一点的时候，我又去厂里工作了，大的5岁的时候，有了这个小的，我就又没做了，带小孩。后来我们就过来了。最开始是我老公的哥哥在这边种菜，后来我姐姐过来了，再是我弟弟，最后是我们。多条亲戚多条路啊，像你的朋友你的亲戚，有什么事情，比如说问你能不能帮我找个工作啊，你肯定尽力啊，如果你找不到，你尽力了啊，尽力了就好了，都是这个样子的。

亲戚不仅在帮助介绍工作方面起到了重要作用，在初到上海时，也提供了很多的帮助，帮助他们搭大棚暂时居住等。

你们不要小看我这个棚啊，这个棚你要搭的话，从柱子到材料，也要800块。没有800块，你肯定是搭不起来的啊。我们买毛竹什么的，就花了400到500元，连上搬家什么的，花了两天时间。亲戚帮忙一起搭，那是肯定的，不然我们还不知道怎么搭呢。

他们的交往网络也就限于自家的亲戚，平常跟别的人交往也非常少，更不用说跟本地人了，跟村委会打交道一般都是通过村长，有事情，村长告诉他们，让他们去办什么（证件之类）他们就去办。穷亲戚也只能为穷亲戚提供一些简单的帮助，如果涉及更深层次帮忙的话,穷亲戚也是无能为力。

　　遇到困难啊,你要看什么困难,比如缺钱什么的,缺钱就
要自己想办法抓啊。

"缺钱就自己抓",我一直认为,这个"抓"字用得特别的形象生
动,他将说话者的身份和心境表现得淋漓尽致。只能靠自己抓,别
人都无法帮助自己。他们也不会想到去找政府,找村委会,因为这
里的村委会不是属于自己的,他们只是这个城市暂时的来访者而
已。这个城市永远都不会属于他们。

他人的帮助,最朴素的情感

在上海这样的大城市中,除了亲戚之间的帮助外,其他人的帮
助也是使得他们能够在当地立足的条件。小孩子的教育和健康状
况是困扰他们最大的两个问题,在遇到这些方面的困难的时候,村
长、学校老师和医院的医生都为他们提供了一些帮助。

　　像他们两个上学的事情,我们就找我们村里的队长,找那
个队长,他会帮我们。
　　(我这个小女孩儿)二年级的时候成绩很糟糕的,他们班
主任问我,我就说这个小女儿很内向的,不愿意跟别人吐露心
里话。我跟她班主任沟通之后,她班主任就慢慢了解了,慢慢
地靠拢她,使劲就把她拉上去了,小女孩儿现在基本上不用我
操心。
　　他(小男孩)小时候有一次在铁轨边玩,那个酒瓶子划到

手了，一下子划开了。我们在田地里听到哭声，赶紧回去看，一看，遍地都是血，哎呀，吓死了，赶紧往医院里面送，现在他的手指上还有一条疤呢。医生说还算幸运的，没有割到经脉，割到经脉的话，大手指就残废了。上海那个老医生也挺不错的，看到我们很穷，很可怜，我孩子换了一个星期的药，没有收我的费啊，那个老医生真的挺好的，我始终还是记得，后来我觉得还是过意不去，就从老家带过来的花生，拎了一些给他。表示我们心意，我们穷人有穷心意，大钱没有，就是塘湾的那个卫生所。

跟学校班主任和老医生不同的是，村长给他们的帮助带着一点管理的色彩，就像先前提到的，"在他的地上出了事情，他也不好看，他也怕的"。并且村里对他们也存在压榨的一面。

像国家的补贴，遇到什么大风大雨，都有补贴的，我们这个也有啊，但是这个你是拿不到的啊。（队长拿走了？）也不是队长拿了，谁知道到什么地方了，就是没下来，你一个种地的，怎么办呢，没办法，你搞不下来的，除非你上面有人，写报告打到上面，不然你说我们老百姓，没办法的。

而班主任和老医生对他们的帮助是一种纯粹个人的同情和人际间最朴素的情感。虽然在施助者看来是非常简单、普通的事情，但是对受助者来说，就是非常重要的事情，是足以影响他们的生活的大事。这种帮助也是维系我们社会运转最重要的一些因素。

生活目标与希望：孩子，孩子

　　小孩子的成长是他们最关心的部分，将小孩子培养好是他们最重要的目标。可是现在教育的区隔还是困扰着他们的一个大麻烦。笔者第二次去访谈的时候，正好赶上小女孩领成绩，小女孩说自己的成绩还可以，但是现在塘湾小学可能办不了小学六年级，小女孩以后的去处没有着落。

　　　　家长都反映说，没有小学六年级，我们的孩子都到什么地方去，教育局就跟吴泾镇，还有友爱中学商讨，两个学校容纳一下，容纳到最后，我估计还是容纳不了，剩下一部分学生，这个学校还是要办一个班的，自己办一个班。自己办一个班呢，他们还是有条件的，还要学习成绩最好的。到那个吴泾镇还友爱中学的，他都有条件的，要我们父母的居住证保证一年的，保持在吴泾镇有一个工作的。（什么工作，正式的吗？）不管正式的还是临时的，只要在吴泾这个范围内，你如果在其他地方工作，小孩子他不会要的。这个家长会完了，很多家长不满意，说我们小孩子在这个学校，从一年级读到现在，你这个学校没有履行到小学的毕业，你只办到五年级，没有六年级。六年级搞到其他地方，到其他地方也好，但是你收就收，不收就不收，你还这个条件那个条件。如果那边不要的话，我们小孩子，老家也不要，很糟糕的。对对，老家也耽误了，这边也不要，昨天晚上很多家长在反映，校长在学校里，还没有出结果。

因为小孩子升学的关系，直接影响到家庭的选择：

　　小女孩升初中了，我想在这儿搞一年，后年把她带回家，因为升初中的话，我必须带回家考，因为在这里上初中的话，考试还是要回老家考，这里的教材，跟老家的教材不一样的，这里学习好没用的，还是要回老家考，这里学习好，在老家不适应的话，很麻烦的。他们初中了，我回家都看着他们。所以我跟他们讲，我们没办法，必须要拼搏两年，因为我买的房子，花了几十万，还有一部分钱没给完，必须要辛苦两年，不辛苦两年，这个任务交不掉。像我们老家（农村）那个房子，自己建没有意思，还不知道他们两个以后的发展是什么样子，建好了他们两个都不在家里，我们两个老了，建房子干嘛呢，他们两个的话，还是买在城里好，城里总比农村好。在外面辛苦的，在老家的话，总归亲戚要多一点，搞事情要好一些，遇到什么事情，找人也好找，你看现在在这里，举目无亲啊。他们两个肯定要读大学啊，我就跟他们说了，你要像我们这样，你们这一辈子就没出息了，像我们没办法的了，没有文化，做生意又没有胆量，你们两个如果有文化，起码找工作要比我们好一点，不会像我们太辛苦。

　　一家人在一起，能够照顾到小孩子，是他们选择菜农的最主要原因。因为菜农工作又苦又脏，对他们来说，开始的时候还是没办法适应。他们虽然出生于农村，但是在结婚之前，也一直在厂里工作，比较习惯工厂流水线的工作。但是为了照顾小孩子，只能选择能够一家人在一起照顾到小孩子的赚钱方式，这应该是城市里自雇用形式、菜农、花农等群体选择时候的主要因素。

　　小男孩在上海出生的，我带他带到2岁半，让他奶奶带了

半年,后来觉得太小了,还是接到自己身边了。我以前在工厂
里面干活,开始跟这个泥巴打交道,很不适应,很苦的。不过
没办法,为了这两个小孩。我们两个如果都去上班的话,就没
人管这两个小孩子了,选择种地啊,才能照顾他们。你看小的
时候,他们在家里睡觉,一哭了我们就要回来看看怎么了,不
然怎么办。

　　小女孩之前在老家,后来5岁多的时候接过来了,有我们
管着她,在老家没人管,她读了一年级什么都不会,气得我打
了几个耳光,后来到上海再继续读了一年级,不然跟不上,后
来就好了。

　　湖南省 2009 年开始由政府出资新建住房,帮助洞庭湖上"水
上人家"上岸定居,实际执行的具体情况不得而知,从媒体的相关
报道中,可以看出还是有很多渔民得到了实惠,解决了很多人的问
题和困难。

　　那么,上海这座大都市,能不能为这些外地农民建造一些固
定的住房,为他们提供基本的住宿条件呢? 答案似乎是否定的。
首先,城市的扩展速度是惊人的,说不定昨天这里还是一片大棚
蔬菜种植地,明天就会铲平,高楼的地基就开始挖掘,过一段时
间,这里就耸立着一片片的高楼,或者是商品房,或者是城市基
础建设的高架、地铁等。为菜农建造房子,成本太大;其次,这一
点应该是最关键的,这一群菜农是外地人,因为户籍制度的限
制,他们享受不到城市化带来的福利,虽然城市需要这些外地来
的菜农种植的蔬菜,菜农们为城市的基本生存起到了不可或缺
的作用,但是城市却将保障菜农基本生存责任推还给了菜农自
己。不仅如此,他们利用给予他们一些允许他们搭建大棚的自

由，来推卸自己的责任，并且让菜农们还感动于他们的小恩惠，服从与他们的管理和控制。再次，他们是流动的，相对于这个城市来说，他们是匆匆的过客。

　　　　　　　　　　　　　　　执笔人：邓梅

生意在浴室，住也在浴室

在繁华的大上海，人们记忆中的澡堂浴室逐渐演变成为高级洗浴会所，而类似于日本"温汤"式的低廉小澡堂已经罕见。但是这种低廉简陋的小浴室开水房在外来人员聚集区很多见，因为大部分租住的房间里都没有配备卫生间，冬天洗澡是个急需解决的问题，所以浴室有着广阔的市场需求。不过这类浴室大多简陋不堪，一个热水莲蓬头，一双塑料拖鞋就是洗澡的全部，并不具备泡澡和休息的功能。

我们来到塘湾村时，留意到这间门口挂着淋浴指示牌的平房，门外是一个开水炉，陆续有人在外面用开水瓶接水，炉子旁边是一堆废旧布料，作为炉子的燃料（图见文后附录）。房屋建筑是旧式的瓦房，从破损的墙壁上看得出年久失修的痕迹。我们走进去，出来一位中年女士问："你们要洗澡吗？"我们随即表明了访谈意愿，女士一开始还很疑惑，不过还是请我们在屋里坐下了。

这位女士姓赵，56岁，安徽霍邱县人，农村户口。来上海开浴室已经两年，和丈夫一起一直住在塘湾镇。之前有一个弟弟在上海开办工厂，因着这层亲戚关系来到上海谋生。

我们进来之后我们才洞悉整个房屋的结构，这个小浴室一共有四部分，中间是主人的"卧室"，外面是开水房，穿过卧室，后面就是真正的浴室了。浴室一共有六间小隔间，每个隔间只有一个平方米大小，里面是简单的淋浴装置，一个塑料凳，水泥地面。有一个小隔间里散落着一地的塑料旧拖鞋，估计是供客人使用的。浴室旁边是自己搭建的厨房。由于卧室旁边是个高温的开水炉，所以屋子里闷热而潮湿，我们刚坐下一会儿便不停地流汗。但是这样闷热的环境里面我们却没有看到风扇，所以好奇地问赵女士热不热。她说："其实有风扇的，但因为有风湿病，不能吹风扇。因为炉子漏水，屋顶也有些漏，所以地面长期潮湿。"我们惊讶地说这样潮湿的环境岂不是对身体很不好？女士笑了笑，说一直在吃药。

　　整个卧室的主体部分是一张木床，床顶上放着一些大包，像是行李。她发现我们在看那些行李，便说："都是些破破烂烂，没什么值钱的东西。"床边的柜子上放着一台19英寸的电视机，这是房间里唯一的一件家用电器。屋子另一头是一个衣柜和一个脸盆架，上面散落着一些湿毛巾。卧室空间承担了除居住之外的诸多功能，诸如会客、做生意、吃饭等，由于浴室在房间后面，卧室也具有了前台的角色，作为私人空间的卧室转变成了公共空间，个人生活也暴露在公众视野之下。但是此个案中租户的居住满意度却并不低。

　　　　来这边已经两年了，房租一个月400元，住得还好，就是
　　炉子有点漏，下雨天有点淌水。现在年纪大了，我身体又不
　　好，有糖尿病、风湿病，出来就是想挣两个钱，在家种地收
　　入少。

　　从她的话语逻辑中可以看出，这样的居住评价是建立在在外打工的前提之下。打工者的居住，首先是解决住宿问题，是最低生

存水平的标准,而更高层次的生活要求在他们看来,是一种奢望。外来务工群体在这里更多的呈现是一个生产者,而不是一个城市消费者,虽然在城市生活必须付出成本,他们也希望将这部分支出压缩到最低限度。他们最大的愿望不是在城市生活的更好,而是赚更多的钱以后回老家。这种城市生产者与城市消费者分离的角色使他们选择了最低廉的居住空间。

靠弟弟的关系来到上海

赵女士目前和丈夫两个人一起经营浴室,谈起当初来上海的原因时,她提到了在上海开办工厂的亲弟弟。

> 我弟弟在大桥那边办了厂,老头就在那厂里做事。儿子一家住在大桥,也是在舅舅厂里上班。也不知道是做什么生意。他家很有钱,是我弟弟让我们来这边的。他也就是这两年混到钱,有百把万。

依靠着亲族网络的关系,丈夫和儿子成了她弟弟所创办的工厂里的工人。赵女士因为身体不好,没有出去做事,正好有一个安徽老乡不想继续开这家浴室,就转租给了他们。这间浴室的经营模式很简单,赵女士只要负责给洗澡的人收钱就可以。目前儿子一家并没有和他们住在一起,而是单独在大桥另外租了一间房。

> 和儿子没住在一起,这里住不下。他们年轻人,自己住。东边那边条件好一点,不过房子也很小,比我的小。他们和小

孩住在一起，租金也是每个月 400 元。

从儿子家的居住情况可以看到，孙辈的家庭成员已经早早开始进入城市。尽管在城市经济发展中百般阻挠外来务工群体劳动力再生产过程的实现，并把这一再生产的成本推向农村，外来务工群体依然不折不挠地通过各种渠道在城市建构他们的家庭生活，亲族网络的帮助系统就是重要渠道之一。

浴室经营不佳

在后来的访谈中我们了解到，浴室的前任经营者是一位年轻的女性，后来不想继续开，便在门口贴了转租广告，刚好赵女士他们认识的一个老乡看到了，回去就告诉了赵女士的丈夫，他们便租下了这家浴室。但到目前为止，浴室一直是惨淡经营的光景，收入来源主要靠开水房，开水一毛五一瓶。在这家小浴室的不远处还分布着三家私人浴室，而且面积大，装修过，条件也比这边要好些，在同等价格之下，赵女士这家自然竞争不过。

烧开水用的燃料主要是废旧布料头，在锅炉旁堆成小山。这些都是对面服装加工厂老板给的。当我们问及为什么赵女士没想着要调低价格，或者在目前半小时的基础上增加淋浴时间，赵女士很无奈地说，她身体不好，有糖尿病，过一天是一天，自己挣钱自己花。因为身体原因而产生的消极生活态度，使他们没有意愿去改变目前的经营模式，也只能继续在潮湿阴暗的房间里生活。

赵女士一家来到上海之后就再也没有回过家，过年也没有回家过。

老了，不回去了。回家也要差旅费，几百块钱。在这边干一年是一年。

因为承担不起路费，所以选择不回家。在金钱面前，家乡是一个无法企及的记忆归属地。从赵女士的话里，我们听出了生活的辛酸。待在上海的农村里，住在潮湿的房间内，依靠着微薄的收入过活。他们不是这个城市的匆匆过客，而是会在上海常年工作与生活，但是收入的不稳定与积累的渴望迫使他们选择最差的居住生活。在这个狭小的房间内，个人性、公共性和劳动性功能全部叠加在一起，这就是典型的低收入群体的居住状况，没有生活，只有生存。

执笔人：黄莺

防空洞里的地下旅馆

近些年,随着城市开发的加剧,城市地价也在飞速增长。中心城区房源稀缺,房价更是让人望而却步,人们想要在市区有容身之所已变成一件困难的事。同时,外来务工人口在城市住房市场上由于经济能力与户口制度等因素逐步沦为边缘群体,他们很难在中心城区负担高额的房租,但是务工地点或生意机会却在市区较为集中,这使他们只能在寸土寸金的城市里见缝插针,谋求一切可以利用的廉价空间资源。于是,阴冷潮湿的地下空间也被开发出来,人防工程里的地下旅馆就是典型代表。北京曾经存在过大量的地下室出租房,很多"北漂一族"都经历过"暗无天日"的居住生活。上海的地下室租房虽然不及北京普遍,但也有不少。2011年4月,我们走访了一家位于徐汇区某小区附近的招待所,这个招待所就藏身于民防工程之内。

地下旅馆的环境

旅馆的标牌上写着上海某某公司招待所,说明这处房产是属于这家公司,然后公司把地下室开发出来作为招待所经营。从大门口走到地下的旅馆登记入口有100米的距离,大约有两层楼的深度,越往里走越觉得寒气逼人。"欢迎光临"四个大字的上方就是醒目的民防工程标志。我们上午 11 点左右到达,里面没什么人,很安静,可以听到水管滴水的声音。前台的接待员是一个穿着保安衣服的老头,当我们询问房价和房间状况之后,他热情地带着我们参观了这个地下旅馆。

旅馆大约共有 20 间房,错落分布,房型多种多样,单人房 60 元/天,双人房 100 元/天,四人间 160 元/天。老头告诉我们还有"夫妻房",也就是大床房,80 元/天,夫妻房里还有一个小客厅。房间面积不小,每间房都有 10 多平方米,但是都没有通风设施,在寒冷的地下也没有任何取暖设备。房间里除了陈旧的木质床和床头柜外,没有其他家具,柜子上整齐地摆着一排热水瓶,老头指着长廊的另一头说热水间在那边。由于我们不停地抱怨冷,老头一直安慰我们说"不冷的,住久了就习惯了"。每张床上只有很薄的一张棉被,不过可以免费加一条棉被。这个招待所特别像六七十年代的单位招待所,只不过位置处于地下。此外,厕所和卫生间都是公共的,当时还有人在洗澡。由于民防工程只是对应临时性的需要,所以建设的厕所位不多,里面传来一阵阵垃圾的酸腐味和潮湿味。浴室是用三合板隔成了一个个小隔间,都是男女公用。

尽管被改造成招待所,我们还是处处可以看到民防工程的痕迹,比如墙上贴着"逃生指南",旁边是完整的空间分布图。但是旅馆里面没有厨房,原则上规定不能做饭,但我们还是在一些房间看到了电饭煲等电器。可以想象,一旦发生火灾,地下就会立刻变成一个死胡同。北京的地下室出租房就曾出现过失火和渗水的事故。

图一　招待所入口处（黄莺摄）

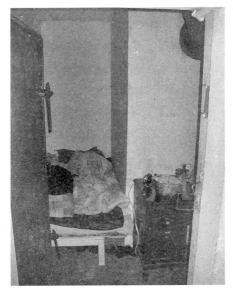

图二　旅馆的其中一间房（黄莺摄）

旅馆里的房客

即便是这样极端的居住环境,也依然房客不断。招待所的前台人员告诉我们,这里长住的大多数是附近的上班族和做生意的人。还有就是建筑工人,里面的几个大房间都是被建筑工地老板包下来给工人住。如果长住的话,价格可以便宜点。比如建筑工人住的价格就是 20 元一天,这在徐汇区已经是相当便宜的旅店价格了。旅馆不同于出租房,因为每天都会有服务员打扫房间,更换床单,所以价格要比出租房贵。保安老头告诉我们说,除了长期的房客,也会有一些情侣或者夫妻来这边开房。旁边的正规旅馆最低价格是 200 元一间,所以价格上有很大的竞争力。不过,除了环境简陋,卫生和安全状况堪忧之外,地下室的寒冷和阴暗我们最深刻的感受。城市里的住房空间等级分明,对于位于底层的居住者来说,连阳光和新鲜空气都成了奢侈品。

城市空间的改造

为什么作为防空工程建设的地下室会被改建成旅馆? 租金低廉是重要的原因。由于使用人防地下室只需交纳人防工程使用管理费,比租房便宜许多,因此很多单位愿意将人防工程作为居住性场所,不再进行装修,就以极为低廉的价格租给外来务工人员。这样的旅馆大多不具备营业资格,多数是无照营业。由于存在诸多安全隐患,北京在 90 年代初就已不再批准经营地下旅馆,但在 2007 年奥运前的一次排查中,仅广安门地区就有包括普通地下室和人防工程在内的 386 处地下空间,其中用于经营性居住(地下旅

馆)的有 61 处,都是无照经营。上海 2010 年世博会前夕也曾出台
《上海市人民政府关于加强地下空间安全管理的通告》,关闭了很
多地下室经营性场所。这种空间消灭式的做法只能在短期内掩盖
庞大的地下市场,并没有真正解决住房困难群体的需求。管制期
一过,这些市场便又重新开始运行。

　　尽管这些地下旅馆是很多人经营牟利的手段,但确实满足了
大量的居住需求。民防工程的空间改造过程同时也体现了城市空
间分配的极化逻辑,地下潮湿阴冷的居住空间就像是寄生系统一
样附着于繁华绚丽的都市地表之下。为了在城市中谋生活,不能
享受任何住房福利支持的底层群体只能忍受畸形的空间安排,在
地下寻求自己的一席之地,而这些再开发的空间也是处于政府的
严密监控之下,随时有被取缔的风险。

执笔人:黄莺

没有房子的邻里居住

　　白玉兰广场的肯德基快餐店临街有块玻璃墙,贴着玻璃墙有一个用黑色瓷砖铺成、高宽约在30厘米左右、长3米多的台阶,一个人勉强可以躺上去。台阶前有块四五十平方米的空场地,台阶前一般只停放着十多辆肯德基员工的自行车或小摩托。这块空地的右手边临马路,种着一排一米多高的灌木丛,左边正好是广场上的环形休息椅,两边的设置无形划出了空地的边界,更妙的是在玻璃墙的上面还装着3米多宽的玻璃屋檐,再大的风雨都可以保证台阶区域是干燥的。因而,这块空地成了露宿者们的宝地。夏天夜幕初降,他们从各处回到这里,舒舒服服、伸开手脚坐在环形休息椅上聊天,交流一天的见闻与遭遇,冬天的夜晚他们便躲进肯德基内取暖。

同住邻居——老上海和老山东

　　在这块宝地上有位长期住客,便是老上海龚洪德。老上海身高一米八,很瘦,手长脚长,夏天一双拖鞋,冬天一双旧皮鞋,两只鞋还不一样。他在这台阶上一住就是几年,旁边的同宿人换来换去,他却一直占据这块宝地。平日里话不多,大部分时间一个人做事情,即使到了晚上大家围坐在一起喝酒聊天,他也往往一个人在旁边,要么整理捡来的瓶子,要么独自吃饭喝酒,偶尔插上一两句。当其他人和我聊着以往辉煌的历史时,他也不说话,偶尔冒出来一句"听他吹牛"或者"这牛可吹大了"之类的话。从他断断续续透露出来的只言片语中拼接起来,他的情况大致是:之前他集体单位工作,与经济相关,因为犯了事被关进去几年,出来之后家也回不去,从此就在火车站流浪。

相较于广场上的大多数人,老上海应该算是幸运的,也让旁人羡慕,他每月有几百元的低保工资,但这并没有让他比别人吃得好,睡得好。他常年以捡瓶子为生,每天围着广场以及周围一带的垃圾桶转啊转啊转,多的时候一天能赚个三四十元,少的时候连十元都赚不到。前两年好赚些,近一两年不行,瓶子的价格几乎跌了一半,和他们相处的时间里常常能听到这样的抱怨,当然老上海也不例外。

去年夏天有个山东人和他住在一起,老山东笑着说他俩是邻居。老山东,60岁的模样,他称自己才45岁,上面掉了4颗牙,剃着个小平头,一米六五的个头穿着件一米八人穿的T恤,一条卡其色裤子,腰间用黑色布条一扎,一只裤腿永远都挽到膝盖,脚上一双深蓝色布鞋。去年四五月份老山东从火车站北广场搬来,本来和他干爹一起租在北广场沪太路的房子里,后来要旧城改造房东收回了房子。

老山东挽起裤腿的那条腿瘸了,整日拄个拐杖,脚踝那里肿大并且有个很深的洞,据他说是自己用刀挖掉烂肉后留下的,看着有点吓人,红兮兮的又有点滴水,有时候他用棉花浸上酒塞在那个肉洞里。我时常劝他应该去看看,他说:"我自己的身体我不知道,我能让它烂了吗?妹妹,每行都有它营生的工具,我这好了靠什么。

你看这广场上每个人有每个人的活法,有它的门道。"

　　两人虽睡在同一台阶上,可一看就知道两人不一样。老山东找一个一块约50厘米宽的木板,平铺在台阶上,空出来的两脚分别用两只同样高度的小木凳支着,这就成了张摆在墙角的小床。木板底下藏着他的箱子,里面有他的所有家当,上面铺着棉花毯和床单,还有是条线毯当被子,"这条线毯是去年买的,二十块钱儿,我这腿不好,不能让他凉着"。床边的墙头靠着一把大扫帚,傍晚时,老山东总不忘拖着条腿扫他前面的那块空地,"扫干净了多舒服啊"。有时还看见他在椅子上晒晒衣物和被子等。

　　老上海可没这些讲究,有时候把席子一摊就睡了,白天把席子一圈往墙头一靠;有时候用硬纸板铺在台阶上就这么侧身睡了。白天的大部分时间,他睡的地方被捡回来的瓶子占据着,各式各样的瓶子横七竖八地躺着。可能是有了这两位固定住户,这里便呈现出家一般的热闹。有些人晚上收工回来,坐在老山东的床铺上有的没的说会儿话,有人把席子一摊就睡在这里,也有人刚下火车无钱住旅馆就在这里挤挤睡了。

　　广场上流传着几种猜测两人实际关系的版本,有人说老山东每天买饭菜给老上海吃,实际上是养着他呢;有人说老山东睡这里之初给了老上海一笔钱;也有人说曾经听到两人恶言相对,估计两人因为钱的事闹翻了。老山东休息了几个月,整个夏天就只在床铺周围转悠了,期间他跟笔者提过几次说自己可能会搬到南站,可能会搬回北广场,可能搬到人民广场,可直到年底他还和老上海住在同一台阶上。

　　来年三四月份上海经历着一场城市清理运动,曾经热闹的白玉兰广场一片冷清,肯德基外的两位住户也先后搬了家,听说老山东被送回了家,此时老上海还在肯德基一带活动,只是他的家当已经不那么明目张胆的摆在店门口，而是藏在了前面的花坛内，晚上偷偷的睡在旁边。老上海这才狠狠的数落起老山东来："不要相信他，骗人的，他说的话没一句真的，根本不是山东的，谁知道他是哪里的。啥人晓得他被送到哪里了，肯定被送到农村老家去了。这里还是我资格最老，人家都知道我是上海人，送回去明朝我会得再出来，侬送好了。"有时候他买了早饭还在蹲在店门口边看报纸边吃，可到最后，他和老山东一样最终被迫离开了这块宝地，去了广场前面的花园。

亲戚以及旁人的帮助

火车站南广场包括白玉兰广场的警察、保安、饮食店和商厦工作人员以及混迹于此的各色人等都认识老上海，知道他是上海人，知道被家里赶了出来，知道每逢节日家里的亲戚会带点饭菜过来看看他，可再熟悉的人知道的情况也就仅此而已。在此长期相处的人们不管干的是哪行哪业，或正或邪，或贫或贱，相互之间总免不了交往，熟识之后也就会有美好的往来。据老上海所说，管理这片的派出所所长跟他很熟，时不时过来看看他，并买盒饭给他吃。他说："阿拉是朋友，他人老好的。有时候上头要检查，伊总是提前告诉我一声。这个提前告诉嘛，我总归要理解的，么什收收好。人家也讲的老清爽的，检查的时候这么多人在场，他肯定要铁面无私的，他这么一讲嘛，我也拎得清了。"

有一次笔者跟着他走过广场去卖塑料瓶子，一路上不同的人跟他打招呼，还有的人把自己攒的瓶子装在塑料袋里，自然的顺手给了他。又有一次，我从肯德基买了几只甜筒分给大家吃，老上海拿着甜筒往对街走去，过了好一会笑着回来说："冷饮太冷了，我不喜欢吃,对过认识的人今天正好带着小孩出来玩,我就送给那个小孩吃了。"

　　老上海混迹在此的几年里,碰到别人给他点吃的和给他点穿的并不稀奇,他穿的衣服都是些周围的好心人送的,穿得最多的是各种各样的工作服,可他不嫌弃,反而相当珍惜,"你看我身上这件外套,一个朋友送的,这是他自己的工作服送给我穿,他说去年发的还有,够穿,就把今年的送给我。新的哦,给我的时候还是擦呱啦新的,外面的塑料包装袋都没有拆掉呢"。有段时间他穿着保安制服在广场上走来走去,有人看见了就开他玩笑,他也不生气。"有时候我蹲在那里,出来的人或者进去的人看你蹲在那里,可怜,就给你十块、二十块的,人家诚心诚意给的钱,我都收的。人家是一片好心,一片好心要收的。这和伸手向人讨的不一样,人家是同情你才给的,好心的"。

　　到了冬天,他那根倔强的筋永远绷着,其他人包括邻居老山东躲到肯德基和一些饮食店里取暖,坐到店家打烊后再钻被窝,如此,冬天就变得好过一些。可他不一样,一般不轻易坐到里面取暖,"人家也是要做生意的,你进去不买东西就坐着,不是妨碍人家的生意嘛"。即使在肯德基那里待了几年,老板都认识他,他也不愿意占着这光。有一次看见他蹲在店门口,抱着身体直发抖,鼻子、手冻得通红,可坚持说习惯了,不冷,"别人看着我缩在一起很冷,其实我不冷"。说到冬天的遭遇,他讲了一段经历:前两年,新年下过一场大雪,当时他就睡在火车站的广场上,被子拉到头顶,旁边有人经过,说这个瘪三这次肯定要冻死掉了,他也认为自己可能冻死在这广场上了,可是第二天早上还是醒了过来,被子上厚厚一层雪,露在外面的头发上也满是雪。起来之后一点事情没有,手能动脚也能动,照吃照喝,所以他认为人没有那么容易冻死。一次,笔者借口说要访谈请他到广场上的店里吃了碗面,这天他异常活跃,说了好多话,还和店里的工作人员开玩笑。待了半小时后他满头出汗,怎么擦都在流汗:"你看,穷人连享福都享不来,坐进来就穷出汗了。现在手开始暖了,冬天开始这个手就没有暖过。"

老山东则有个神奇的干爹,他满头白发,面色红润,身体健硕,看上去不到 60 岁,称自己为白翁,扬言说这火车站无人不知白翁。一次这位干爹买了酒菜来到,两个看上去差不多年龄的老头坐在环形休息椅上,手里拿着酒杯,一个一口干爹,一个一口干儿子,亲热得很,这场面看上去颇为滑稽。干爹微醉,指着这个干儿子对一旁的人说:"我这干儿子人啊,心善,老实,腿不好只能靠个讨来维持生计,不容易,你们不许欺负他。如果你们欺负他,我是他干爹,知道了之后决不饶了你们。"更神奇的是,有些年轻人从此路过,看见白翁上前恭恭敬敬的叫干爹。有一天聊起了白翁,笔者说起对白翁的印象,认为他人挺仗义,老山东颇不以为然,说:"还不是为了个钱儿,妹妹,我告诉你,这人和人哪,都是为了个钱儿。钱儿,你知道吗,不要看他过来买吃的买喝的,那还不是我的钱儿。每个月我都给他个百来块钱儿,不然他哪来的钱请吃请喝的。妹妹,这个人在外面哪,总归要散点钱儿。"我问他有没有存钱,他说:"妹妹,人再穷还是有要用个钱应个急的时候,末了谁能帮你,还不是自己?"

老上海拒绝与任何一家救助团体往来,不去洗澡换衣服也不去蹭顿饭吃,一年四季穿着油腻腻的衣服,总是有的没有随便吃一点,当然酒是少不了的。看着人家不仅吃,吃完还带也不羡慕。"他们的饭又不好吃的喽,有啥好吃的"。老山东同样不喜欢那些救助团体,但他的理由和老上海不一样。他是不喜欢他们的宗教背景,"有一次我问他们的一个志愿者,你们说有上帝,你倒跟我说说看这世上真的有上帝吗？后来他没有说服我，既然没有说服我，我怎么可能跟着他们去呢？"虽然两人理由不同，可他们是我在火车站经常接触的人当中，少数主动并坚持拒绝救助的人。

流浪者的家庭

我问老山东有没有家，"哎呦，妹妹，你说我有没有家？我都睡马路牙子了，还能跟外人说我有家吗？有家还能睡这里吗？"说着他拍拍自己的床铺示意我坐下，又貌似玩笑貌似认真地说："妹妹，我告诉你，在山东农村我有老婆，还有两个孩子，一个男孩一个女孩，男孩上初中，女孩上高中。两孩子都上学，一年要花多少钱。前几天我刚给家里打电话，电话那头也没个安慰话，头句就问寄钱了没有。我一个讨饭的，又不是印钞票的，在外睡马路，就算是听句安慰话也值了啊。"话语中没有提到家应该有的温存，却多了许多的抱怨，似乎在他眼中，家不是一个温暖的存在，反倒是一个沉重的包袱。不知道老山东是不是像其他人说的那样被送回了山东老家，还是继续在其他城市乞讨呢？如果真的如他所讲，他不在外面赚钱，一对子女靠什么上学呢？

老上海似乎这点也很倔强，那就是怎么样也不愿意提起家里的事情，他只是偶尔透露一些。老上海家里有老婆和儿子，儿子不知道他在外流浪。他与老婆相处不来，曾经讲过这么一段经历：有一年新年他置办了600多块钱的年货，转了两辆公交车回到家，小年夜晚上6点多到的家门口，可一进家门老婆就拉长着脸，难看极了。他在形容老婆的脸时做了个极丑的鬼脸，然后摇摇头。"家里空气不好，难闻的很，那张脸也拉长着难看的很"，待了一天多，大年夜的半夜回到了火车站，"还是在这里睡得舒服"。之后的几年就再也没有自己回过家。他从不提及他的儿子,我好奇就想问问他的情况,可当听到儿子,他的眼神就变得不一样了,紧闭嘴唇,一言不发。

还记得 2010 年 4 月份,因为那个台阶已经被改建成了斜坡,老山东被送走了,只剩下老上海了。我俩蹲在那里聊天,肯德基的保安恰巧也在店门外,他看着笔者认真地问:"你是他家里人吗? 是他的妹妹吗? 快点把他接回家吧,他天天睡在外面,冷得直发抖,真是苦啊。屋里厢有啥事体不要再计较了,还是接回去哇,住在外面真是苦。"老上海直帮我辩解,告诉保安我只是个学生,不是家里人,今天过来就是看看他。

5 月当我在广场前花园里再次见到老上海时吓了一跳,几乎认不出来,身上没有一点肉,只剩下骨头和一层皮,手脚显得更长了。他说前一个月生了场大病,一个多星期都起不来,吃不下去饭,走不动路,到现在也没有力气走路。旁边认识的人笑着说:"你看他这身体,哪天死都不知道,看样子也没多少日子了。"虽然这人直截了当地说出了我的担忧,但看我尴尬地站在那里不知如何是好,便又说,"没关系的小姑娘,我们很熟的,平时都是这么开玩笑的,天天说他活不了几天了。"老上海说自己除了没有力气,也没有什么大的不舒服,就是皮肤痒。现在他浑身上下都是红色疙瘩,痒得不得了,手几乎没有离开过身体。"人家劝我侬洗洗干净,现在我天天洗,有啥用? 没用场的。"他也用"没有用场的"一句话拒绝用药,也许他心里清楚这不是皮肤的问题。虽然从国外相关研究资料中得知,流浪汉的死亡率极高,可在差不多一年的田野中第一次面对可能降至的死亡,还是使我为他感到担忧。当我们渐渐熟识了之后,老上海话依然不多,但能清晰地感受到他的关心。冬天的晚上,到了一定时间他会过来提醒:"小姑娘家,别太晚了,早点回去。"接着会坐在一边静静等着你离开。有时候叮嘱说:"有些人不要多接触,看了点也就够了。"

　　刚才那人又说昨天老上海的儿子找来了,找了整整一天都没有见到老头子的面。我疑惑问怎么可能找不到呢,这里就这么大点地方。"我诚心躲着,你能得到我哇啦?"哦,原来这样。接着他烦恼地说,"儿子今年 28 岁,年底想结婚,要我回去喝喜酒。我有个侄子也是今年结婚。吃喜酒总归要这个不啦?"说着他用右手做出点钱状,"儿子结婚老头子总归要表示表示哇,侄子结婚我总归也要给点哇?"他无奈地摇摇头。在他睡的地方还是堆满了瓶子,这是他今天捡回来的。我这才恍然大悟,原来刚才在广场上看见的那个捡瓶子的人就是老上海,当时看着背影像,只是因为太瘦才断定不是。今天,他反复念叨着:他的大哥看到他也老担心出事情,我感到疑惑,后来他才说自己的大哥就在这火车站工作,是位列车长,阿嫂同样在火车站工作。他和大哥几乎天天见面的,特别是生病之后,大哥时不时地来看看他。

　　现在,老上海被家里人接回家了吗?那天为什么躲着儿子呢?

　　　　　　　　　　　　　　　　　　执笔人:卫伟

游荡在城市
——年轻人小团体的一天

　　不知道在这个城市到底有多少流浪者,我得到的答案多半是"多咧",他们除了集中在一些车站、码头和商业区域之外,还有散落在各处如医院、学校、绿地、花园等具有相对开放性的场所。他们随处可去,曾有人说,他最喜欢乘地铁,乘着地铁,嗖——,从陆家嘴到人民广场,嗖——一下又到了莘庄,嗖——,又一下来到了中山公园,嗖——一下又来到火车站,整个上海就兜了一圈,别提有多畅快多惬意了,所以每天都要这么乘地铁兜上海,这是他主要的休闲活动。然而,他们同时又去相同的地方做相同的事情,每天周而复始,除非遇到不可抵抗外力迫使他们放弃原来的路线。一旦放弃了原来的固定的路线就表明原来的赚钱方法已被切断,需要重新找新的门道。

　　他们或依靠为来来往往、相互陌生的人提供方便,或欺负对方人生地不熟为赚钱来源,比如带路、扛包、排队黄牛等;或靠着人多,比如乞讨、偷窃、摆地摊等,当然有些商业区和特殊区域禁止乞讨和摆地摊,因为他们的穿着、行为最容易辨认,从而成为最容易被驱赶的对象;或靠捡路人随意丢弃的东西,比如矿泉水瓶子,车票等。

　　下面我要讲述就是通过捡别人丢弃的车票，倒卖给其他需要的人为生的几位年轻人。看似荒谬，又不是未使用的车票，谁会买这些废弃的火车票。然而在现行的报销和审计的制度安排下，存在着庞大的需求群，"只要有跑业务、出差，说到底只要有做账，就会需要这些东西"。也就是说，捡丢弃的车票看似毫无逻辑，可它确确实实与正式的制度相连接，虽然往往以异化形式出现。正是"做账"的需求催生了"捡票"门道的出现。在众多稀奇古怪的各类门道中，貌似不着边际的门道往往是正式制度安排的异化形式，同时自然而然出现了以此营生的人群，而露宿者作为其中一个群体与其他群体相竞争。就以火车站为例，以捡废弃火车票为营生门道的人不在少数，同时催生了这一门道的"职业垂直链"。

　　1. 处于最底层的相互竞争的群体有：

　　(1) 赚取外快的收车票者，即火车站的工作人员。他们可以轻松又直接的收到车票，据说这一群体后面跟着固定的需求者。他们在保证稳定的供应量的同时，能够最为容易满足对方的特殊要求，比如指定日期指定班次列车的车票。

　　(2) 补贴微薄工资的广场清洁工人。他们同样靠运气，看到别人丢在地上的车票就扫到簸箕里。他们的便利之处在于，清洁工这份正式的工作可以帮他们掩护捡票的动作，绝少遭到禁止或驱赶。他们有足够的正当性在广场上晃悠，并往人群里钻。这一群体将捡到的车票卖给倒票小蛇头。

　　(3) 最后才是以捡票为赚钱方式的露宿者，因其在广场上不具有正式身份，需要小心翼翼或是隐蔽行事，广场上的警察或保安有十足的理由将其驱赶出去。但这还并不耽误他们捡下一轮的票，最倒霉的是被抓进去，因为广场上每天停着区级救助管理站的救助车辆。一旦被抓进去，一天的生意算是泡汤了，"其实抓进去也无所谓,反正在里面不用吃饭,不动又不会饿,赚不到钱只能不吃饭"。

　　2. 倒卖车票的小蛇头。

　　有些小蛇头一开始从捡票开始做起,时间长了,广场上的相关工作人员都认识他,于是便不能再上广场;有些小蛇头没有捡过票或者时间不长,依然能够上广场,他们便会在固定时间守在广场,第一时间从捡票人员手中收购车票。小蛇头需要在网上发布信息,等待需求者主动联系,因而网络和移动电话成了做小蛇头的必备工具。据我了解,这些小蛇头们并没有如想象的那样发横财,有时候即使只能赚三四块钱的票也需要专心经营。有一次有位小蛇头在中心快要结束洗澡时才到,他直道歉,说来取票的客户迟到了,虽说只有几十块钱的车票,也就赚个三四块,但再小的生意也要有信用,说等就要等到底。小蛇头同样无力承担像样房子的租金,要么在群租的房间内租个床位,要么直接睡网吧。王平就曾数落说:"他那里也就是晚上能睡个人,平时不能呆,那么小的房间不知道塞了几个人,夏天热的要死,还不如像我这样睡在外面凉快。"

　　也许正是有了这样的垂直关系,才有了小团体聚集的可能性。在这一小团体内,袁伟和王平没有手机,袁伟自世博网吧收紧之后,没有身份证的他就再也没有睡过网吧;王平因为天气转热舍不得每天10元的上网费直接睡到了外面,两人处于最低层,仅靠卖票给吴森和陈国强维持生计。罗川拥有手机并能每天睡网吧,处于中间层,一方面上广场捡票卖给吴森和陈国强,另一方面积极上网发布信息,等待着属于自己的客户群。吴森和陈国强则在上层,通过向捡票人员购票然后倒卖给需求者从中赚取差价。认识他们的人都知道,只要找到其中任何一个就能找到他们的其他人。不知道从哪天起,这几个人几乎每天都黏在一起,偶尔也有其他人加入，一起捡票，一起吃饭，可到头来在一起的还是这么几个人。

　　袁伟，30 岁不到，上海知青子女，长相清秀，戴着副近视眼镜，镜腿在一次打架中摔断了，用透明胶布绑着，看着比实际年纪要小得多。每天都背着个黑色提包，里面有牙刷毛巾，偶然放件替换的衣服。虽说这个包是全部家当，然而钱财也就装满他的零钱罐（是个正好放下一块钱的条形零食罐，装满也就十多块钱），几乎全部花在日常花销——吃饭和睡觉。他由外公外婆带大，七岁后回到东北的父母家，可与母亲不和。曾有一次遭母亲体罚，“你穿在身上的衣服都是我买的”，母亲要求其脱掉所有衣服，甚至短裤，光身站在零下三十多度的室外。他说他恨母亲，“我很不喜欢待在家里”。自十八岁第一次逃跑后，前前后后加起来不下二十次，起初父母到处寻找并强制带回家，他也会在家里规矩一段时间。可每次都待不下去逃出来，最近一次已有四年，“他们知道我在外面死不了，所以就不找了”。听其他人说起，袁伟一开始没有那么惨，也做一些包工头的工作，组织其他人去工地干活，赚得要比现在多一些。然而自一次被骗，垫上所有的钱之后再也没能够翻身，他在聊天提过自己实在想不到还有什么赚钱方法时捡过瓶子。

　　王平，40 岁，从未结过婚，不太愿意多谈往事，我第一次提及他和家庭的关系时他就这么警告：“我不想说，你再怎么问我还是不会说的。”只在朋友间相互嬉闹的时候，得知与父母吵架后离家出走，之后再也没有用任何方式联系过家里，可他在自言自语时会不自觉冒出家乡话，到上海已有七八年。王平戴着眼镜，走路时专心致志地看脚下，朋友笑话他说每时每刻都等着机会捡大票呢。他还有另外一件事情常常被朋友开取笑，就是他对他的包宝贝之极，无论走到哪里都背着，放在哪里都要用报纸垫着，甚至手、胳膊撑着在包上也需要垫报纸，还努力辩解说“最主要脏了就要洗，我

是不想洗"。可大家完全不听这些乱七八糟的辩解,都认为原因是
他的包里有家当,神秘的存款,有一阵他们一定要我想办法打听王
平舍不得花钱,存钱到底为了什么? 王平生性胆小,又好脾气,所
以6人团体拿他过往糗事活跃气氛,每次都会上当,当真生起气
来,可他顶多也就白你一眼,骂声"神经病"。只要王平一骂完,所
有人便哄堂大笑,类似的过程每天都要发生,不知为什么大家乐此
不彼地重复着相同的桥段。过后,他依旧慢悠悠的,不紧不慢地踏
着自己的节拍。

　　罗川,二十四五岁,单身,曾经在某一公司担任过重要职务,熟
悉行业的核心技术与进出厂价格,一次意外事件后被迫离开公司,
行业规定5年内不能跨进此行业,今年已是第三个年头。他曾经
在社会救助团体的帮助下于去年到一家西餐厅工作,本想好好干
一番。可他遇到了冷漠的同事们,挫伤了自尊心,第二天便不愿意
去上班,重新回到了流浪的朋友堆,一直到现在。当我第一次见到
罗川出现在中心门口时,他穿着粉红色的衬衣,黑色牛仔裤和皮
鞋,估计有一段时间未到过中心了,高兴地与熟悉的人拥抱,嘴里
说着:"前一段时间,我去了杭州,玩了一趟。"之后,在他烦闷的时
候会告诉我,"过几天,我想到南京去散散心","过一阵可能要回家
一趟,我父母让我回家"。罗川永远背着双肩包,里面除了日常用
品,如牙刷牙膏之外,总要背几件衣服和裤子。由于与某救助团体
关系良好,总能比别人有更多机会拿到好看并合适的衣服和裤子,
因而爱干净的他总能保持衣服的干净整洁。另一方面,与团体的
良好关系让他在火车站吃得更开。当其他人做些无伤大雅的错事
或者理解不了他的意思时,他总是笑着说"你太有才了"。在他们
之中显得特别笨拙的我,时常得到这句"你太有才了"。

　　吴森,30岁出头,在做捡票小蛇头之前带过路,因而对上海各

路交通非常熟悉,"只要走过一次就能记住"。吴森平时言辞不多,会认真听大家的玩笑然后跟着开心的笑。因为附近有住的地方,所以从来不背任何东西,一般只带手机。这个手机保证他在任何地方都能联系业务,此款手机功能强大,既能看电视和听收音机,还能放音乐。可他除了接听电话之外,极少往外打电话,他说50块钱话费能用上3个月。

当我向王平打听陈国强时,他告诉我说:"我们都不知道陈国强是不是他的真名,一般出来混的,相互之间不太打听。大家熟了,愿意说了自然会说,不说也不足为奇,谁都有个难处不愿说。"陈国强戴着眼镜,平日不多说话,可一说起话来,总能说出些其他人说不出的道道来。也就是在几人聊天的过程中,我才能隐约抓住一两个词,知道他对现时处境感到相当羞愧,不愿谈起过去。吴森与他两人经常,偶尔还有罗川因业务需要离开团队,可大家总要在公园集中后才做接下来的事情。

如果以上五人更多因业务需要聚在一起的话,那么马红梅让这个六人团队内流淌着温情又暧昧的情绪。马红梅,女,30多岁,长至腰际的头发,大眼睛小脸庞。有了她,六人才好像真正聚拢在一起,有了"在一起"的滋味。她那白色单肩背包像魔术盒一样,每每都能拿出男人们需要的东西,餐巾纸、糖果、扑克牌、香烟、报纸,自不必说。从中还能拿出些一次性肥皂、牙刷、牙签、棉签等,有次还拿出了针线,着实把我吓了一跳。看着她责骂男人们饭前不洗手,俨然是副女人姿态,男人们仿佛也乐颠颠享受着管束,还有人专门以不洗手为借口与之抬杠。有时候她对一些琐碎的细节表现出执着的情感,"她以前过什么样的生活呢",我时常这么想。马红梅是上海人,从小在火车站一带长大,熟悉周围的一街一巷。九十年代初全家动迁到宝山,现在还有原来的街坊在路上认出她,随便聊上两句。同时她是知青子女，小时住在外公外婆家，父母插队结束后留在昆山工作。每到周末，马红梅一个人乘火车到昆山看父母，小小的她每周两头跑。每当我问及家里的父母是否知道或担心她的现状时，她总是用该理由拒绝直接表露情绪："我从小在外面奔来奔去，到处乱玩，他们有什么担心的。那么小的时候都放心我来回跑，现在更不会担心了。"

　　同身为女性，我始终不忍开口直接询问马红梅的经历以及现时状况，她虽为人热情，也无意告诉我些什么。我只在接触中获得一点讯息和片段，却无从在时间上找到关联，同时也未能捕捉到可靠的蛛丝马迹，判断她在外到底以何为生。一天中有间断的两三个时间段看不到她人或她提早离开，她不捡票，也不倒票，可每天短信电话不断。进入夏天，男人们除了到中心洗澡之外，不再花钱洗澡，可她每天坚持洗澡。在其他人捡晚十点一趟车票时，在这时间段里，她就走路或乘车去到固定的公共浴室洗澡。在那里更衣柜里放着一只拉杆箱，箱子里塞满了各式东西，包括男人们的。

　　从北广场走路约二十五分钟到达一条破旧老房子的小巷子，短短的，只有百米长，被高楼大厦包围。这家浴室在小巷子的中间，它两旁有两三家浴室和洗脚店和几家杂货店，马路对过是一个偌大的建筑工地，一侧是座公共厕所。浴室分上下两层，底层是前台，台上放着几双塑料拖鞋，前台小姐躲在高高的柜台后面，几乎看不到人。离柜台一人身的距离，一张橙红色长沙发。沙发一端半躺着个裸上半身的年轻男人，即使穿着牛仔裤，系着皮带，还是能清楚地看到露出一大截的彩色内裤。另一端的扶手上坐着个黄色卷发的中年女人，脸上的浓妆夸张，显得有些滑稽，看这架势泼辣的很，他俩商量着世界杯决赛应该把赌注压在哪方才能赢钱。

楼下只有四五个平方米的地方,楼上却是另一番天地,墙面贴着宝蓝色花纹的墙纸,宾馆式格局,走道两旁几间房间,关着门。一拐弯才是用玻璃门帘遮着的浴室,墙上贴着男/女禁止入内的条幅。浴室不大,满是粘糊糊的水汽,暧昧得人难受。马红梅在里面,我到屋外透气,无所事事的来回踱步,站在店门口的打赤膊的男人们用异样的眼神打量着我,表面装作镇定,依然踱步,实则心里害怕不敢轻举妄动,盘算着怎样踱步才能看上去更为自然。

不知为什么,马红梅不再执着于每天洗澡,只在那家快餐店的厕所简单擦擦。也正是从那时起,六人团队中传着喜欢与爱的故事。袁伟在一次微显醉意后吐露自己喜欢马红梅,陈国强笑着分析,现在五个男人有几个男人心理喜欢着她,他的竞争对手不少。可袁伟不管这些,"我觉得她人很好的。以前我和陈国强捡瓶子翻垃圾桶的时候,根本没人正眼看我们,不要说女生了,真的。可马红梅不一样,她和其他人不一样,她不会看不起我们。我真的喜欢她,我告诉她我喜欢她。有时候我就是吃醋,她和罗川也那么好,她对每个人都很好,王平不敢去倒开水,每天都是她帮去倒。你不要看她平时很开朗,可心里苦得不得了。以前的男人都没有良心,对她不好。我对她说,如果我中了一千万,我肯定养她一辈子,真的,我真是这么想,让她不再受苦,所以我现在每天都有买彩票。现在每天天气多热,每天大中午上广场晒太阳,以前我肯定不干了,不吃就不吃。可现在不一样,我喜欢她嘛,总想多为她着想,以前我有五块,都是宁愿饿肚子也要上网的人。可现在我为了让她睡网吧,自己睡广场。你知道现在票很难捡,晚上一顿两个人就要二十块,一天一共才这么几十块钱,根本不够,只能我自己省点了。"

每天早上8点左右,六人在广场的某处集中,然后一队人马穿过熙熙攘攘的人群,走入肯德基店堂,里面坐满吃早餐的顾客,接着上楼梯到二楼,开门出去穿过长长的走道,走道两旁各式各样的店面尚未开门,开门尽是些餐饮店,最后走进一家24小时营业的快餐店。靠窗角落有他们固定的两张四人位桌子,平时无人坐;门的另一端还有两张双人桌,不想补觉的人就坐在四人桌上打牌,想补觉的人则坐到清静的双人桌处。就在桌子的五步之外有个宽敞的洗手台,旁边有放着洗手液和烘手机,几人习惯地轮换着洗手,有时直接拿出牙刷刷牙,洗完之后一按烘手机,烘手机发出轰轰的响声,传得本来安静的地方分外热闹。

通常补觉的人多数是袁伟和王平,两人把包往桌上一放,垫着它睡了起来。最近袁伟睡在广场,即使快入半夜,店内嘈杂的音乐声让他无法睡觉,另外太硬的地面和铁制的坐凳同样让他无法入睡。"垫几层报纸根本没有用,邦邦硬,腰都痛死了。现在我的腰真的不行了,就是在外面睡太多"。王平跟袁伟不一样,他从不抱怨地面太硬,只说晚上有点凉飕飕,需要多穿件外套。马红梅说王平无论睡哪里都不会睡死,迷迷糊糊的半醒着,所以一起睡网吧时,只要有王平,他们就很放心,不担心有人偷包;其他人从不捡5点趟的火车票,可王平每天独自早起捡这趟,"广场上很早就有人了,吵吵闹闹的也睡不着觉,还不如起来捡点票",所以他总要抽此空挡补补觉。自王平睡到广场上后,没出两周明显感觉到瘦了不少,"晚上睡不好",他如此简短的解释。

其他四人则坐在四人桌旁,有时候各自拿出报纸翻看,"我们才不会花钱买报纸看,从来都是捡报纸看,人家看完随手一扔,到处都是,随便捡。"此时,他们相互间也不说话,静的很。某日马红梅兴奋的让大家看一则新闻,原来江苏又有人中了奖,"这种好事怎么落不到我头上呢? 这两天江苏已经有两人中奖了,运气真是好啊"。像其他露宿者一样,他们偶尔会划出一部分钱买彩票,袁伟有时候扣下买饭的钱买彩票。

随便翻完报纸后拿出扑克牌打牌,他们玩的是一种规则极为不公平的打法,一旦谁摸到大小王,有利的规则全面倒向他,造成牌势两极分化严重,对方难以找到翻身机会。当我第一次接触这种打法时,直呼规则不公平要求更改规则,可他们觉得我大惊小怪,笑着劝,"打打习惯就好了"。几次之后实在无法适应,于是决定不再碰这种让人发闷的打法,可他们打得愉快。

打几副之后,罗川便隔一段时间看看表,因为 10 点前后北京来的卧铺和其他远途火车快要进站,他们必须踏着时间点上广场捡票。无论打到哪里,只要一到时间他们就毫不留情地放下手里的牌,背起包集体走出快餐店。照着原路走过长长的走道,此时两旁的店家大部分已营业,开门进入肯德基,下二楼开门出去,走到街头,穿过熙熙攘攘的人群走地下通道和地铁通道,穿过迷宫般的,整日整夜亮着白花花日光灯的地下通道,走出某一出口抵达广场。

广场上人山人海,除了出站旅客和接站的亲戚朋友之外,还有旅行社导游、拉客的工作人员,叫着"住宿,住宿"的旅店拉客人员混在人群中做自己的生意。袁伟、王平、罗川还有其他捡票人远远地站在广场边缘,不敢太靠近出口,眼睛盯着出站旅客,迅速地扫着地面。他们只要看一眼就能知道躺在地上是不是火车票,即使被揉的再小,以及是否是长途票,门外汉比如我看着所有火车票长得都一样,可在他们眼里千差万别。头两次跟他们上广场,我给自己定了捡一张火车票的目标,即使作为生面孔的我占据着有利条件,一方面不必眼观六路耳听八方,担心拿着对讲机的便衣或警察准备随时跑,还能走近出站口,看见旅客手里的票,只要在他们丢下的瞬间我第一时间可以捡到,不是那么难,可最终颗粒无收,几次下来再无刚上广场时的冲动。神奇的是,他们总能捡到好几张,有时怀疑他们眼睛看东西的方式和我不一样。等着所有旅客走完,有人还要扫一遍广场上的垃圾桶,"有人会随手把票扔进垃圾桶",可并不是每个人敢这么做。也就是有的人在熟识的人当班那天才敢这么做,罗川就自信满满,"他们不敢这么做的,也就是我,广场上有人我很熟的,不怕"。说着,他用脚向外轻轻一颠垃圾桶底部,甚至不用转头,眼睛一瞄便可判断里面是否有票。然而,有一次他被抓进去关到半夜才放出来,让大家足足耻笑了一番。有时,有人为了多捡票,在返回到通道后还要下地铁,"有的人可能在乘地铁的时随手扔票"。

6月底他们集体性地为火车分流的事分外焦灼。上海市政府为了带动大虹桥区域的发展,除了开通地铁直达虹桥之外,还重新规划了各地火车进上海的路线,决定将火车站的一部分列车分流至新建的虹桥火车站,并在7月初试运营。这无疑意味着火车站的票越来越难捡了,甚至不久的将来危及他们的生存。再加上正在整修的北广场出口即将完工,一部分旅客走北广场出口,同样意味着某个出口的票越来越难捡。对只能静守在某一出口的他们来说,"没办法分身"。为此,袁伟那段时间常常发脾气。"你不要看他们平时打打牌很轻松的样子,其实捡票的时候都很卖力,很辛苦的,起大早,刮风下雨晒太阳,每天到点就守在广场。捡不到的时候真的连一张都捡不到。对他们来说,捡不到票,今天就不能吃饭,所以怎么能不发脾气",马红梅私下里解释。某日,马红梅看到报纸上说某地到上海的火车票要提价,这个消息着实让捡票的几人高兴了一番。也许对吴森和陈国强不是件值得那么高兴的事,因为他们赚的是差价,可对捡票人的意义完全不一样,票价越高就意味着同一张票能卖到更多的钱。

　　有时运气好，捡票的人会捡到退票，"有人误了时间就随手把票扔了，他们认为错过了时间票就没用了，其实在规定时间内还可以退票，只不过拿到手的钱少些。"一次袁伟捡到一张退票一下子赚了几十块钱，跟我念叨了几遍，看着他开心满满的样子觉得世界上没有再好的事情了。也有可能捡到其他值钱可以兑换成现金的东西，比如交通卡，六人团体经常性地调侃王平去年捡到过几百元交通卡的经历，他就用慢悠悠的语调回应："又不是经常可以捡到的，说什么说，你们经常说，我也就是五年才捡到这么一次，如果每个月能捡到一次还捡什么票啊。"有过好几年捡票经验的他，有时抱怨："现在捡票是越来越难捡了，前几年还好捡很多，这几年管得紧。"

　　11点半左右，不能上广场的吴森和陈国强已在北广场的地铁通道口等着袁伟他们一起去公园。广场上几人看着时间差不多就下了通道，里面来来往往的人群同样快速移动着脚步，当我跟着他们走过十几分钟的地铁通道，感受着头顶的白色灯光和嘈杂的步履匆匆的人群，恍惚间想："他们每天在相同的时间走过相同的通道，心理会想些什么呢？会对这通道有感情吗？这白光和人群给他们什么感受呢？这些城市空间和他们到底有着什么样关系呢？"走着走着，眼中看不见人群只剩下这通道了。

　　集中后，偶尔也会落下一两人，"没关系，他们知道去哪里，我们先走"，不急不慢的速度走大约半小时，不知道拐几个弯到达公园。路上经常性的遇到熟人，交谈上几句后继续往前走。这一路都是窄窄的马路，街面尽是些夫妻老婆店，可能因建造的年代久远，看上去墙面到处是厚厚的污垢。弄堂口坐着头发发白的老人或打发时间的中年人，偶尔遇到个十五六岁的学生，旁边必跟着位奶奶辈老人，当然见到顶着奇怪发型全身着黑衣的年轻人也不稀奇，他们五五六六成群。满眼是旧城区的景象！

　　顺路离公园不远有几家客饭店，他们固定吃一家的东西。这家一年四季卖客饭，夏天也做凉粉和凉皮。王平一般选择吃早饭，不吃中饭；其他人一般不吃早饭，吃中饭，但如果吃了早饭同样会不吃中饭。他们中有人离家十多年，却还能从吃饭习惯和喜好显露以前生活的痕迹。也就是在吃饭的时间段才是他们最放松的时刻，让他们无意间回到过去的生活。即使在外多少年，条件有限不允许挑挑拣拣，可就是有意无意的保留着这些微小的习惯和喜好，也就是这些小玩意才纪念着他们的过往岁月。

　　公园坐落在废墟中，周围到处是被动迁后敲掉的残垣断壁，好几条马路上空还悬挂着阳光动迁的红色横幅。就在废墟中，有些房间外挂着衣物，"这里还住着不少人呢"，吴森介绍说："起码还要有个一年半载才能动迁完。"路上停着各式各样的大卡车搬东西，只要走进这一区域，尘土飞扬。从留下的痕迹来看，这里曾经人口众多，拥挤不堪，据一些露宿者讲，在北广场未动迁前，他们就住在这一片。

　　来这公园的，除了住在附近的老头老太们，他们独自或者带着孙子孙女来玩，其余三分之一，有时甚至一半都是来休息的。公园有座百米长的廊舍，廊舍一侧为30厘米左右宽的矮墙，躺上去正好够一人睡觉，坐上去正好两人下象棋，四人打牌，其他人可以站一旁观战。这六人团队只是其中一小部分，来此公园休息的有其他火车站的人，还有就是在附近工作的工人，他们穿着颜色亮丽的工作服，衣服和脚肮脏不堪，躺下没两分钟就呼呼打起鼾来。

　　他们一到公园，第一件事情就是捡票的人卖票给倒票的人，一开始避着我进行，后来才慢慢地变得不避讳。吴森和陈国强利落的数票算钱，然后摸出钱包给钱，有时候捡两趟，加起来卖个一二十元。有人适当藏着些票，碰好机会再卖掉，也有人不喜欢搞这些心思，有多少卖多少。当然即使天天一起玩，双方仍会讨价还价。一次袁伟觉得陈国强算得有点紧，要求再多给一块钱，他不干。"算了，算了，这么抠，一块钱都不愿意多给"，说着袁伟顺手拿起陈国强放在一边的半瓶可乐，拧开瓶盖将之扔出老远，毫不客气地喝掉一大半，陈看着无可奈何，也没说什么。陈国强用报纸将车票包整齐，放在裤子口袋里，鼓鼓的口袋总让人误会里面装着不得了的现金。偶尔，其他倒票小蛇头也会到公园和他们一起玩。

　　接着他们或打牌，或观战，或躺下睡觉。打牌的四人，其中两人就矮墙对面而坐，另两人则一人一侧，均在水泥地上铺上看过的报纸。有时打了会儿牌后集体躺下睡两个小时。有次刚走到公园门口，一位四十多岁的工作人员对面走来，"今天坐着可以，但不能躺下睡觉"，大家乖乖地应声答应。原来上面有领导来视察，刚才走过的那位是园长。他们不足为奇，因为公园三天两头迎来领导检查工作，"公园嘛，来检查的人最多了，绿化局要来查，环境部门要来查，卫生部门要来查，甚至公安也要来查"，马红梅说："公园最乱了，什么人都可以进来，有时候公安专门到公园查缉捕的犯人。到了晚上才热闹呢，那些同性恋专门到公园找人寻开心。"她还说绿地没有什么检查的人，可差不多每块绿地都配有保安，不自在。看着他们打牌，每人都不那么上瘾，也不兴奋吆喝，只是静静出完一局又一局，甚至也不关心输赢。"那你们到底为什么要打牌？"我不禁疑惑。"不打牌干嘛呢？"他们的反问让我哑口无言。对啊，这么长的四小时可以去哪里？又能干些什么？

　　有时候，吴森或陈国强会出去办事，后来罗川偶尔也会离开去办事，只留下四人或五人打牌，他们玩到四点不到就开始念时间，

"三点半多了,问问吴森什么时候到,他的事情办好了没有?"四点半左右又有人问:"打陈国强电话看看,他什么时候到,肚子都饿了。"几轮询问之后,时间差不多到点,大部分人也集中到公园,各自就整理着东西准备离开,有时王平捡起地上的报纸塞进包里准备晚上再用。偶尔实在无聊的慌,就到公园另一端的健身角随便玩玩,开开玩笑。王平的草莓事件正是在那种情况下传入我耳中,他用一贯的生气、白眼和"神经病"阻止着其他人的作弄。后来马红梅才悄悄告诉我,王平平日里不接触女性,其他男人纳闷其如何解决正常的生理需求。忽然有一天,他们几人在路上看见草莓便宜,就与摊主讨价还价想买。正巧旁边两位女生衣着暴露,也正巧他们中的一人撇头看见王平正盯着女生胸前的草莓看,自此之后草莓事件就成了王平的软肋。离开前,每人必到公共厕所走一趟,洗洗手,洗洗脸,整理整理出发去吃晚饭,这顿晚饭可以说是一天中最为惬意的时候。遇到周四周日就提早出发,先到中心洗澡,然后吃饭。

　　于是,这一队人马又开始了新的徒步穿越,东拐西拐不知道拐到哪里,穿过大马路小马路,路过破烂小区高档小区,半小时后来到七浦路的一角的一家小饭店。这一路我唯一能够记得就是需要穿过一条五六百米长的地下人行道,中间的车辆呼啸而过,只留下震耳欲聋的摩擦声。袁伟怀念地说,去年他们经常去北广场的一家饭店吃饭,"那里的老板娘我们都很熟的,吃了几年,天天去。去年还在那里过的年,看的春节联欢晚会",可这家店去年因为旧城改造搬到其他地方了,不知道搬到哪里去了。

　　这家店经济实惠,是罗川瞎逛的时碰到的。他们将所有的蔬菜或荤菜切成条或块摆放在一起,随便客人怎么搭配,只要装满小篮子,一律七块。喜欢吃辣的就拿红色篮子,不喜欢吃辣的就装蓝色小篮子。罗川喜欢吃毛豆子,袁伟喜欢吃菌类菜,王平喜欢点辣椒,马红梅总要红烧鱼,并且每次在饭前吃两串鸡心之类的烧烤,吴森和陈国强很随意,往往让其他人随手帮着点了。袁伟一点好菜,就走进屋子打开冰箱门,取出五瓶冰镇啤酒,再到地上拿起一瓶啤酒,"王平不喜欢吃冰的",他细心说道。王平进屋的第一件事情就是掀电饭煲盖子盛饭,他总要先填饱肚子。在他帮着盛饭的时候,其他人各自自斟自饮起来,不碰杯,不划拳,不劝酒,只喝自己的酒,喝完一瓶拉到。吃完,算钱的时候清清楚楚,各自出各自的钱,每人花费不到十块。五毛类的零钱,老板娘主动不收了,"你们天天来吃,怎么才便宜这么点",我打抱不平。可陈国强觉得挺知足:"这里的啤酒已经便宜了,别的地方卖三块,她只卖两块五,我们好几个人呢。"即便他们一天吃这一顿有荤有素的,广场上也还有人数落他们只顾吃好喝好,不知道省钱。

吃完饭,几人又慢悠悠的往回走,8点左右到广场。晚上一趟票要等到十点捡,接下来的两个小时,他们重新回到上午的那个快餐店,坐在相同的位置。如果这家店的班头正合适,袁伟找机会用上海话调侃熟悉的女店员,"我们很熟悉的,几乎天天见,她人也蛮不错的,从来不赶我们。"估计马红梅和这里的人也相当熟悉,利索的从其他店里端来免费茶和免费冰水给大家喝。照旧,有人打牌,有人看报,有人睡觉,时间一到又一起离开。捡完这趟票,"在一起"的一天就算结束了,罗川和马红梅需要走路回到公园旁的网吧,吴森和陈国强返回他们的房子,袁伟和王平留在广场睡觉。

网吧的晚间档从11点开始,之前全算白天价,按小时计算,晚上则统一价。如果早到,他们就聚在楼下聊会天,这时站着聊天的不止两人，还有火车站其他人，一般是中青年男性，其中也有单干的捡票人，无论话题是什么，他们总能准确的踏点进入网吧开卡。该网吧占据整整一个楼面，足有一千多平方米，分大小包房，最大包房配备百余台电脑，最小包房也有二十台左右。有的小包房还设有两人沙发，当然这样的好位置早早地被占据，甚至已经有人横躺着睡觉了。前台里面一侧的柜子里堆放着各种碗面、饼干、饮料，对过的墙上张贴着如工商部门，消防部门，卫生部门，公安部门的各种告示。据保安透露，这般规模的网吧在北广场数一数二，卫生状况良好，每天早中晚各清扫一遍，价格适中，老板每天晚上亲自视察，秩序良好。如此规模的网吧，晚间通宵的工作人员只有一名女性前台，外地人；一名40岁左右，保安，上海人；一名网管，30岁左右，上海人；清洁阿姨扫完晚上一趟就早早回家去了。

我一进入网吧就被浓重的烟味呛到，十几分钟后睁不开眼睛，直流泪，于是走出包间到前台透气。我有气无力地坐在那里，看进进出出忙碌的年轻人们，不少人专门在半夜后进网吧打通宵游戏，有人甚至还在半夜之后叫了烧烤外卖。近千平方米拥有五六百台电脑的网吧，晚间上座率约有七成，常年如此，只多不少。罗川和张红梅只等偷完别人种的菜，替袁伟上QQ，给他的网上女朋友留言完，不到一小时就呼呼大睡起来，"进网吧就是睡觉"。张红梅两个椅子一拼，蜷成一团，椅子上挂着她刚洗的内衣裤；罗川则把双腿挂在桌上，头倒在椅子上。两人的电脑还在工作，张的电视剧尚未看完，罗还戴着耳机听音乐。过凌晨两点，三点，网吧里还有五成人熬着，眼睛神经质般地盯着电脑屏幕，当然我认识的几位早已睡下。早晨七点，电脑准时重新启动，开始白天的计时算价。张、罗两人从包里拿出牙刷毛巾到厕所简单洗漱，出门走路回到广场。

六点的广场早已喧嚣，人声鼎沸，这里只有在深夜一、两点之后才能一窥其真面目。这时,白天的人声已消散,安静得让人不适应,偶尔走过的路客显得特别扎眼。大部分店家关上了门,只有少数几家 24 小时营业的快餐店,灯光暗了下来,寥寥几人在交谈。关门店家的门外,错落有致地躺着些人,或以竹席为床,或以报纸、纸板为铺,几乎每人打赤膊,有的甚至只着三角短裤,有人将脱下的 T 恤当被子盖肚子。这些都是流浪汉,他们或混在火车站和广场,或晚上回到广场睡觉。环形椅上同样躺满了人,他们不全都是流浪汉,也有一些是赶不上火车或者送完人赶不及回家无奈留下的。他们可不像流浪汉那么肆无忌惮,总保持着警觉姿态,蜷着身体侧躺;如果有两三人为伴,则坐上一晚上。一点之后,还有一些流浪汉不得入眠,找上个人聊聊,或说说白天的趣事,或发发牢骚,相互之间也摆摆架子,有时话不投机就干上一架。流浪汉之间的打架可是真打,拳头的呼呼声清晰可听,运气好时有人能劝上架,大部分时间"火气上来了,根本劝不住",滴点血不足为奇,这里甚至打死过人。绝大多数人习以为常,甚至连围观都懒得围,在一旁继续干着自己的事。

流浪者们一般不敢独自睡在无警察巡逻的地方,除非找到意想不到的地方,否则一般都睡在有灯光,有警察巡逻的地方,有人甚至专门靠近警车睡。警察在 12 点之后要巡逻两回,他骑着单人警车,有时会按两声警喇叭,有时用脚踢踢环形椅,叫醒在环形椅上快睡着的人,"醒醒了,快起来了,你一睡着,小偷就来了",大部分人照睡他的,也有人真的坐了起来。当然,警察可不管那些躺在店家外的这些人,"警察知道这些都是盲流,身上没什么东西。天天见面,都认识了"。这广场上,除了警察巡逻之外,还有便衣,背着小包,手指头里夹着烟,从半夜开始到天亮不知要在广场上兜上几圈,他们的任务是防止小偷,因而夜里的警察和便衣无职权驱赶流浪者。如果这夜城管不出场的话，他们便能一觉到天亮，当然这样的时候不多，因而睡广场是年轻人们最后的选择。可年老的流浪者们似乎更愿意睡在露天广场。

七八点，他们又重新聚到广场，新的一天开始了。

执笔人：卫伟

不卑不亢的流浪老汉：眼镜先生

　　眼镜先生是个知书达理、能言善道的小老头，总和颜悦色的，不与任何人扎堆，不与任何人争强好胜。他喜欢看书看报，每天必须看几份报纸，没有活干的时候就静静坐在一角看武打书，"我就喜欢看些武打书，打发打发时间"。广场上熟识他的人知道眼镜先生喜欢看武打书，总想法借给他一些。我每次看到眼镜先生，他手里要么拿着报纸，要么是厚厚的武打书。现在眼镜先生已经不戴眼镜了，因为眼镜彻底报废，再也架不上鼻梁了。第一次在广场见到眼镜先生时，他戴着副小圆眼镜，一条镜腿用透明胶布粘着，他的左眼睛在许多年前事故中弄瞎了，戴着眼镜也看太不出什么异样。之后，眼镜先生把眼镜摔在了地上，右眼镜片中间裂了条缝，缝正好从眼珠中间穿过，看的人觉得难受，可眼镜先生还是凑合着戴。今年开始眼镜先生的眼镜彻底散了架，可他没什么办法，既然没了就算了，不戴就不戴吧，于是，眼镜先生就没有眼镜戴了。

流浪缘由

　　广场上有人说眼镜先生讲的经历完全是吹牛，并举出各种证据证明。可我相信是真的，或者可能其中有不真实的，可眼镜先生这几十年体会到的人情冷暖，及有礼有节的为人处事方式肯定是真的。

眼镜先生原先在上海某区的粮食局工作，取了个农村老婆，生了两个孩子，一个儿子一个女儿，家在宝山县。当时小孩的户口随母亲，所以两人都是农村户口。80年代初经济开始复苏，农村的好人家开始盖自己的小楼房，于是他想出了一条生财之道，收购农民多余的粮食悄悄地贩卖到城市，这时候城里正好有一大批缺粮的人。可当时粮油市场还未放开，全部由粮食局代表国家统一收购，倒卖粮食可是要被判刑的。最终，眼镜先生被按上了"投机倒把"罪，至今，他依然不服气这罪名，他说国家的刑法里面根本没有这一条罪名。这是在他出逃好几年后才明白，因为在他出逃后想方设法地翻遍了所有的法律条文和书，都没找到这条罪名。用眼镜先生的话来讲，无论何时何地黑市永远都会存在，有需求就会存在市场，黑市也就是没有国家允许的买卖市场。

当时粮食局的有位要好同事悄悄地通知眼镜先生公安抓他的时间，他思来想去，在公安要来抓人的前一个晚上决定出逃，不再回到上海。他担心自己吃官司后，两个孩子一辈子没办法抬头做人。如果他逃了，就是父亲潜逃，因为他没有杀人放火，没有干伤天害理的事情，孩子们照旧可以挺直了腰杆做人。可如果进去了，他们的父亲就是罪犯，无论什么罪，终究是坐过牢的人，性质就发生翻天覆地的变化。于是，他连夜爬火车逃出了上海，又在中途跳下了火车，走两天两夜到了个非常落后的村子。其实眼镜先生并非有意留在那个村子，只是在讨口饭吃的时候晕了过去，那家人家细心地照顾了他一周，他觉得这里民风淳朴就留了下来。

于是一留就是二十多年，那时候农村已经实行家庭承包责任制,需要劳动力,于是他到各家打短工,给谁家干活就在谁家住。正巧村里有个年龄相仿的寡妇,带着两个孩子单过,因为家里没有男人就常常需要他去干点体力活。起初几年,即使在这寡妇家干活他也不住,怕惹人闲话,本来就是个外省人再加上闲言闲语的话,他在村子里就待不住了。可处了几年后,两人觉得一起过日子可以过得更好,于是决定一起过。眼镜先生对寡妇的孩子是真好,因为那也是一男一女,与他家的孩子差不多大,这两孩子也不把这个外省人当外人。接下来眼镜先生就跟着村里的男人们一起到城里干泥水匠,他的右腿就是在干活的时候从楼上摔下来后才成了残废。因为这条腿,眼镜先生不能再干活也不能挣钱了,虽然这么多年没有结婚,可这寡妇并不嫌弃他,孩子们也说要孝顺他。他就想着这么多年一起过日子,现在人家也不嫌弃,到头来终究要给人家个名分。可是当年从家里跑出来,也没跟原来的老婆离婚,户口肯定还在宝山。如果要和寡妇结婚,他就必须先要回上海办离婚,把户口迁过去后才能结婚。

　　跟逃跑时一样,他思前想后,决定回上海。回到上海后原来的老婆不认他,孩子们也不认他,一听他说要离婚迁户口更是火冒三丈,坚决不同意。他想了想原来的老婆实在不容易,一个农村女人带大两个孩子,二十几年来他未尽到父亲的责任,到头来还要离婚确实说不过去。可另一头,寡妇跟他处了二十多年,即使在他残废之后也不嫌弃,死心塌地地跟他过,他想着怎么样也要给个名分。

　　现在搞得上海的家进不去也离不掉,迁不到户口也没脸回到寡妇家,没有办法就在火车站流浪了起来,到如今在火车站已有几年了。眼镜先生说去年还和老婆孩子在饭店里吃了顿饭,亲生孩子们也知道眼镜先生的处境,可怎么也不愿意认这父亲,既然当年跑了出去,现在干嘛还要回来?"也不能怪他们,跑的时候大的才十几岁,没养,肯定没感情,也不能怪孩子们不认。到实在不行的时候我就回去,养子养女是我养大的,二十多年总归有感情的。"有时候,眼镜先生还是会跟我提起户口的事情,说迁个户口要好几百块,他就是怎么也攒不到这个钱。渐渐地,迁户口的事情只化成了眼镜先生怀念过去生活的入口。

不 卑 不 亢

　　眼镜先生几次跟我提起:"自古历朝历代,人都有上九流,下九流,以前京城里住的要么就是皇宫贵族,要么就是三教九流。而这火车站就是三教九流混迹的地方,你不要看这火车站热闹的很,出站的人都人模人样的,其实最多的还是下九流的人。什么人是下九流,一个字'穷'。我再跟你说一句话,'富在远山有人访,穷在闹事无人睬'。"

　　眼镜先生和广场上的其他流浪老头不一样,他不以捡瓶子为生,而是靠在商厦里打短工挣钱。"在里面扫地和打扫卫生的阿姨看我为人老实,平时讲话又讲道理,穿得也干干净净的,不像其他人邋里邋遢脏兮兮的,又横得不得了还满口粗话,所以如果商厦里需要临时工就介绍给我做。其实我也做不了太重的活,帮人家看看东西,就一天到晚坐在那里。有一次老板跟我说要看十多个小时,钱也不是很多,我说没有关系,反正也没有其他事情做,在哪里坐着还不都是坐着。那老板听我这么说挺高兴,每月总多给我个五十或一百的,我对他也挺感激。"可是这些临时工总是临时性的,有时候只需要一个月,长的时候是半年,所以一年之中总有那么好几个月没有活干。眼镜先生说,"在商厦里看东西的时候吃饭不成问题,好的时候每天一个盒饭,中午吃了这个盒饭晚饭不吃也不要紧了。有时候阿姨带饭菜的时候就多带一份,幸好我也不是吃得很多。"在没活干的一段时间里,眼镜先生几乎每天只吃一顿五块钱的盒饭,顶多早上吃个一块钱的大饼。"下个月开始,阿姨跟我说了商厦里要人看东西,要我去干,我现在身边还有一百多块钱,每天五块钱,正好可以用到那个时候。"每每说到这些,眼镜先生总是笑笑。

　　在笔者认识眼镜先生的一年多时间里,他始终不卑不亢、有礼有节。去年夏天的一天晚上,大家都坐在广场的环形椅上吃饭喝酒聊天,正好眼镜先生经过,有人招呼他坐下来喝点酒。眼镜先生也不客气,当时也没有其他可以盛酒的容器,就借了老上海 S 一个矿泉水瓶,他一边对着瓶子喝酒,一边和我聊天。谈着谈着他站起来走到 3 米之外的垃圾桶里,捡起个刚被扔进去的矿泉水瓶,回到座位上将它给了老上海 S,冲他笑了笑,老上海 S 明白眼镜先生的意思大方地收下了。可如果有谁平日里蛮横无理,他也不会对他客气。一次大家躲在肯德基里取暖,他就静静地看报纸,有人开玩笑从他手里夺过报纸,说看完了给他看看。可眼睛先生不高兴,拽着怎么都不愿意给,生气地说"我要看的,我还没有看完呢",说着把报纸藏到了衣服里,过后小声说:"平日里从来不看报纸的人,怪了,突然要看报纸。"

　　有一段时间没有见眼镜先生,一见笔者就提起上次其他人开口让我买肉吃的事情,"我说他们啊,真是要命,你一个学生,平时带点饼干已经不好意思了,他们怎么还开得了这个口,我听说还是要吃肉。一个学生,又没赚钱,用的都是父母的钱,他们也真是"。从和眼镜先生的聊天中,常常能感受到类似的情感,始终保持着自尊。他有一次到茉莉花(救助团体的负责人)那里去,"本来我只想换双鞋子,原来的鞋子坏了,将就还是可以再将就,可因为夏天到

了,那双鞋太闷难受。我就换双布鞋,我就跟茉莉花说要双布鞋,
她说可以,你周二过来。我周二一去,她那里没有,就让一个年轻
小伙子跑去买了一双,不到二十分钟,新鞋买来了,悄悄地从窗口
塞给我,叫我不要声张。我和茉莉花认识了三年多,她知道我一般
不开口,一开口就真需要,所以我要什么她一般都会满足。有人还
说我的要求太高了,新的人家怎么会同意,你看,回来一穿正合适。
那天本来拿了鞋子就想回来,不吃饭的。可茉莉花劝我在那里吃
完饭再回来,那我就说好吧,既然人家好意邀请你,你总不能一口
回绝。我就坐在那里等,菜还是蛮好的,一共四个菜。菜一上来,
我才端起碗筷,锅里的菜就快没了,后来是一个志愿者看我碗里没
菜就帮我舀了一勺,我就说我吃不下了。看他们抢的那个样子,好
像八辈子没有吃过。即使八辈子没有吃过也要装装样子,不能这
么抢。我怎么也不想在那里吃了,最后拿回来吃的饭",眼镜先生
停了停又说:"他们就说我太自尊了。"

　　相比较其他人,眼镜先生还有一点很特别。虽然流浪了几年,
仿佛依然保持着过日子的节奏。每天不一定能吃饱肚子,可总要
把自己收拾干净利索了,他认为只有这样才可以与人打交道。不
随便扔穿过的脏衣服,总想办法洗洗干净再穿。眼睛先生喜欢穿
衬衣,无论冬天还是夏天衬衫领子总干干净净。绝大部分的流浪
者不会浪费时间和精力去做"洗衣服"这件事情,也许看似很简单
的,可他们要做成这件事情,面临着诸多的条件限制,绝大部分人
觉得不划算。首先需要洗衣用具之类的东西,可一次又用不完,需
要保存这些开了口的东西。其次需要晒干,这尤其难。要专门找
地方看着晒干,否则衣服就算洗干净了也变成别人的了。再次需
要存放在干净的地方,才能保持干净的衣服干净,否则拖来拖去拿
出来还是脏衣服。有次眼镜先生指着身上的大衣和里面穿的棉毛

衫,骄傲地说:"这件大衣是去年茉莉花送给我的,新的,非常好的一件大衣。去年穿了一个冬天,夏天的时候我洗了洗,现在又穿上了。里面的棉毛衫也是,去年她送了两套,新的,今年问我还要不要,我说不要了,去年给的两套还在,可以穿。人家虽然在做慈善,可我看他们的钱紧张得很。像这广场的许多人,穿穿脏了就扔掉,从来不洗。我劝他们洗洗还可以穿,都嫌麻烦,不干。"每年到了夏天,眼睛先生还会洗被子,晒干之后往箱子里一塞,冬天拿出来再用,当然箱子还是有可能被人偷走。"前几天洗了条被子,商厦里的阿姨送的,三年了,里面是棉花的,人家阿姨送的,一片心意总要好好对待"。

　　上次见到眼镜先生时,他说自己被骗了。本来在商厦里给人家看包,一天 30 元钱,蛮好的工作。可是有一天有人说他没地方住,眼镜先生就带他回了花园,住了几天之后说眼镜先生是个实在人,想请他去帮着到杭州的工地上看门,几次三番让他洗洗被子衣服收拾收拾做好走的准备。眼镜先生想着也好,商场里的生意冷清,即使他主动把工资从 30 元降到了 20 元,可没有生意总维持不了多久。于是就辞掉了商场的工作,花了几天时间洗晒,等着先走的那人通知他什么时候出发,可等了一个多星期都没有消息,这才明白原来受骗了。接着眼镜先生就陷入了困境,原先看包的工作没了,说好的工作又没落实。"很狼狈啊",眼镜先生感叹一声,摇摇头。

花园里的占地运动

　　2010 年上海召开的世博会使得广场上的露宿者发生了巨大的变化,大家各奔东西,另谋出路。有些年轻人早在世博会之前就去往邻近的城市，有些则被遣送回老家，有些搬离了广场上的住处，在更为隐蔽的地方落脚。眼镜先生就在广场的附近找了鲜有人出入的小花园，并在那里搭建了小屋。这个小花园广场上的人都知道是无人管辖区域，可以睡人，也有好些人睡过这里。可就是眼镜先生悄悄地在电力房前的空地上依势搭了间不足2米高的小屋。说是小屋，其实就是用几根毛竹扎起来的，外面套着红色蛇皮袋的半封闭空间，大概有4个平方米左右，床用木板拼成，成丁字形，除了眼镜先生之外还有两位老人一起睡。一部分材料是他从附近的工地上要来的，一部分是有位年轻人帮他去要来的，拼拼凑凑正好搭成了这么个小屋子。虽然简陋的不成样子，也不能遮风挡雨，可看上去终究有点房子的样子，对此，眼镜先生感到很满足。可是，这房子没有门，需要有人看着，于是他就天天看着这个门。"总要有人看着的，这里还有好几个箱子呢，里面有我刚刚洗好的被子和毛衣，不是什么好东西，可要让人拿走了这个冬天就不好过了。"于是，眼镜先生就整天坐在床上看书，索性他喜欢安静。

　　在眼镜先生搭了小屋子之后，其他年轻人也仿效在此搭起了小屋，他们找到了不错的材料，骨架都是木头，外面用木板和三夹板包着，顶上找了一块很大的红色地毯盖着。里面两张床，床上铺着凉席，两三把小竹椅，足有8、9个平方米的空间。梁上系着段电线，上面挂着几件衬衣，旁边的地上放着电饭锅和电磁炉，抬头一看才知道他们在公园的照明灯接出了根电线，拉到了屋内。他们说电力局的人不允许他们白天用电，只有晚上才可以用。如此一来，他们这屋算是比较齐全方便了，屋内有电，外面有免费水。听说这块地盘经过了一番争夺，有人被赶出去，有人就占领了。

　　可在眼镜先生看来，这几位年轻人太不识相，一说起这件事情，他就直叹气摇头。有次电力公司来人，说这变压电房有辐射，不利于身体健康,影响生育能力,让不要在房前的操场上搭房子,离开5米远。可他们不听,依旧我行我素。眼镜先生拆了小屋,重新在5米远的地方搭了一间。"人家电力公司说得没错,我,一个老头子,已经生过孩子了,可这些年轻人都没有生育过,总要注意点。他们就是不听,也是,他们根本就没想过要生育,哪有条件养孩子。但对身体总不好,这里还蛮大,又不是没有地方,你就重新拆了再搭起来又花不了多少工夫,又怎么样呢。人家电力公司又不要赶你走,只是说换个地方搭,就是不愿意,没办法",接着眼镜先生又指着他们拉的电线说,"你看见那个电线了没有,是他们自己接出来的,晚上偷偷地用。他们也真是不识相,现在你住在这里人家也没多说什么,就不要再添麻烦,到时候人家嫌烦了就把你赶出去。"

　　正如眼镜先生分析的那样,虽然这个公园并非城管的管辖范围,可电力公司完全有可能要求城管协助,把他们赶出去。他们能够安然无事地住几个月靠的全是人情,一方面这里的园丁和上次来的工作人员是些好人,只要上面不追究,他们也不可能和他们过不去;另一方面,出了什么事情一旦追究起来,上面的命令肯定不可能违反,否则会殃及自己。可眼镜先生没有办法,说了年轻人们也不听。

　　这块地方真是宝地了,两米多高围墙包裹着整个花园,只留两扇小门,南面一扇门整日关闭,门口未挂任何某某花园类的铭牌;北面的门白天开着,可外面挂的是某某公司的铭牌。围墙外的街角设置了七八张一人多长的凳子,可躺可坐。错落有致的香樟树更是把这里变成了个适宜的休息场所,路过此处,常见有人躺着休息。所以如此一来,小公园仿如世外桃源。无论熟悉此处的常客还是陌生人都会选择在街角休息,而不会费力跑进小公园,即使有人误进，年轻人们一赶就无人敢进了。园内除了一间变电房之外，其余都是长了几十年的大树，大大小小的鸟们飞下来找食吃，坐在那里清脆的鸣叫不绝于耳。

　　眼镜先生真喜欢这里，可终究还是被赶了出来。7月底在广场上碰到眼镜先生，他左胳膊夹着坐垫，右手拿着武打书，准备回去睡觉。我问他还住在小花园吗，他叹气摇摇头，电力公司又来人，不许他们在花园内搭房。于是他又往外搬了一段，现在公园内门口的公司旁借了点地方搭了一间。清理那天，公安、城管、园林、电力局四家单位的工作人员悉数到场。"他们挺好，也不没收你的东西，只告诉你要拆掉，不能再在花园里住。他们说这是绿化专用地，不用随便乱搭房。"眼镜先生有点怪这些年轻人们不识相，在里面乱来，"还住着一个东北女的，乱哄哄的，所以人家才会来赶"。8月底又一次见面是在晚上，他打着赤膊睡在铁质的环形椅上，原来被彻底的赶出了小花园，又重新睡回了广场。

　　　　　　　　　　　　　　　执笔人：卫伟

随时准备着要换睡觉的地方

常识性的理解流浪，便是居无定所。然而对流浪者来说，居无定所除了无固定居住之地之外，还意味着无房屋可居，意味着"睡马路牙子"，以天为被，以地为床。在网吧尚不能通宵上网、在肯德基麦当劳等以便捷为经营理念的快餐业尚未设立 24 小时营业制度之前，几乎所有的流浪者都只能露宿，除非能幸运地找到隐蔽之所，方能遮风挡雨。只要找到了一处或者一块区域，无论露宿与否，在他们熟悉了这一区域之后，一般不会轻易离开，总会在此范围之内"睡"在某个角落。无论白天走到城市的哪个角落，晚上总会回到早晨出发的地方。仿佛那就是家一样，因而有人将之称为"窝"，无论有无屋顶，那是他的地方（place），相邻而睡的人就是邻居。可是，流浪者们又时常需要寻找新的"窝"，挣钱行当的不稳定与城市管理者的驱赶让他们不得不打一枪换一个地方。

小甲，30 岁，已流浪 4 年，期间从未回过家或打过电话，虽然他家就在这座城市。当与笔者坐车经过时，他用手指了指市中心某一热闹街道里面的房子，"我家就在里面"。他家地段虽好，可还未轮到动迁，上下三代挤在一室半的老房子里。他是知青子女，父母插队黑龙江，小学刚毕业跟着父亲回到上海，母亲依旧在东北。

原来学习成绩数一数二的他,由于两地教育水平差异过大,没能再跟上。"如果我当时在东北没有回上海,说不定就能考上大学了。很有可能,我就是大学生了",一次他无意间透露道。没读上大学,只能在家混日子,天天在家吃白饭,母亲又是个严厉的人,骂他不去找工作,甚至嫌弃他只知道吃饭不挣钱。小甲说:"我天天听着我妈这几句话,烦都要烦死了,我不是不去找工作,是找不到工作。我还是出来吧,清净!"

在他真正流浪之前,已经断断续续地离家出走 20 多次,一次次地跑出来一次次地被抓回去。25 岁出来后,父母再也没有找他,"他们知道我在外面死不了"。然而,当我们讨论身份证问题时,他又说:"还好他们没有做绝,没有取消我的户口。法律规定失踪 2 年就可以申报死亡。一旦申报死亡,我就成黑户了,在外面更难混了。我现在出来已经 4 年多了,他们没有申报死亡,那说明我还是回得去的,只要我想回去。可是说真的,即使回去了也住不长,在家待不住,不想看我爸妈的臭脸,整天看不见笑脸。"

小甲流浪至今只在两块区域活动,一块是市中心的商业中心南京路—人民广场,另一块是交通枢纽火车站。他从短期流浪开始便露宿街头,为了能够省钱从未想过住旅馆,况且"只有当你睡在外面的时候才知道,哦,原来有那么多人在外面,所以有时候想想也没什么大不了"。第一天从家里跑出来到了晚上不知道睡哪里,乱晃荡,很晚逛到书城时看到有几个人睡在旁边的小场地上,于是我也在那里睡了。"有些地方你不知道可不可以睡,等到晚上看见有人睡,当然你也可以过去睡"。书城侧面有两块宝地,上面宽宽大大的屋檐伸展而出,卷帘门嵌在里面,从卷帘门到外墙留有半米的长度,连接着两米长的小场地才下阶梯,这里太适合睡觉了,即使刮风下雨都能保持地面干燥。"盲流喜欢几个人睡在一个地方,如果看到有人睡,你也可以睡在这里,相互之间也有个照应,你知道晚上很多'杀猪'的"。可是,好景不长,那里去年连着墙装上了玻璃门,锁了起来不能再睡了。

　　此时正值夏天,小甲来到不远处的南京路步行街的广场,白天在这里捡瓶子,晚上摊张报纸就在地上睡;有时候懒得回广场就在步行街的椅子上睡。他说到了夏天南京路步行街的椅子上,地上躺满了人。"真的,只有亲眼看到才相信原来上海居然有这么多盲流"。当然晚上会有很多便衣,但便衣不管盲流睡在哪里,他们只管抓小偷。不过隔一段时间城管会来驱赶,不让睡觉。"这没关系,他来了你就坐起来,他走了你再躺下就可以了"。

　　冬天的晚上,不像夏天哪里一躺都可以。为了躲避风寒,小甲与其他人一样必须找到个能避风的地方,一般在小弄堂建筑物旁或者大商场的墙角。布局比较开阔的商场外总能留出些挡风遮雨的小场地,到了晚上特别是冬天,往往排满人。如果这些场地是由木质地板铺成,则更受欢迎了。有些商场为了驱赶流浪汉,往往撤掉木地板改成水泥或大理石。

　　虽然小甲常常搬迁,可无论搬到哪里,只要在那里睡上一段时间,总能和周围的人处熟了。有次搬到一家小医院的保卫室对面,和保安处熟后,晚上就把包寄存在保卫室,这样睡得踏实得多,不用担心晚上被"杀猪"。而小甲有闲钱的时候买点东西送给保安吃,下雨或不想出去赚钱时就躲在保卫室和他们打牌。这段时间,小甲以捡瓶子为生,偶尔有临时工的话就跟着去干几天,用他的话说,"盲流哪天在哪里,做什么根本算不准,有时候跟一个人相处挺好,可因为一些原因分开,谁也不会想在流浪的时候交上朋友"。所以这个保卫室反倒成了他无处可去、无人可聊时的固定去处,当然前提是小甲依旧睡在这里。

　　去年冬天，废弃瓶子的价格下降，又加上季节的缘故，小甲来到了火车站。刚来到火车站时睡在南广场前的白玉兰广场，没几天他就遇到了在人民广场认识的小丁。此时，小丁不再捡瓶子，混得比较好了，小甲没钱的时候，会借他10元、20元。小甲在小丁的带动下开始睡在网吧。一开始他只是把网吧当作个睡觉的地方，名义上10元一晚上，可如果办理会员卡充100送100，折合下来就只是5元，挺划算。"以前根本就不知道有网吧，如果知道早不睡外面了。网吧可舒服多了"。冬天有暖气，夏天有空调，还有厕所可以刷牙洗脸。工商管理局规定，任何一个网吧都需要配备保安，因而保安的存在也让小甲放心了许多。当他睡在网吧时，只需稍微注意不要将包放在显眼的地方，就不用担心被偷。

　　没过多久，小甲在网上能玩的东西越来越多，他不像别人偏好玩游戏，更喜欢上QQ聊天。"我从来不加男的，只加女的，跟男的有什么好聊的。我有三个QQ号，从来没有男的"。小甲通过视频辨认对方性别，"我一个QQ就有三四百人"，他有时会炫耀他的"女朋友们"。有些聊得好的会互相给电话聊天，可小甲有个原则是"不见面"。到现在为止小甲已有快一年的网龄了，网吧绝不仅仅意味着可以睡觉，他说："我很喜欢上网，如果身上只有5块钱，现在我宁愿饿肚子不吃饭，也要上网。吃饭吃那么多干嘛呢？"网上吸引他的除了美眉们的陪伴，还有各种可以解决其男性需求的色情网站（在最开始发现睡在网吧里的人都喜欢上网，我就纳闷他们在网上干嘛呢，还常常抱怨通宵太累。后来才慢慢知道，原来他们很多是在浏览各种色情网站，因为流浪者群体95％都是男性，当然其中小一部分为同性恋者）。

　　由于他常去的网吧是火车站北广场周边既经济实惠又方便安全的一家，所以其他在北广场混的流浪汉也会到此上网。网吧分为白天场和晚上场,白天从7点开始到晚上11点,按时计费,每小时2元,没有折扣;晚上场从11点开始到早晨7点,整个电脑全部重新启动。从北广场走到网吧约需要一刻钟,一般在11点之前到达网吧楼下,几人站在一起聊天,整个火车站白天的情况在聊天中变得一清二楚,什么人遇到了什么事情,什么人赚了多少钱等等。有时候也会有人请客吃点烧烤或酒,当然有时候话不投机立即骂粗口,甚至打架相向。网吧所在的这栋楼专门有保安守夜,由于只有睡觉的房间没有值班室,常常是坐在外面,因而这幢楼的保安认识这些常客。

大部分人都是从相互不认识,可天天在网吧见面,再看样子就八九不离十的猜到对方什么情况。一般他们都不会主动搭讪,特别是不愿意合群的。有个岔对上口之后,就慢慢变得认识了,然后把一起来的一介绍,大家相互之间就算是认识了。以后在火车站看见了,也就打声招呼,如果脾气相投,慢慢也就熟悉了。小甲就是在这家网吧认识了他的小团队,其中三人包括小甲、小丁和另外早前就认识的一个人,小甲和他曾经在人民广场一起捡过瓶子,其他三人均在这网吧的来来去去中认识。小甲的新行当——捡废火车票也是其中一人教的。这人来上海8年,从8年前就开始捡票,据其他人判断"性格就是这样子的",到现在为止还在捡票。而小丁头脑活络,没过多久就做起了卖废火车票的生意,成为捡票的小蛇头。他没过多久就离开了网吧,和另外几个朋友合租了北广场的一间房。小团体中有人嘲笑说,几个人挤在只有十多个平方米的老房子,地方远没有网吧宽敞。里面还什么都没有,只有床,那也只是个睡觉的地方,其他什么都干不了。可小丁没在网吧留宿过,但他几乎每天晚上都要到网吧上网到深夜。而这个嘲笑他的人常常处于有钱就睡网吧,没钱就睡广场的处境。

当然,每天靠捡废弃火车票赚钱只能维持一天的开销,日均20元左右的收入让小甲常常吃不饱饭,有时候为了省钱,一天只吃早饭和晚饭。有一阵他开始追求混在火车站的芳,他告诉我:"我们捡瓶子的时候,没有人正眼看我们,不要说女的了。她对我们真的很好,从来不会看不起我们。"于是,他自己不再睡网吧,把钱让给喜欢的女人,让她睡网吧。"你知道一个女的睡在外面总归不方便,我男的嘛无所谓,哪里睡不是睡"。可他不说自己没有钱,只是借口说没有身份证睡不了网吧,那时又正值世博会期间,网吧查得紧,当然对方都知道小甲的情况。后来不知道怎么的,小甲不再理睬她,开始到另外的网吧睡觉,再也没去过之前常去的那家。

似乎失恋给了他重大的打击,有一阵甚至很想回家,可他清楚地知道自己回不了家。有一阵又想去外地打工,再也不回上海,可本来说好的去外地搭架子的活忽然被取消了。一个月后他联系上了以前的朋友,现在做了小老板,专门集中一些流浪汉去各地搭架子。老板在武宁路的旧城区借了个房间,和他们一起住在里面。现在老板不收他们的钱,可等慢慢稳定了之后需要付房租,说好的他出大头,其余每人150元。房间大概只有十平方米大,两张大床,各睡两个人,床单被子肮脏不堪。中间一张破沙发,旁边一张五斗橱,橱上凌乱的放着各种生活用品,最显眼的是电饭煲。他们从来不拿它烧饭,只煮面条,因为面条不需要菜,放点辣酱就可以吃。五斗橱的旁边堆放着各种绳索与安全帽,这些都是搭架子时的安全设备,可也是些便宜的假货。在劳保商店卖100多元钱的安全帽,这里的安全帽只是花5元钱买来的。房间里没有电视机,所以没活干时几个人打牌,有时候去网吧上网,实在没钱时,小甲就去闸北图书馆看报纸和睡觉。

虽说暂时有了住的地方,可他们依然吃不饱。因为老板接不到活,不要说天天有活干,从小甲住进去的那一天起,休息的时间比干活的时间多。工资是按天结算的,可老板却不按天给钱,经常拖欠工资,做 3 天给 2 天,再做 2 天给前面 1 天。有一次老板外出,小甲和另外两人身上都没有钱,于是待在房间哪儿也没去,整整饿了一天,等晚上老板回来才吃上饭;另有一次发现桌上居然还有几个鸡蛋,于是整一天两人各吃了 3 个鸡蛋。可恶的是老板绝不说手上没活,他会告诉他们过两天有个到哪里的活,可这个活要么黄掉,要么往后拖,而他们能做的只有等待。虽然他们完全可以随时离开老板,可现在要找到一天赚 100 块钱左右的活也难,况且还有免费的地方住。上个月,小甲的老板在宁波接到了个工程,需要干一个半月,于是一行十余人被拉到宁波去搭架子。干活期间,老板安排他们住在旅馆,三顿饭全包,"干完这趟,可以有点钱了"。经常性身无分文的小甲如此感叹道。有时,他会发个短信问候,说自己在那里一切都好,有吃有住有活干,可就是无聊。

执笔人:卫伟

析论：他们的住处

课题组

在现有的城市住房供给系统下，对于各种住房困难群体，城市政府建立了一套基本的住房保障体系。在我们的调查地上海市，这套保障房体系主要由经适房、公租房、廉租房和旧区改造四部分组成，各部分针对的是不同类型的住房困难居民。其中，廉租住房面向本市户籍的低收入住房困难家庭；经济适用住房面向本市户籍的中低收入住房困难家庭；动迁安置住房主要面向旧区改造中的中低收入动迁家庭；公共租赁住房作为2011年新增加的一项住房保障政策，将住房保障覆盖面从城镇户籍人口扩大到有基本稳定工作的城市常住人口，主要面向存在阶段性居住困难的本市青年职工、引进人才和来沪务工人员。

但是，无论是在这套住房体系之内还是在体系之外，城市中依然有大量的居住贫困者无法得到城市政府住房福利体系的保障，与此同时，他们也根本买不起商品房，甚至也没有经济能力可以合法地租一套符合城市政府所规定的租赁房资质、达到人均居住面积等要求的住房。那么，这么一个庞大的特殊居住困难群体，他们住在什么地方？

一、企业、雇主提供住处

20 世纪 80 年代之前,绝大部分的住房属于国家所有,城市职工由单位提供住房解决居住问题。自住房体制改革后,从制度上来讲作为雇佣方的单位不再必须为职工提供住房,在城市就业的人们依靠所得工资通过住房市场自主地解决居住问题。然而,由于城市职业系统,特别是劳动密集型行业以及低工资的行业与工作岗位,与城市住房市场之间存在着的巨大张力,为弥合其中的张力保证劳动的继续,雇佣方不得不继续成为城市居住的主要供给主体。那些劳动密集型的行业通过提供集体宿舍来控制劳动时间与获得稳定的劳动力;另外一些低工资的行业与岗位,如服务行业等则采用"包住",或者隐性的提供住处等方法解决就业职工的居住问题;还有一些行业或者小本生意,雇佣方/就业者就不再另寻住处,直接把劳动场所作为居住场所。

民 工 公 寓

上海的民工公寓有的是由开发区政府直接统一规划、建造、管理的,如闵行莘庄工业区的"鑫泽阳光公寓",该公寓直接与开发区各企业挂钩,接纳企业单身职工,并提供一些生活管理和培训服务。有的公寓是由基层政府建造和经营、管理的,如嘉定区马陆镇的"希望经济城"和浦东新区高东镇的"高东公寓",这类公寓为年轻的务工人员提供了较规范住宿条件和生活服务,价格合理、安全卫生,既为企业解决了职工生活服务问题,也利于当地政府对外来务工人员的统一管理。

但是这类公寓一般大多以单身、正规职业等为基本条件,而不对大量从事杂业且家属一起来沪的工人开放。

除以上这些情况以外，我们在本次调查中，还发现了一些不同名目的"公寓"住房，如"人才公寓"、"白领公寓"以及以技术工人为对象的"蓝领公寓"。这类公寓多以住房租赁形式为外来务工人员提供住房，有的是企业或集体的房产，或由集体企业经营，或由私人承租经营。有的出租给企业，有的直接出租给个人。公寓经营者多不提供伙食等其他生活服务，也没有管理职能。

集 体 宿 舍

单位安排住宿在许多行业非常普遍。纵观上海性质多样的单位，其中很大一部分是单位安排住处的，常见的居住空间包括楼房、工棚、板房、建筑工地的彩钢房和集装箱房等。一般以集体宿舍、合住作为居住形式。许多打工群体由单位安排，住在集体宿舍里。

在各种集体宿舍中，存在一些流动的、临时性的集体宿舍。在上海，建筑业和制造业等行业农民工的住宅条件根据个人经济条件、所服务的单位性质等可以分成好几个等级。

建筑工临时宿舍中，有少数被安排在城内各种招待所或饭店内。这似乎与工程性质、时机等有关，如和献礼工程、改造工程挂钩，有大国企撑腰的建筑项目，工人的居住条件会较好。如2008年前后外滩附近亚洲第一弯的改造，在外滩施工，正月初九进入现场后，工人们就被安排住进了延安高架旁边的延东招待所。四个人一间房子，里面还可以洗澡，条件较好。① 这些较好的居住条

---

①　具体参见新闻报道《3月1日，"第一弯"动第一刀 今天零点高架正式封闭》，http://www.why.com.cn/epublish/node4/node15928/node15929/userobject7ai122758.html。

件,可以被视为某种"工程福利(红利)"。课题组 2011 年 4 月去某
求职公寓做调查时与店长访谈得知,这个求职公寓四层客房中的
一整层,近 20 个房间均被某建筑公司租了,要租几个月,工人们就
住在里面,房间全为 8 人间的上下铺。

　　建筑工的住宿大部分都被安排在建筑工地,条件较好的是住
临时性简易工棚,行业术语称彩钢房,这样的简易工棚虽有点拥
挤,但有房屋的样子与功能。①

图一　建筑工地上的住人彩钢房,课题组摄。

　　稍差的就是一些由旧的集装箱改造的房子,基本上都隶属于
一些公司,如城建单位。单位在承包某项城建改造任务之后,可以

────────────

①　特纳在他的首创模型(1968)中,针对处于城市化进程中的国家,提出了移民安
置的两阶段说:流动人口进入城市首先会在城市中心贫民区租房的初步安置;随着收
入水平的提高,出于对居住稳定性或所有权的考虑,移民们会搬离市中心贫民区,开始
修建处于城市边缘的简陋棚户,并为了舒适起见逐渐将其改造为更加坚固的房屋。由
于棚户常常会为移民们减少甚至免除住房开销,从而被认为优于租房或从正式的房屋
市场上购买住房。转引自罗仁朝、王德,2009,《上海流动人口聚居区类型及其特征研
究》,《城市规划》第 2 期。

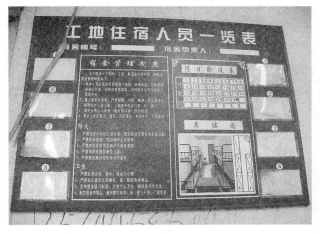

图二 建筑工地宿舍安排图示，8人一间，课题组摄。

快速把集装箱房子运送到工地附近的人行道上或绿化带旁，见缝插针就安置下来了，其特点是拆卸、搬运和安装方便，用车子一拉就可以运走。但其居住环境就较差，难保温，且容易出事。2010年年前浦东就发生过集装箱房子失火烧死孕妇的惨剧。调查发现，即使集装箱房子也有一定的居住环境等级的区别。有的集装箱房子居住环境相对要好些，还配有空调，分两层，较阴暗、潮湿的一层不住人，而有的集装箱房子则只有一层，如厕、厨房、洗澡等都非常不便，只能是一单纯睡觉、休息的场所。

当然，比集装箱房子再差的，就是简陋铁皮、木板钉成的窝棚式住所了，它的居住面积往往狭小，不太保暖。

不过，无论哪类的简易工棚，由于它们的选址往往是在建筑工地、城区的犄角旮旯或交通道口附近，其危险性不容低估。另外，其建筑材料也未必合格，加上周围居住环境中易燃物较多，居住拥挤导致私拉乱接电线，居住在简易工棚里，也有不少意想不到的灾

图三　位于杨浦区控江路上欧洲豪庭侧面的两层集装箱房屋，它相当于一座二层楼的房屋，各种生活设施齐全。里面既住家，又办公。课题组摄。

图四　位于杨浦区水丰路上的集装箱房屋，课题组摄。

难会发生。课题组不完全统计了上海一份都市类报纸《青年报》上报道的工棚事故案例，从2002年7月到2010年5月，共计出现42起事故，并且从中可发现，随着近几年迎世博各项城市建设工程的大干快上，简易工棚中的事故灾难也更趋恶化。

"包　　住"

集体宿舍一般是规模较大的单位给员工们提供的一种居住安排，许多规模较小的单位，如公司或店铺、饭馆，为了更好地管理员工，同时为员工节省生存成本，会提供"包住"承诺。由于规模小，其居住形式与其说是集体宿舍，不如说是雇佣方提供的免费合住场所。

课题组调查到有一家杂志社，整个就在一套公寓里，客厅用于办公，房间用于员工居住，摆满上下铺。与其类似的是课题组调查到的某会展公司，空间安排和杂志社有异曲同工之处，公司内各部门独立，每个部门租一套公寓，客厅办公，房间除部门经理外，其他摆上下铺分男女供员工居住，吃饭则大家平摊，轮流做。与这种群租模式的合住不一样，课题组接触到一个汽车修理店，除了老板（男）还有三名工作人员（男），俗称"徒弟"，由于老板已经在上海买房，面积又够大，因此就让员工住在自己家里，不用出房租。作为群租的包住，其特殊之处在于群租的承租方主体是公司而不是家庭或个人，后一种直接让员工住老板家里，这样的包住形式比较少见，最常见的包住是雇佣方租住居民的房子，或小区住宅或私房，让员工住在里面。

可以发现，大多数的包住都是下文将会详细论述的低端租赁和违规租赁里的一种形式，杂志社和会展公司都因人均居住面积低于上海市政府规定而违规，无论是租住民房还是小区群租房，都

图五　此会展公司租住在某居住小区一套
　　　高层公寓里,课题组摄。

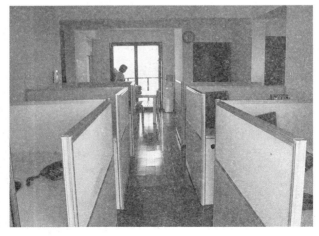

图六　公寓的客厅用于办公,课题组摄。

图七　公寓的房间摆着上下铺供员工居住，课题组摄。

是低端住房租赁市场中的一环。课题组访谈到一位做工程管理的白领，她所在公司办公室后面有一排房子供单身员工居住，一个月交 100 元，就能住上 20 多平方米的房子里三个床位中的一个。严格说来，这并不属于"包住"，而是住房福利的一种。

　　调查中我们还发现另一些情况，用人单位不明确向员工表示提供住处，但事实上会提供免费住处。课题组调研的对象是某高校，这个学校的勤工助学系统下设近十个部门，部门的员工均是在校大学生，他们属于兼职人员，有些特殊的部门除了兼职的学生外，还需要全职的工作人员才能运作。除全职的部门员工，整个勤助系统还需要保洁人员、门卫、修理工、财务人员等维护日常运作的全职人员。这两类人员在高校中的地位是比较尴尬的，他们是全职，但是没有编制，所以工作虽然相对稳定和安逸，但收入较低。大学为了照顾他们，就在居住方面实行一些倾斜政策，为他们提供免费的居住空间。课题组通过一位财务人员了解到，他月入 3000

元左右,如果自己租房,收入就所剩无几,而湖北老家上有老下有妻女,负担很沉重。一方面是他们自己提出要求,另一方面是学校积极解决,才有了他们如今的免费住宿。他和某部门工作人员两人住一间,房间在办公大楼一楼,走廊底端,在仓库旁边。他说自己因为来得早,五六年了,所以居住条件还算好,住两人间,他们隔壁的房间很大,里面走走停停的,每次至少都住了四五个人;只有一个设备维修工人的居住条件最好,他住的是单间。

　　学校勤助系统所需要的人数众多的保洁人员,她们属于临时工作人员,除了特殊情况的保洁人员("有关系"、年龄较大、工作表现好、家庭经济极困难等等)才能享受全职工作人员的免费居住待遇,其他的保洁人员无一例外都需要自己去学校外面的社区自行租住房屋。由于保洁人员拿的是上海市最低工资,干的活又是"脏累差"的,还需要自己租房子住。所以,相比较起来,这些能够免费住在学校各种旮旯房间里的人员,觉得自己的处境还是比上不足比下有余的,有些自豪感和优越感。

　　这个案例只是用来说明,一些单位不会明文规定给员工提供住处,但会事实上提供,即"不说并不等于不做"。课题组还发现了一种特殊的情况,上海市区某高校办公楼的近十名外来保洁人员家庭住在学校搭建的简易房里,不用付房租。他们这种情况其实并非学校主动提供,而是因为他们收入太低,向学校提出请求,学校体恤他们的处境,只得为其提供免费住处,让其能在上海生存下去。

住在劳动场所

　　一些特殊的行业,住处和工作场所是嵌入在一起的,不需要单独支付房租。可以说是他们的职业为其提供了居住场所,所以可以把这种情况归入雇佣方提供一类。课题组了解到以下这些场所/职业符合这样的属性。

医院病房：作为弥补医院护理力量不足的医院护工群体，受雇于病患或其家属，为病人提供服务。作为一个特殊的群体，他们的存在生活有其特殊性，因为他们就住在病房里。在病房有空的地方搭个床铺，有时甚至是两张凳子一拼，就是床了。他们不需要支付房租，工作的病房也是居住的地方，职业完全地嵌入了他们的日常生活。目前，上海市各级医院护工大约3.5万人。① 他们是一个不可忽视的群体。

住家保姆：保姆是家政服务员的俗称，保姆的分类有不同的标准，按是否住雇主家可分为住家保姆和非住家保姆。住家保姆，顾名思义，就是住在雇主家里，因此保姆不需要支付房租。课题组曾经访谈过9名在沪涉外保姆，她们当中选择住家的只有1名，为一个法国家庭带不到一岁的小孩，大多数保姆选择做钟点工，自己租房居住，还有一个保姆雇主家为其提供房间住宿但她自愿在外面与自己的家庭租房住。非住家保姆因收入更高、更自由而受到青睐。目前，上海住家保姆比较多的是在有小孩的家庭工作。

装潢工人：课题组访谈过一在沪徽籍装潢团队包工头的儿子，得知团队中的装潢工人们平时就住在装修进行中的房子里，在哪里装修，就住在哪里，不用付房租。并不是所有的室内装潢工人都住在通水电后的装修工地，许多高档小区不允许装修工人住宿，许多装潢团队在推销自己时也会以不住装潢现场作为显示自己

---

① 具体参见新闻报道《上海将实施保障医院外来护工权益三项新政》，http：//www.dayoo.com。

"高档"、专业的一个证明。在一些临近完工的建筑里,也有建筑工人住在室内。

　　一些自雇佣小店:如文印店、书店、洗衣店、洗车店、水果店、美容美发店、饮食店、服装店等,店铺经营者或看店者白天经营店铺和生意,晚上住在店里。

　　课题组实地走访过一个文印店、一个书店、一个洗衣店,房子结构均如下图所示,即空间的前半部分为开放空间供经营;后半部分为封闭空间,供居住。也有一些服装店的结构和文印店等类似,前半部分为店铺,后半部分则兼当仓库、试衣间和卧室使用。

　　课题组实地走访的一家水果店情况比较特殊,店面位于大楼楼梯转角处,水果、零食等摆放在楼梯口的空地,而楼梯正下方则用来居住,见下方示意图:

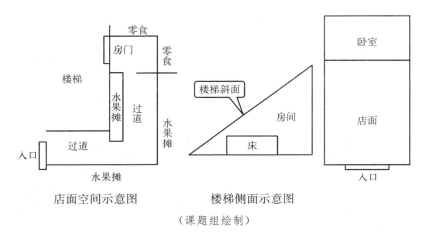

店面空间示意图　　　　　楼梯侧面示意图

(课题组绘制)

　　课题组调研发现,一些不太正规的洗脚店和按摩店会让店员晚上睡在白天供客人平躺着的台子上,因为这种台子长和宽均类似床的构造，且材质柔软，像"床铺"。一些美容美发店也会让店员睡在店里，因为它们均有供客人服务和休息的类似床的设施。

上海许多外来人口相对集中的地方可以看到很多地方风味菜系，如新疆或者青海等地方的人开设的新疆餐厅或者兰州拉面店，它们基本上都是由来自当地的人一同经营。根据课题组的了解，在上海的这些新疆餐厅和兰州拉面店，他们的员工多附近的居民区租房子住，白天他们在店里面工作，一直到晚上关门，他们回到自己的住所。餐饮店本来是跟住宿没有多大关系的，但是由于一些特殊的情况，大城市高昂的租房成本，外地人尤其是少数民族租房时所遇到的排斥与困难，所以对于一些人来说，他们刚到上海时的住宿问题，只能靠自己或者同乡开设的店铺来解决，白天他们经营生意，晚上关门以后就可以作为住宿的地方，对于他们来说，这是比较实惠，也是比较可行的办法。

二、在低端的住房租赁市场上寻找住处

对绝大多数的城市市民来说，他们需要通过住房市场解决居住问题。然而，2012年住房价格已攀升至白领月工资（7000—10000元）的3倍，房租也跟着房价水涨船高。于是，这些需要在城市住下的人积极地调动各种资源自谋住处，催生了大量低价的"非符合法律规定"却生机勃勃的住房租赁市场。

低端住房租赁市场的存在意义重大，它为那些经济上弱势的群体提供了自行解决城市居住的一条重要途径。现阶段，由于需求旺盛，该市场的表现形式多样，一般以城市中心的棚户区、城乡结合部与郊区农村的民房为主。除此之外还有大量的违章建筑，以及靠近商业圈的高级住宅小区中的"群租"。对管理者来说，这

些低端市场为入住者提供的居住环境差,没有安全保障,很多时候可能是危房或者是违章建筑,影响了市容市貌,是政府市容整顿的顽疾。加之这类租赁场所通常都是违规租赁,达不到租赁条例规定的人均居住面积,并且出租者大多数都没有向政府缴纳营业税。然而,对于那些没有足够能够支付完全租房市场的人群来说,低端租赁市场的存在又是极其迫切的。

这些低端市场能够为他们在城市的过渡期提供低价的落脚之处,防止其流落街头。通常这类市场连带着亲属以及熟人救助的成分。这类房源在房屋中介系统中是找不到的,通常需要熟人或者亲戚的介绍。但是现在这些低端市场的数量正在逐渐地减少。上海的旧城区日益士绅化,老房子越来越少,能够为低收入人群提供的劣质房屋不断减少。在城乡结合部,拆迁房屋逐渐地增多,郊区农民被动迁,民房数量减少。

1.　民　　居

广义上,民居指居民的房子,包括商品房、老公房、棚户区住宅、农民在宅基地上建起的房子以及郊区各种安置房等。根据搜狐财经的一个报道,上海 2010 年私房(商品房)平均月租金在 1500 元左右,最高达到 5167 元。[①] 其中有一种较为特殊又普遍的叫作"民房",即通常所说的"私房",包括农民/征地农民的房子、棚户区的民房、"城中村"及其一些"违章建筑"等。除城中的群租房(多在商品房内部),民房的特点是地理位置较为偏远,房屋质量参差不齐,设施简陋,房租便宜。

---

① 　具体参见新闻报道《沪调查平均月租 1500 元　　房租上涨拉动大城市 CPI》,http://roll.sohu.com/20110518/n307859957.shtml。

农民/征地农民的民房

上海城乡结合部散布的民房按是否被征大体可以分三种情况：一种是已经被征掉，但还没有开始拆的；一种是因某些原因（如有铁路等）不能征而保留着；还有的则是随着城市更新而在不久的将来会被征用的。城乡结合部由于地价相对中心城区更低，且交通越来越便利，因此就业机会比较多，汇聚了大量外来务工群体。他们收入微薄，租房经常会选择民房，因为民房的租金低。民房吸引人的地方在于其租金低，它的弱势在于其城市较为边缘的地理位置、房屋质量因无统一规范和标准而有好有劣、通常存在生活不便的难题。用水方面，有些是井水，有些地方则需多个人共用一个水龙头，卫浴设施比较落后，有的地方需共用公共卫生间等。

课题组实地走访了位于城乡结合部的闵行区吴泾镇友爱村，这里是待动迁的村庄。这个村的两组村民在 2003 年被要求拆迁，将土地用于房地产开发，当初的动迁政策是对房子给予现金补偿，种的地和树木等都给予补偿，每棵树补偿 20 元。友爱村 5 组原本共 89 户村民，到课题组走访的 2010 年 7 月只剩 25 户了，其他的村民在 2003—2005 年就已经搬走，住到了吴泾镇上。课题组访谈的刘阿姨一家因不同意征地条件而搁置拆迁，村干部代表拆迁方曾经在 2005 年、2007 年来谈判过两次，但没有谈成。

她家的房子主体始建于 1986 年，边上两间则是 2001 年造的，后来又经过多次维修，形成现在的最终形态。上下两层，每层四间房子，总共有八间房，共 300 平方米。一楼共有四间房，其中两间房的前半间都出租了，每月房租都在两三百元左右，一个月收一次。屋里有床、桌子、凳子和一些自家不用的旧家具，也有电，可以自己做饭吃。有过许多房客，有住了一个月的附近学校的大二学生，有 4 月刚搬进来的一个打工者。二楼也有两间房，是刘阿姨夫妇和他们的儿子住的。

　　像刘阿姨家这样等待拆迁的民房以及地已经被征但是尚未拆
的民房还有很多,他们房子大,房间多,由于城乡结合部务工人员
多,有租房需求,因此他们就把闲置的房间用于出租,获得房租收
入。而对于租房者来说,民房比公房便宜,离工作地点又近,具有
很大的吸引力。课题组调研结果显示,外来人员对于居住地点的
选择,首要的原则是靠近工作地点,其次是房租价格低廉。一些有
小孩的家庭还会考虑学校的分布情况。城乡结合部和近郊区的许
多工业园区周围成了流动人口聚集区。

　　课题组还实地走访了城乡结合部的一片民房集中区,那里因
为有铁路经过而未被拆迁而保留着。从一个小弄堂似的入口往里
走,可以看见一大片的民房,大多是一层的,很少有两层的,房子大
部分都很破旧,有些像是临时搭建起来的,房子外面堆放着很多诸
如木头、钢筋之类的杂物,显得很杂乱,泥土路和水泥路混杂着往

图八　民房集中区里的生活场景,课题组摄。

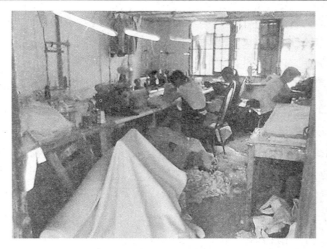

图九 租在民房里的缝纫代工团队，课题组摄。

前延伸，路面不大平整，这个地方好像被遗弃了一样，和不远处的楼房格格不入。一路穿进巷子，可以看到炒菜的、洗衣服的、晒衣服的居民，还有十来个年龄各异的孩子在玩耍，浓厚的生活气息扑面而来。经调研，里面住着的大部分为外来人员，有的甚至已经住了十几年。房子主人大多在市区或其他地方购置了商品房。

"城中村"

城中村是指农地与农民已非农化，村庄可能已为城市建筑所包围，但村中居民仍为农业户籍，保留农村生活习惯和农村管理方式的社区群落。① 城中村大体可分为三种类型，一是处于繁华市区、已经完全没有农用地的村落；二是处于市区周边、还有少量农用地的村落；三是处于远郊、还有较多农用地的村落。② 其中第一

---

① 文林峰编著《城镇住房保障》，中国发展出版社，2007 第 197 页。
② 李培林《村落的终结——羊城村的故事》，商务印书馆，2004，第 7 页。

类城中村较多地进入研究者的视野。作为城市化过程中的一种现象，城中村在我国比较普遍，北京、上海、广州、西安等各大城市都有，但最具有代表性的是广州，广州最多时有 139 个城中村。

　　上海于 2005 年就提出全面改造棚户区和城中村，但是出于种种原因，城中村至今没有在我们的生活中消失。无论是市区如黄浦区还是郊区如松江区，都能看到城中村的身影，徐汇区有徐家桥、南街、漕宝路上的高家浜；闵行区有虹二村；普陀区有真北云岭地段真北村，松江的盐仓一村等等。上海城中村虽然形态上有自己的特点，但形成逻辑与其他城市有相似性，在市区看到的城中村多为无农用地的第一类城中村。城中村与城市化进程密切相关，还与棚户区历史有不可分割的关系。上海开埠后，大量外省人口通过水路、陆路涌入上海谋生，因无力租赁房屋，他们在河畔、荒地、铁路边等空地，建起了各式各样的棚户区。1949 年后，上海的许多棚户区被陆续拆除、改造，"三湾一弄"被相继拆除，著名的"药水弄"被改建，上海最大的棚户区"潘家湾"、"谭子湾"地区也被改建为住宅楼"中远两湾城"，而剩下的一些区域就被城市包围。这些地区租价低廉，吸引大量外来务工人员涌入，而外来租户也会改变区内的生活、文化模式，因而形成了今日市区城中村的情态，成为城市洪流里扎眼的非城市风貌的流动人口高度集聚区。①

　　课题组实地走访和调查了两个城中村，一个是徐汇区龙华镇徐家桥，另一个是一个是闵行区虹桥镇的虹二村。

　　徐家桥隶属于上海市徐汇区长桥街道华东花苑第一居委会，简称华东一居委，该居委下辖三个商品房小区、一个城中村，徐家

---

　　① 具体参见新闻报道《上海"城中村"乱象丛生将动迁 打工仔无家可归》，http：// news. sohu. com/20110411/n280221437. shtml。

桥地区包括徐家桥、潘家塘、李家宅三个自然村,3 个村共占地 83 亩,原来居住着 300 余户居民。徐家桥小区有两面是上海植物园,北面穿过罗城路是高档住宅小区,罗城路尽头、东北方向 1 公里就是上海南站;穿过西面龙川北路是高档小区汇成苑,再往西不远就是上海体育职业学院和华东理工大学。徐家桥位于上海中环线以内,近邻上海南站,交通便捷;处于高校附近,靠近徐家汇,地理位置优越,但它是城中村。随着房屋租赁的兴起,这里的民房大多出租给了外来务工者。在这块小小的区域密密麻麻地居住着 4000 名多外地来沪务工人员和少数本地居民,人口密度之大、房子建筑之密集让人惊叹。

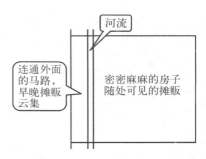

徐家桥小区示意图,课题组绘制。

图十　一条河,隔开了马路和房子,课题组摄。

虹二村面积不大,在籍户口人数为 1200 多人,其中有三分之一还住在这里,其余居住人口全部为外来人员,一共有 12000 多人,人口密度之大让人咋舌。城中村的房子和上文的民房很相似,最大的差异在于其地理位置,城中村大多位于交通较为便利、四周开发较为完善的地区。

　　虹二村已经成为一个庞大的外地人聚居地,里面形成了完整的生活环境,理发店、小吃店、网吧应有尽有。从虹二村管理委员会得知的数据是,村里长住户口只有 2000 余户,但外来人口有20000 多名,有的外地住户甚至已经住了十多年。在巨大而破旧的虹二村隔壁,就是房价近 3 万元一平方米的古北新城。那里有着崭新的楼盘和优雅的社区环境,与低矮房屋成片的虹二村犹如

图十一　虹二村外观,课题组摄。

图十二　狭窄的过道里积水遍地,头顶上全是晾晒的衣物,课题组摄。

同一空间的两个世界。高楼大厦的现代图景构成了可见的城市空间，它们是城市美好生活图景的象征，并经常出现在电视和其他大众媒体之上，刺激和吸引着贫穷地区的人们来城市"淘金"。

图十三　靠路的房子全是商铺，形成一条条商业街，课题组摄。

图十四　城中村里一天到晚随处可见的摊贩，课题组摄。

　　如今各个城市都在拆除和整治城中村,声势和力度均很大。从城中村租住者的角度看,这将是一个巨大的"灾难",一片片低租金的沃土将不复存在。如果廉租房、公租房等配套住房保障政策不能托住这个空缺,那么相当大数量的一群人将失去在上海立足的基础。

图十五　下午三点多开始,斜坡所在的整条路上满是摊贩,
人满为患,课题组摄。

　　作为居住场所,城中村是一个具有廉租功能的特殊社区,起到了联结城乡的桥梁作用。许多流动人口都是通过城中村这个点进入城市的,城中村是一个窗口。从课题组实际走访情况来看,城中村给人的直观感受就是:房屋密密麻麻,过道狭窄,空间逼仄;房屋陈旧、高低不一、材料混杂,有砖房,也有木头搭建的,有一层的,也有两三层的;房间狭小、居住拥挤、所有空间都得到最大化利用,在过道里走头顶上全是衣服,人均居住面积小,但生活气息浓厚,居于其中的人看上去活得有滋有味;外来人口集中、人群拥挤、口

图十六　城中村里某卖菜夫妻的房子，里面住人，
门外卖菜，月租 400，课题组摄。

音混杂、衣着各异，有穿西装的也有穿睡衣的，男女老少都有，拖家
带口的多、小孩多；卖杂货和吃食等的摊贩、小商铺随处可见，气氛
活跃，商业气息浓厚；卫生状况令人担忧，垃圾遍地，污水随处可
见，人口众多但只有几个公共卫生间；用水不便，多人共用一个水
龙头；墙面贴满包括性病治疗在内的各类小广告；私拉电线情况普
遍，潜存安全隐患。

　　城中村房子之密集、居住之拥挤、有限空间利用率之高远远超
出常人的想象，低廉的租金也让人惊叹。我们可以从人民网对松
江某城中村进行拆违整治中管窥城中村的空间安排，67 户人家中

有"58 户存在私搭乱建,平均每户违法建筑竟有 9 间多,面积达
131 平方米","该行动将涉及 58 户 546 间 7600 平方米"。①

　　城中村本是农民的房子,都是一栋一栋的,但是现在都是按间
出租,每间房子都标上了号,按房子情况以每月 200—800 元左右
的价格出租,大多是 400、500 元一个月,比起外面小区里一个月动
辄上千的房租,则城中村人气兴旺不难想象。但城中村没有独立
的厨房和卫生间,许多人都在户外支个炉子烧饭,如厕去公共厕
所,用水也需多人共用一个水龙头。不少房子本是两层的,后来再
加盖一层,这和广州普遍加层用于出租的情况非常类似,但是上海
拆了重建的情况基本没有,房子的层数也得到严格限制。课题组
走访虹二村时遇到一个家庭,一家三口人就租了一个 10 平方米左
右的房间,摆了上下铺,另一对卖菜的老年夫妻租了路边的一间月
租 400 的屋子沿街卖菜,屋子底层放菜,阁楼住人,许多家用器具
都放置在公共的路边以节省房间空间。如果严格按照上海市房屋
租赁的规范,城中村里的群租非常普遍,违规情况随处可见。

　　城中村除了其独特的房屋和人群景观,最突出的就是商业气
息的浓厚。徐家桥和虹二村卖菜的生意都特别好,摊主直言不讳
地说因为不用交税所以比外面便宜,徐家桥尤其明显,下午下班时
间许多身穿制服或职业装的中年人及附近小区的老年人都来徐家
桥买菜、购物,价格低廉、品种繁多是聚集人气的关键因素。城中
村许多商业活动都像一些卖菜的一样,是无固定位置的路边摊,能
很快积聚人气,之后又很快散去,那么城中村这个"不夜城"是如何
维持的呢? 在城中村里密密麻麻的"房林"中间,那些沿街、沿路的

---

　　①　具体参见新闻报道《上海启动最大规模"城中村"拆违整治》,http：//news.
qq. com/a/20110213/000646. htm。

屋子,就汇成了一条条的商业街,卖菜的、卖小吃的、理发的、打桌球的、杂货店等等,使城中村每时每刻看上去都是那么活跃和充满生机。住在城中村,你会发现你什么都不缺,基本生活的一切都能在这个小系统里得到满足:这里有超市、小卖部;有卖菜的、卖水果的、卖衣服鞋子宠物的……所有维持日常生活的需要在这里都可以花钱买到。这里蕴藏着巨大的商机,所以才能如此兴旺。这里不是死气沉沉的贫民窟,而是生机无限的人流集聚区。

城中村是租金低廉的居住场所,对于许多经济承受能力不是那么高的务工者或者职员,在交通便利的城中村租上一间,就是性价比非常高的租房选择了,课题组实地走访看到城中村里住着的人,既有有固定工作的,也有在外面自谋职业的,不少是附近厂里的工人,也有一些白领,还有靠做家政服务维持家庭的女性。在城中村,一墙之隔的人们也许吃一顿饭就要好几百元,但在城中村吃碗面或者吃个麻辣烫只要 5、6 元,外面超市里的青菜可能要 5 元一斤,但城中村只要 4.5 元,外面理发店剪个头发要 20 元,这里只要 5 元。城中村里的消费逻辑和它身处的地段是格格不入的,在这里,生存和生活是实实在在的,传媒建构的消费欲望和刺激在这里很少起作用。课题组在徐家桥访谈的一个摆摊卖杂货的中年女性以及虹二村那对卖菜的老年夫妻,他们既生活在城中村,又依靠城中村生活,他们摆摊都只要象征性交一些费用,依托城中村高度集中的人口,他们的生意都不错,这也成为他们谋生的方式。课题组在徐家桥访谈的卖菜姐姐和妹夫,都是经人介绍来到上海并在另一个城中村租到房子,他们没有文凭,也没有一技之长,所以选择了在租住的城中村卖菜作为谋生手段。后来城中村拆迁,他们才租进了一个比较便宜的居住小区,但他们的"职业"没变,到徐家桥这个人流量特别大的城中村来卖菜,兼去另外一两个人流量大的小区卖菜。对于他们这些人来说,城中村就是"天堂",是集居住和谋生于一体的地方,这里低廉的租金使他们落脚,这里庞大的人口为他们带来商机,城中村需要他们,他们更需要城中村。

老公房

在上海,老公房基本成了破旧房的代称,很多老公房由于房龄过长变成危房不适宜居住,或者由于旧城改造面临被拆迁的命运,但是依然有大量的老公房小区分布在上海的内城区中,如浦西的田林新村、康健新村、曲阳新村、曹杨新村、甘泉新村等,浦东的崂山新村、潍坊新村、上钢新村、上南新村等等。如今,这些老公房里面不仅住满了各地来上海的务工者,也有很多上海本地居民。

在上海很多租房中介的房源中,老公房占到了一半以上的比例。尽管存在房龄长、年久失修、社区环境复杂、面积狭小、很多都没有独立卫浴厨房、楼道杂物堆砌等缺点,老公房租金仍然不菲,其竞争力的一大优势在于大多数老公房位于上海内环线的外侧,建造之时虽属于城市的边缘,如今随着城市的急剧扩张,已是市区中心地带,交通便利,周边生活配套设施齐备,这些居住环境的优势为租房者节省了可观的通勤成本和生活成本。从江西来上海打工的小何曾经在 4 号线鲁班路地铁站附近租住过一间房龄 20 多年的老公房,加上厨卫面积共 26 平方米,租金 1 600 元一个月,这几乎用去了她月收入的三分之一。这个小区的老公房质量还算上乘,而且还有单独的厨房和卫生间。实际上,很多老公房的情况要比小何租住的房子破旧的多,里面挤满了上海的本地居民和外来人口。

2011 年 3 月,我们来到受访者小何所租住的小区进行实地考察。这个小区靠近上海地铁 4 号线鲁班路站,小何在新天地附近上班,晚上 9 点下班后,我们一起乘了 3 站地铁,然后步行五分钟后便到达了她的住处。交通如此快捷方便，是小何选择此地的首要原因。小区入口处并没有常见的保安室，只有一个小铁转门，24小时开着，进门不用刷卡。小区里面很黑，道路两旁没有明亮的路灯，小何说："如果不是熟悉地形，第一次进来肯定会迷路，不过走得多了，也就认得了，其实这里非常小。"我们走在路上的时候，脚步声还引起了阵阵狗吠。在黑暗中摸索了一会儿便走进了楼道，两旁堆放着一些旧家具，还有几部自行车。走廊里还有几个煤炉，上面放着热水壶。小何住在四楼，是一居室，虽然只有 26 平方米，但里面的基本生活设施应有尽有，充分体现了上海人"螺丝壳里做道场"的精明能干。进门便是一个狭长的厨房，各种炊具层层叠叠挨在一起。房间里面有个 2 平方米左右的卫生间，此外就是一个大房间，主要家具就是一张大床和一台彩电。床的右边是一个木制衣柜，左边挨着一个小小的双人沙发。小何说这些都是房东以前的家具，留下来给租客用的。有趣的是我们在床头的墙上看到了好几张卡通贴画，还有"早睡早起身体好"的标语。当我问起是不是小何自己贴的时，她笑着说：

> 不是的，这些都是房东三岁的儿子贴的，他们以前一家人就住在这个小房间里面。你仔细看墙上还有喜字的印迹，这是他们的婚房。后来等有了小孩，估计就住不下了吧。房东就另外买了商品房，这里的房子就留着出租。

另一名受访者小黄是一名从江西来上海念高中的学生，目前和母亲一起居住在著名的老公房小区曹杨新村，这个小区离小黄上学的高中很近。她的父亲想让她在上海的高中插班读书，然后再想办法通过关系买到上海户口，以便在上海参加高考。小黄是艺术生,已经读了三年高一,在老家读了一年,在上海又读了一年,后来成绩太差只能在上海再复读一年。小黄的母亲专程从老家江西赶过来照料她的生活起居,希望她能考个好大学。母女俩租的房子在六楼,和小何的差不多大小和格局,每月是 1 500 元的租金,不过因为有两个人居住显得更加拥挤,我们在房间里时常常一转身便会碰到其他人,很难想象以前房东的三口之家在里面的生活。当我问起房屋质量时,小黄摇摇头说:

　　　　质量很差。下面车子一开,房子都在震。我觉得里面以前为了大炼钢铁,肯定用竹子浇灌的。

　　曹杨新村的住宅设计风格是典型的火柴盒样式。以小黄居住的六层单元楼来看,每一层有两到三户,一般为 20 平方米的一室户;两室户的房型是有一大一小房间,加起来大约不到 40 平方米。厕所以前是一栋楼公用,不过现在经过改建,每一家都有厕所了。厨房是不到 2 平方米的窄小区域。没有阳台,所以一般衣服都是晾在室内,小黄的房间一角就拉着一根长绳,上面凌乱地挂着洗过的衣服。其他晾晒衣服的地方是从窗外伸出的铁杆,所以走在两排楼中间的道路上时,抬头就是五颜六色的衣服。每一天,小黄就在这个小小房间里练习画画,复习功课,妈妈则在两平方米的厨房里忙碌,爸爸在老家经营自己的生意,一家人都在为小黄的大学梦努力付出。只是到最后,上海户口并没有办下来,反而被熟人骗去几万块钱,高考移民身份没有办成,所以今年高考的时候只能回江西老家考试。不过可喜的是,小黄考上了广东的一所一本大学,终于结束了蜗居在曹杨新村的生活,一家人的付出总算有了一个不错的回报。

老公房里的住户除了外来人口之外，还有很多上海本地居民，基本上以老年人居多。大部分老公房的住房面积太小，年轻人成家后能搬出去的都搬出去住了，但也有很多没有购买能力和父母蜗居在一起的情况。在旧城改造的浪潮中，许多小区都在等待拆迁，而通过拆迁获得分房是很多三代人寄居在一个小套间的家庭的最大梦想。但是曹杨一村的情况很特殊，"第一个工人新村"的历史地位使它被列入了上海历史保护建筑名录，也就等于失去了拆迁的机会，这让很多居民住新房的愿望落空。住房市场化的改革使很多没有购买能力的人被排除在"舒适"居住的环境之外，而很多刚来大城市谋职的人也只能承担便宜的租金，同被边缘化的他们构成了老公房里的拥挤社会。

群租房

如果上述低端市场是由于住房及地段本身因素所决定的话，那么群租却在创造另外一种住房低端市场。也许群租住房位于城市中心城区的高档住宅区，然而高昂的房租个人无力承担，于是业主或者房客分割房间，分摊房租，以适合大量的年轻人群体。

2005年群租在上海大面积存在，到2006年几乎在全市铺开。据上海市房屋土地资源管理局2007年在全市的调查显示，上海的群租呈现"全市覆盖、局部集中"的特点，主要分布在三大块：一是市中心新建住宅小区、交通便捷的中高档小区；二是城郊结合部地区；三是商业、娱乐业、工业园区集中的周边住宅小区。[①] 上海的群租模式主要呈现为三大类：一是房东直接将套房分割出租；二是二房东或房屋中介承租后再分割出租；三是单位承租作为集体

---

① 龚燕凌《上海市住宅区群租现象治理研究——以中远两湾城为例》，华东师范大学公共管理学院2010年硕士学位论文。

宿舍使用。① 课题组的调研印证了这个分类：一是将客厅、房间、厨房甚至阳台分割成若干小间，按间分租（违背"原规划设计"）；二是在房间内布置多张床位，按床位出租（违背租住对象和面积条款）；三是出租给单位作为集体宿舍，房东不直接进行分割（违背租住对象和面积条款）。我们通常听说的群租，多指有隔板的出租房；从群租的房型来说，住宅小区受到较多关注，对城中村、地下室的群租讨论相对较少。

　　对群租的讨论，是伴随着群租所带来的安全隐患、小区居住环境变差、基础设施破坏严重等问题而进入人们视野的，群租被建构为"违规"、"问题"。法令法规对"群租"的限定是一个循序渐进的过程，从开始的未意识到这个问题到后来的逐渐完备、"苛刻"。这些规定虽然没有给出群租的确切定义，却通过告诉人们哪些行为违规而使人们获知群租包含的因素。首先，出租房屋的最小单位必须是原规划设计的，换言之，房东或二房东不能随意改建房屋；其次，一个房间租住的对象必须是一个家庭或一个自然人；最后，对人均承租面积有具体的规定。当然，租赁房屋还需要办理手续。而现实中的群租则是违背了以上规定的一条或多条。这些规定建构的群租概念是狭义的，广义的群租还包括企事业单位为雇员提供的集体宿舍、学校为学员提供的学生宿舍等方式形成的租赁关系，也包括向两个以上的社会各类人员出租房屋而形成的租赁关系。②

2. 各种廉价旅馆和变相旅馆

　　在中国的城市中，住房租赁市场除了价格因素之外，还存在着

---

　　① 孙培强《上海整治群租房行动的效应分析——以运动式执法为视角》，复旦大学国际关系与公共事务学院 2008 年硕士学位论文。
　　② 王雪琴《对"群租"问题的民法思考》，《政治与法律》2007 年第 3 期。

另一些因素，如"付三押一"的付款方式，三个月的最低租赁时间（实际上一般租赁租房都以半年或一年为期）等等的限制，而宾馆、旅馆和招待所等提供临时居住的地方又价格不菲，由此就催生了另外一批价格便宜又能灵活租赁的各种形式廉价旅馆和变项旅馆。这些价格便宜的变项旅馆针对自己的顾客群遍布全市，而经营这些变相旅馆的往往都只是拥有小额资本的小营业主。可以说，大部分的变相旅馆隐身在城市的居民住宅区或者城市的一些旮旯空间里。

地下旅馆

地下旅馆按是否能居住，大致可分三类：人防工程（国防设施，防核武器、防生化武器、防化学武器）、普通地下室和地下室。提起地下旅馆，首先就会联想到北京，联想到 20 世纪 80 年代起兴起的"北漂"一族，他们的到来，使北京的地下室出租兴盛起来。北京的地下室打造了无数的 IT 精英，也有学生、追求音乐梦想的（摇滚）青年、卖盗版碟的、性工作者等各色人等居住其中。从报刊杂志来看，除了作为单位的公司和媒体，租住在北京地下室的群体有：来京办事人员；求职群体，包括大学毕业生、辞职来京的白领；低收入的职员；考研的大学生；来京打拼的外来人员，也称"京漂"，包括小生意人，饭店服务员，保洁人员，物业安保人员，推销保险的，另类职业如卖盗版碟的，性工作者"小姐"，做"兄弟"的黑社会成员，"三只手"的小偷，以及无业者、失业者等。

由于使用人防地下室只需交纳人防工程使用管理费，比租房便宜许多，因此很多单位愿意将人防工程作为居住性场所，不再进行装修，就以极为低廉的价格租给外来务工人员。这样的旅馆大多不具备营业资格，多数是无照营业。上海 2010 年世博会前夕曾出台《上海市人民政府关于加强地下空间安全管理的通告》，关闭了很多地下室经营性场所。这种空间消灭式的做法只能在短期内掩盖庞大的地下市场,并没有真正解决住房困难群体的需求。管制期一过,这些市场便又重新开始运行。

尽管条件不好,但地下旅馆房客不断。地下旅馆的前台告诉我们,这里长住的大多数是附近的上班族和做生意的人,还有就是建筑工人,里面的几个大房间都是被建筑工地老板包下来给工人住。如果长住的话,价格可以便宜点。比如建筑工人住的价格就是一天20元,这在徐汇区已经是相当便宜的旅店价格了。旅馆不同于出租房,因为每天都会有服务员打扫房间,更换床单,所以价格要比出租房贵。保安告诉我们说,除了长期的房客,也会有一些情侣或者夫妻来这边开房。旁边的正规旅馆最低价格是200元一间,所以价格上有很大的竞争力。

上海出租市场上的地下室一般包括两类,一类面积较大,有几百平方米甚至更大,可以称为地下室仓库;另一类则面积较小。地下室的功能众多,既可当仓库,囤放货物;也可隔成诸多小房间用于出租;用于办桌球室、舞厅、酒吧、健身房、做餐饮、开专卖店等亦可。不像北京的地下室出租市场那么火热,上海的地下室用于住人的情况不多见,租住的也以民工居多,也许与上海的人口更多散布在小区群租房和城中村不无关系。只是近年随着上海房价的飙涨和物价的攀升,在越来越多的民工租住地下室的同时,出现了一些白领也租住地下室的现象,地下室渐渐开拓了其居住功能。白领在媒体话语里与民工不可同日而语,所以当他们租住地下室时,霎时成为话题,见诸报端、网络等媒介。新民晚报《上海白领租房出现民工化　400元住进半地下室》一文显示,许多白领租房开始选择装修得较好、卫生条件也不错、设施较完备(有厨卫、简单家具、有线电视和网线)的半地下室,以期达到较高的租房性价比。① 但上海用于出租住人的地下室比较少，地下室用来出租有可能是小区管理人员为了谋利的擅自行为，也可能是一些居民买房时赠送了闲置地下室。②

求职公寓

求职公寓，又称求职旅社、求职旅馆、求职驿站、大学生求职公寓、学生公寓等，是专门为求职的大学生及各种流动青年提供住宿生活和求职帮助的地方。求职公寓是在大学扩招、大学生就业形势严峻、无经济来源的大学生漂泊异乡难觅栖身之地的情况下出现的。随着大学扩招，大学毕业生越来越多，求职也变为求职者与用人单位之间的双向选择，加上交通和通讯的便捷，使得广大毕业生和跳槽的大学生有条件和有可能去其他陌生城市求职。

大学生是一个特殊的社会群体，虽然他们学历相对较高，但是他们的经济地位低，大多依靠家庭提供经济支持。外出求职需要一笔不菲的开支，在住宿这个问题上，急需一个便宜的栖身之所。而城市里住宾馆、酒店不经济，租房又有"交三押一"的规矩，且中介费昂贵，因此，求职公寓应运而生了。求职公寓的雏形为孙存军的"大学生求职公寓"，2005 年 6 月 1 日在上海正式开业，海归辞职专门经营求职公寓的事迹曾名噪一时。与此同时，我国拥有了第一家全国连锁的求职公寓，即职达求职旅社上海旗舰店，于 2006 年 8 月 20 日成立。求职公寓的定位就是推出针对学生的经济型酒店，每张床位价格几十元，而且还可以为学生提供就业信

---

① 具体参见新闻报道《上海白领租房出现民工化，400 元住进半地下室》，http://sh.sina.com.cn/news/s/2010 - 02 - 23/1434134010.html。

② 具体参见新闻报道《当租房成为租"烦"》，http://press.idoican.com.cn/detail/articles/20100305052461/。

息平台。① 近几年求职类公寓呈雨后春笋般发展，遍地开花。

　　求职公寓实际上是住宅短期租赁的一种形式。跟普通的短租公寓相比，求职公寓的特点一是有特定的服务对象，只针对在校大学生以及 35 岁以下的具有大专以上学历的人士，入住者除身份证外还必须提供诸如学生证、教师证、毕业证等相关证件；二是以床位为单位对外出租，这样不但能降低住宿费用，而且还营造出大学宿舍般的气氛。求职公寓类似于学生公寓，分为 8 人间、6 人间、4 人间等。短期入住求职公寓，每日每床位一般在 10—30 元之间，多为 20—30 元，住的时间长，会有相应的优惠，包月的话一般介于 300—600 元之间，比住旅社和租房都更便宜。课题组走访了一套不足 150 平方米的公寓里，竟然有 40 个床位，足以想见居住空间之拥挤。

　　课题组实地走访后发现也有 10 人间和 12 人间，价格一般根据入住天数的多少，按档级收费，收费标准灵活多样，一般为每日每床位 20—40 元，也有提供单人间、双人间或者三人间的，但是价格稍高；包月或长租会有优惠。求职公寓内除床铺外，还有电视、②空调、③桌椅等公共设施，供应生活热水，④条件好一点的有专门的洗衣区，⑤有的还可以免费上网，⑥多提供饮用水，⑦吃

---

　　① 　乐琰《酒店细分化春节掘金各有妙招》，《第一财经日报》2007 年 2 月 28 日第C06 版。

　　② 　从课题组实际走访四家求职公寓的情况来看，电视机多存在屏幕小、不清晰、频道少的问题。

　　③ 　空调平时不开，开的话要去服务台办理，2 元每小时，由房间里的住客平摊。

　　④ 　课题组走访职达求职公寓得知，热水卡里每天有 12 分钟的时间，不够就需要去服务台购买。

　　⑤ 　课题组走访职达求职公寓得知，投币洗衣机每次 3 元。

　　⑥ 　课题组走访职达求职公寓得知，提供无线上网，1 元每小时，自带笔记本电脑，去服务台办理。

　　⑦ 　楼道里饮水机 24 小时免费供应。房间里不允许使用烧开水、煮东西吃，只能用电吹风，24 小时不断电。

饭靠自己解决。现实中，许多求职公寓根本没有达到旅馆营业的要求，每一间客房内床位的平均占有面积远小于 4 平方米；没有办理经营许可证；没有专人询查，存在安全隐患；客房内根本没有旅馆应有的公告。可以说，地下、不达标的求职公寓占据了绝大多数。

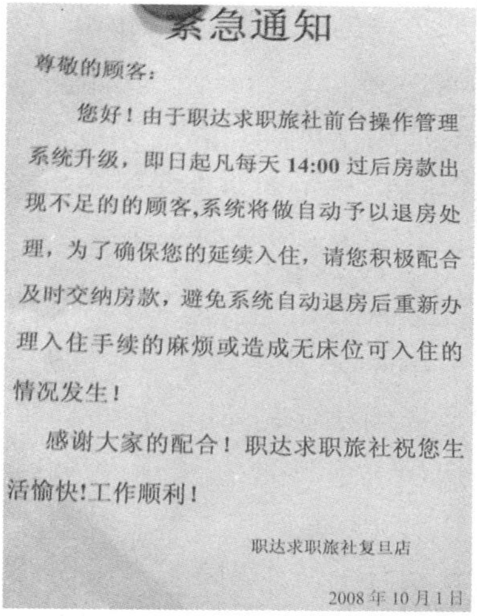

公寓位置一般选在交通枢纽、大专院校、人才市场附近，即方便求职人员出行，又能够充分利用现有的资源。目前开设求

紧急通知

尊敬的顾客：

　　您好！由于职达求职旅社前台操作管理系统升级，即日起凡每天 14:00 过后房款出现不足的的顾客，系统将做自动予以退房处理，为了确保您的延续入住，请您积极配合及时交纳房款，避免系统自动退房后重新办理入住手续的麻烦或造成无床位可入住的情况发生！

　　感谢大家的配合！职达求职旅社祝您生活愉快！工作顺利！

职达求职旅社复旦店

2008 年 10 月 1 日

图十七　　贴在就职公寓门口的
　　　　　通知，课题组摄。

图十八　　就职公寓内景，复旦店 8 人间，课题组摄。

职公寓的城市有北京、上海、广州、深圳、南京、苏州、无锡、杭州、宁波、武汉、青岛、济南、成都、重庆等。目前求职公寓相关行业网站有应届生旅社（hotel. yingjiesheng. com）、求职公寓网（jobhotel. com. cn）、求职公寓联盟网（jobinns. com）等。网上搜索显示，仅上海就有求职公寓近百家。

求职公寓的性质为旅社，而经营旅社必须到工商机关领取营业执照，并缴纳税款。警方则表示，旅社属特种行业，按照特种行业管理规定，申请开办旅馆，除了领取营业执照，还要到公安机关申领开业审批表，经检查符合安全条件的，发给《特种行业许可证》，才能准许开业。我国工商营业执照中还没有家庭旅馆或者求职公寓这一项，大多数"求职公寓"均没有相关的营业执照。[①]在优泊网上注册的求职公寓有 500 多家，但 99％的公寓营业执照都是以旅社经营等相关内容注册的。目前，我国的求职宿舍或者家庭旅馆作为一个行业，还没有获得政府职能部门的认可。在课题组对职达求职公寓复旦店店长的访谈中，他就很直率地说到求职公寓的合法性问题："现在啊，如果什么都按规范来，根本赚不到钱，任何行业都是有灰色地带的。"

实际居住于求职公寓的是些什么人？课题组实地走访和访谈后发现，入住求职公寓的，除了求职大学生外，有的是在公司实习或培训，由单位安排入住求职公寓的；也有的是来上海旅游、来上海兼职或者实习的、正在准备考研/考公务员的；还有不少是已经工作的年轻人，一些是因为一时找不到房子，一些为已找到工作但负担不起高昂房租的人，或者是靠临时性的兼职为生的。暑假是

---

① 阮燕、廖燕娟，2007，《"黑旅馆"变身大学生求职公寓》，《深圳特区报》2007 年 8 月 14 日第 B01 版。

每年求职公寓最走俏的时候，因为有许多实习、旅游的人前去租住。这些求职公寓在经营的过程中，暂住的方式正在逐渐改变，其顾客群体已不限于求职大学生。因为各方面的方便，它正逐渐成为上班族的长期居所。在职达复旦店，暂住已经失去了意义，相反长住的多，最长的住了三四年，大部分长住的都是住一年多。他们都和店长相熟，进进出出打招呼、寒暄、打趣、聊天。对此，店长充满了自豪感，说房客中还有博士后和归国人士。

总之，入住求职公寓的，有短暂逗留的，也有较长时间居住的，他们的共同点均为经济能力有限。对于许多在陌生的城市没有熟人的低/无收入群体来说，入住求职公寓是一种积极的居住自救方式。没有经济能力入住宾馆、酒店等，又没有熟人可以合住，在这种情况下，出于经济的理性选择，求职公寓的边际成本最低。虽然入住求职公寓要付出基本无独立空间和个人隐私、居住质量较差的代价，但是花低廉的价格就能在空间排斥严重的大城市的好地段获得一个容身之所，还有什么不知足的呢？

家庭旅馆

家庭旅馆起源于二战后的英国，后在欧、美迅速发展起来。在我国旅游胜地的家庭旅馆显而易见。在上海，家庭旅馆也是常见的。从课题组实际走访的情况来看，入住家庭旅馆的基本上都是外地来的人，他们大多都是临时性的住一两天到半个月不等。当然也有住长期的，课题组走访的一家家庭旅馆老板就说以前有个人在他家里住了五年。居住者有年轻人，也有中年人，他们愿意接受家庭旅馆的这种环境。

我国工商营业执照中还没有家庭旅馆或者求职公寓这一项，所以家庭旅馆的法律地位是非常尴尬的，多数家庭旅馆属于灰色地带。

上海的家庭旅馆分布甚广。可以说，凡是居住区，就可能有家庭旅馆的存在,其招徕顾客的方式多种多样,有街边拉客、打纸质小广告、熟人介绍、网络宣传等等。家庭旅馆的数目则因为行业特殊性(有挂牌经营的,也有地下旅馆)而无法确切统计。相对集中的家庭旅馆分布区如下:

1)旅游景点及其附近,课题组走访了上海朱家角古镇,许多居民家里的房间装修布置一新对旅客开放,一些居民公然在游客中招揽顾客。

2)医院附近,大量求医群体及其家属居住于此。

3)高校附近,入住者包括求职群体、考试群体、来沪访友者、旅游观光者、高校学生等。

4)人流量大的地方,如火车站、汽车站等交通枢纽附近,入住者包括候车或错过班次的旅客等。

5)交通较为便利、生活设施健全、周围有较多职工单位分布的居住小区。

一些居住区中房屋密密麻麻,从外表来看很破旧,但是走进去就会发现里面的人气非常旺盛,居住者除了本地居民外,还有大量的外来旅客等人群。如果需要入住,必须中午或下午就去预订,否则到晚上再去就客满了。家庭旅馆入住者的基本特征是经济承受能力有限。从课题组走访的高校附近的家庭旅馆情况来看,客源主要包括:来高校考研考博复试的、找工作的;来上海旅游、访友的;本校学生等等。种类丰富的客源保证了这类家庭旅馆的生意一直比较兴旺,尤其是节假日生意特别好,并因世博会而带来近半年生意的旺季。

家庭旅馆的本质就是居民利用自己的空闲空间用于出租的行为,为了经济利益的最大化,把房间按天出租而非按月出租。非常有意思的是入住者的参照系都为正规旅馆和酒店,因此觉得入住家庭旅馆合算。对于那些未经登记就经营的家庭旅馆来说,实质就是把居民房用于日租，相对于月租，其利润更加可观，也是其存在的最重要原因之一。我们可以用一个简单的算术来说明：普通一间房子，每月租金就以 1000 元算，如果日租，取中位数每天 100 元，最理想的情况下一个月就会有 3000 元收益，一个月只要 10 天有人住就抵得上月租了。经济的理念在月租还是日租之间表现得极为明显，如果有客源稳定这个前提，房主又有时间和人手管理的话，日租就比月租能获得更大的经济效益。因此，无论是房东和房客，家庭旅馆都是经济效益最大化的考量，是理性选择的结果。

课题组走访古镇朱家角时发现旅游区的家庭旅馆虽然房屋质量普遍很高，但是也存在价格波动大的问题。走访了三四家发现在房间参数差不多的情况下，每家价格有比较大的差距。如闵行区某高校附近，好一些的宾馆每晚住宿费用在 200 元及以上，而课题组走访的家庭旅馆由 3 栋房子的 27 个闲置房间组成，房间均经过装修、布置，有卫浴设施，具备基本的居住条件，按房间规格房费为 70—120 元不等。相比正规旅馆，家庭旅馆的实惠一目了然。课题组走访的这家家庭旅馆弊端和不足表现在：不明码标价（价格波动较大）；服务不周到（房内无衣柜、无衣架，拖鞋、热水需要问房东才有）；房间卫生难以保证（床上用品不会每日更换、房内卫生靠房客自己打扫）；无正规发票（房东拿其他单位的收据、发票给房客）。

胶囊房

胶囊房的理念，来自日本的胶囊旅馆。日本的胶囊旅馆，也叫做"盒子旅馆"，被认为是日本加班文化的衍生品，而且还作为日本的一个名片，也代表着日本的一种文化，体现日本资源节约与空间创意的想象。胶囊房在中国引起人们的关注源于一个叫黄日新的老人。有感于一篇关于北京唐家岭"蚁族"的文章，为解决刚毕业大学生的住房问题，工程师出身的 78 岁北京老人黄日新 2010 年 4 月自费近 5 万元在海淀区六郎庄开了 8 间胶囊公寓,公寓由 3 间 10 平方米的小屋隔断而成,平均每间胶囊公寓面积 2 平方米左右。[①] 老人最早命名他创造的胶囊公寓为"蚁族旅社",媒体报道将"蚁族旅社"改名为胶囊公寓。"胶囊"这一形象生动的比喻,很快引起了人们的关注,因此而相关的诸多问题也引起了人们的关注和讨论。

2011 年 1 月,胶囊房在上海诞生,位于中山北路高架下,300 多平方米的面积内除浴室、卫生间、吸烟区、小卖部和存物区外分为 A、B、C3 个区域,共布置了 68 个宽 1.1 米,长 2.2 米的特制睡床,内设单独的电源插头、时钟、可调光壁灯和平板电视机,旅馆内有冷暖空调和无线宽带网络。试营业阶段,因担心男女混住不安全,所以上海的胶囊旅馆不接待女客,房间按小时收费,基础费用是 28 元,多一个小时另收 4 元,一天封顶为 88 元。一个多月后,

图十九　上海胶囊旅馆。图片来源:《胶囊旅馆上海开业 PK
　　　　黄日新胶囊公寓(图)》,2011 年 1 月 9 日,新华网,转
　　　　自腾讯,网址: http://hb. qq. com/a/20110111/
　　　　001108. htm,最后登录日期: 2011 - 8 - 15。

---

　　① 具体参见新闻报道《北京首家胶囊公寓有点糙》,http://www. qzweb. com. cn/gb/content/2010 - 06/18/content_3367995. htm。

一直在等待审批的上海胶囊旅馆终于尘埃落定，因存在火灾隐患，上海消防部门不予行政许可，胶囊旅馆开业无望。

浴室

浴室的首要功能是洗浴，但在现实中，它还衍生了许多其他功能。我国的一些洗浴中心的功能也不局限于洗浴，许多场所都有按摩、足疗服务，不少还有文艺演出活动供顾客欣赏，一些地方甚至提供性服务。虽然现在我们尚不能确定上海浴室可供客人过夜的功能最早起始于何时，但 2005 年 10 月 1 日起上海市便开始实行浴室过夜登记制度，即对每日凌晨 2 时至上午 8 时照常营业的沐浴服务、足浴服务、沐浴桑拿俱乐部等公共场所，实行浴客登记制度。2006 年 3 月 1 日由国务院正式颁布的《娱乐场所管理条例》允许酒吧、网吧、洗浴可通宵营业。由此，24 小时营业的浴室开始成为合法的可提供住宿的重要场所。这里我们关注的是，浴室在自身发展过程中也衍生了住宿这样的潜功能。

根据《上海市浴池业开业标准和技术要求（试行）范围》规定，浴池（浴室、洗浴中心）经营服务场地面积不小于 1000 平方米，宽阔的空间及休息厅为浴客过夜提供了空间和设施。一般洗浴中心有等候/休息厅、更衣室、储物柜、洗浴区等功能分区。有些浴室为了提高服务质量、吸引顾客，浴场除了洗浴区，还专门设有睡眠区、深度睡眠区，即通常所说的包间。由于浴室的主要营业项目是洗浴，住宿作为"副业"，作为一种招徕顾客的方式，因而在浴室的包间里过夜的收费相比旅馆便宜许多，包房 40—120 元不等，休息大厅过夜的价格则更加低廉，一般依档次为 10—60 元不等，有些浴室甚至让顾客在大厅免费过夜。浴室分档次，过夜的费用也有差别，那些知名的连锁浴场包间价格和休息厅过夜费用都会比普通的公共浴室略高。制度允许浴室 24 小时营业，那是对于那些地段好、顾客多的浴室而言,有些浴室白天营业,晚上不通宵经营,为了获得更高的空间利用率,获得更多的收益,提供住宿就是一个双赢的举措——老板赚到更多的钱,顾客获得便宜的住处。

可以看到,浴室的主功能是洗浴,但是由于其 24 小时营业的特性,为了便于管理,管理部门实施浴室过夜实行实名登记制的制度,于是浴室住宿的功能在管理部门的规范中得到了事实上的默认和许可。开放时间和实名登记的实施,在制度上使浴室过夜具有了合法性。也许,对于一些不常去浴室的市民来说,规定出来之后才知道浴室具有过夜的功能。

对于那些因旅馆客满或无力承担高昂旅馆住宿费用的游客或临时停留人员来说,浴室住宿因其经济性也不失为一种很好的替代性方案。一些桑拿房住一晚上大概 100—200 元,还包括自助餐等,并可以上网、看电影、看球,价格比酒店要便宜一半。对于许多出差、旅游人员和本地市民都有很大的吸引力,尤其是节假日期间和球赛时段。浴室的分布与人口分布密切相关,越是人口集中的地方,浴室越多。因此,浴室的地段相对而言都比较好,交通较为便利。同样地段的浴室和旅馆的过夜费用是不可同日而语的,这是浴室住宿兴旺的重要经济因素。

浴室分布广泛,规格各异,有正式的也有地下经营的,政府监管浴室的难度非常大,这也为浴室住宿功能的充分发挥提供了空间。进入浴室的门槛是比较低的,许多浴室洗澡一次只要几元钱或者十几元钱,由于凌晨 1 点之后在浴室停留以及凌晨 2 点到上午 8 点之间进来的人才要登记身份证,1 点之前进浴室不需要提供任何证件,浴室进入门槛低为浴室住宿功能的发挥提供了土壤,许多浴室不遵守对顾客身份进行登记的规定或者是监管不严,使得许多人不登记就能在浴室过夜,因此,即使是身份证都没有的人也有可能在浴室过夜。这也是为何许多刑事案件的犯罪嫌疑人均在浴场被抓获的原因。

课题组实地走访了梅陇镇的一家浴室。梅陇是上海外来人员比较集中的地方，所以浴室分布较广。梅陇镇地区大多数浴室除了洗浴等配套服务以外，还提供住宿服务。有些浴室提供单独的客房，最便宜的是一人一晚50元。课题组走访的这家浴室，从外面看空间不大，只有一个小小的玻璃门，进去以后正对着的就是前台，上面挂着它们的服务价目表，各种项目的标价非常明确，客人可以自己查看选择，右边的靠墙的地方放着一条长凳子供客人休息，往里面走还有一个小门，是男女分隔的浴场，往左边是一条走廊，走廊一楼有一个大厅，就是供人过夜的地方。大厅面积较大，虽然开着灯，但是显得比较昏暗，大厅里面放着很多沙发，上面都铺着白色的单子，沙发一米左右宽，长约一米六、七，可供单人躺着睡觉。当时正有一名中年女子躺在离门不远的一个沙发上睡觉，可见浴室提供住宿不局限于晚上，也有白天。

课题组访谈了几位曾在浴室过夜的人。他们表示，只要是在社会上活动比较多的人都知道住浴室便宜，"只要是床，住一夜没有五六十块钱是不可能的"。在经济条件有限的情况下才会选择浴室住宿，对他们来说，如果经济条件许可是不会入住浴室的，因为舒适度远不如宾馆，入住浴室背后有许多的无奈和心酸。有一位访谈对象是在校的大学生，他有次到虹口区去办事，因为路途遥远，就打算在那边住一个晚上，他向一个年纪较大的本地人询问哪里有比较便宜的住宿的地方，老人指着马路对面的浴室说浴室过夜很便宜。于是他第一次在浴室过夜了，由于身上的钱不多，他没有住包间，而是睡在了大厅，一个晚上二十块钱。他的体验是"条件非常艰苦，也睡不安稳"。躺着的地方就是一张木头凳子上面铺了块床单,非常硬,且凳子比较窄,翻身很麻烦,并且大厅里一直有人走动,比较吵闹,也没有地方保管自己的财物,躺着的时候还要提防自己的人身财产安全。因此,对于许多人来说,在浴室过夜是大城市高昂的住宿费用背景下,经权衡后的一种理性选择,是居住自助行为。网络上可以看到许多人旅游或求职之前就向人打探入住浴室的费用等情况。浴室过夜是自然生产的,它解决了许多经济条件受限人员的居住困难问题,对于社会运转发挥了不小的作用。

图二十　闵行吴泾镇的私人小浴室,课题组摄。

24 小时营业网吧

网吧是新兴科技的产物,是属于年轻人的天地,其市场容量与潜力不可估量。据统计,截至 2011 年底,中国网民数量为 5.13 亿,互联网普及率达到 38.3%,其中上海的普及率为 66.2%,已接近发达国家水平。从网民年龄结构看,10—39 岁人群占了中国网民总数的 82.2%,约 4.22 亿人,此年龄段的互联网普及率已经达到 75.4%,平均每周上网时间长达 18.7 小时。这些数量庞大的网民并不都限定在家里/公司上网，近两年来利用手机上网的网民激增。与此同时，本作为弥补家庭电脑的网吧行业在经过几度起落之后，迎来了新一轮的发展机遇。2013年初艾瑞咨询集团发布了《2011—2012年中国网吧娱乐平台行业研究报告》，其中根据文化部的统计，全国网吧总体数量由2010年的14.4万家增至14.6家。在上海目前共有22家网吧连锁企业，下属门店907家，占全市网吧总量的57.4%。

网吧之所以能够在手机、便携式手提面前仍占据一定的市场份额，是因为其经营理念已远远超过"提供上网服务的营业性场所"。现如今的网吧把提供舒适的上网环境视为其主要营销手段。据本课题组的调研，在上海无论知名连锁网吧还是小打小闹的网吧，为了能够尽可能留住顾客，不是提供餐点购买就是提供外卖，不是有包房就是有沙发专座。在2006年3月国务院正式颁布《娱乐场所管理条例》允许网吧24小时营业后，一天的吃喝拉撒睡都能在其中解决。现在的网吧，如不夜城一般，夜晚远比白天人气旺。

掩盖在这娱乐消费的热闹之下，网吧正在以娱乐的名义为某些特殊群体提供低价的庇护所。24小时营业的特性为那些暂时或者长期需要在外夜宿的人群提供了可去之处，网吧的收费制度明确地把"夜晚"作为经营的主要时间段。一般地，普通网吧实行分时段收费制度，白天以小时计算，普通网吧以2元/小时，座位宽敞舒适的则以3小时/小时计算。到了晚上10点之后则取消小时计算制，改为以夜计算，价格一般在10—15元不等。与此同时，网吧还推出针对夜宿群体的会员制，如充100送100等。同时可以看到，上海的交通枢纽如火车站、客运中心以及广场商业中心，是网吧的密集之地。为此，在低收入的年轻群体中间，网吧要来得比各式旅馆更具吸引力。其中有些收费较高的网吧针对为滞留旅客提供集娱乐与休息于一体的场所,它们的收费就要比普通网吧高出一筹,而且划分了更为细致的功能区。

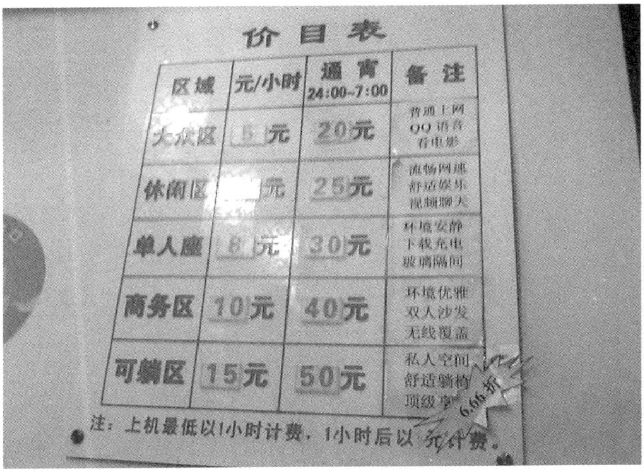

图二十一　　上海火车站某网吧的价目表,课题组摄。

　　网吧之所以能够作为居住场所,有其特有的条件。首先,从网吧的硬件条件来讲适合居住。有空调,可以调节温度,相比较室外场所,比较温暖适宜;自由度大,一旦进入空间,就到了"私环境",网吧老板不会询问顾客的事宜,公共场所中私密性较高的场所;空间广阔,网吧空间的特殊之处在于网络世界,它不仅仅有居住条件,还拥有娱乐、通讯等兼容性功能,使得居住的性价比直线提升;其他一些条件,如网吧中的沙发座椅比较舒适,有独立的厕所。晚间可以寻找空余的位置休憩。由于每台电脑配有麦克风,不会有太大的噪声,相对比较安静等等。其次,从制度—功能上来讲,它更容易吸引客户前来。由于价格低廉,消费层次平民化(包夜消费折扣、几个人一台机器),居住空间条件/居住成本比就相对较高;网吧功能强大,各类游戏吸引力强,"有气氛/上网有朋友/网速快/

游戏多"；网吧根据特有群体，如年轻人群体（包括青少年）提供"包
机、包时段"，提供中餐、夜宵、免费在沙发上留宿、代开"请假条"
等，使得上网者流连于网吧的时间越来越久；多头管理：一些网吧
不严格执行身份证登记制度，或者时而登记时而不登记（亲朋好
友、老客户，怕客户流失），或者乱登记（出现长发、大头等名字，身
份证号有误），或者不查看身份证，由上网者自行登记，又或者登记
细节不规范等等。

　　在中国"夜宿网吧"还只是看不见的问题（invisible problem）。
然而，夜宿在 24 小时营业网吧的人在日本被称为"网吧难民"，是
被高度问题化的城市议题。每当夜幕降临的时候，他们开始入住
自己的"卧室"——一个亮着氛气灯的小包厢。他们已经自成一族，
与露宿街头的无家可归者不同，他们当中大部分都有自己的临时工
作，或许并非真正的赤贫，但却丧失了获得一个固定住所的能力。
虽然，上海的 24 小时营业网吧还没有设立独立的小包厢，但相当程
度地承担着"居住"的功能，一些离家出走的学生、群租房内再也容
纳不下的人以及那些有低微收入的流浪青年群体都在以网吧为家。

3. 简 易 棚 户

　　除了由建筑单位建造的简易工棚住所之外，一些私人也通过
种种方式建造供人居住的简易屋，或把原本不属于居住用的建筑
改成住所。除了众所周知的一些情况，如城中村违法私房的建设、
郊区农民私建简易棚出租给外来人员、底楼民众把天井改造成小
屋等之外，近年也有一些新的住所形态出现：

　　第一，外来人员搭棚安家。比如，2003 年 9 月，宝山区淞宝路牡
丹江路口的绿化带里，拾荒者靠着围墙搭建搭起了十几个简易棚居
住。这块空地几年前就划给了吴淞客运中心，但客运中心一直处在

改建的筹备阶段,使得这块空地杂草丛生、树木茂盛,无人管理。这些拾荒者建造的简易棚都是用一些塑料布、竹片撑起来的,棚下胡乱塞着一些棉被、衣服,简易棚旁边就是一堆堆的垃圾。绿化带周围杂草丛生,树木茂盛,而绿化带一边就是吴淞自来水厂的围墙,但绿化带不属于自来水厂。这些拾荒者都是外地人,且多为中老年人,多时有三四十人。在拾荒者简易棚附近就有一个废品收购站,拾荒者将垃圾在绿化带里简单处理之后就送到了废品收购站。

第二,小商贩的违章搭建。菜贩子乱设摊抢占马路已屡见不鲜,但是摊位多到把一个十字路口都给淹没的情况却并不多见。杨浦区国栋路政府路路口,就有这样一个大规模的马路菜场。这个菜市场已经存在多年。这里的菜贩子不少都是从凌晨就开始摆摊,吵得居民无法睡觉,还有不少外地摊主就直接住在路上随意搭建的"简易棚"里,随地大小便现象严重。政府路国栋路处本来就是一个农贸市场,这个市场长期把政府路切断,后来由区里组织拆除。因为新建的政府路菜场面积小,许多原有市场经营户以及流动占道设摊者,又重新回到政府路国栋路设摊。①

第三,"倒流户"搭建的棚屋。徐汇区斜土街道肇家浜路193弄原有11户倒流户,在废弃的工棚里住了20多年,他们盗用水电,多次引发火灾,直接影响小区的居住安全和环境。城管大队五分队所在的城管队员多次前往倒流户户口挂靠地核实他们的居住、工作、收入及家庭等情况,制成一户一表供上级决策。同时主动和街道相关部门沟通,在闵行区碧江路等成熟小区精心挑选了11套经济适用房作为拆违安置用房,他们还联合拆违小组帮倒流

---

① 具体参见新闻报道《马路菜场吞下整个十字路口》,http://www.why.com.cn/epublish/node4/node21380/node21388/userobject7ai160015.html。

户落实产权转移、小孩转学、袋袋户口落籍等，种种的努力才换来
倒流户愿意搬迁。①

　　第四，"大农户"的大棚简屋。十七届三中全会通过《中共中央
关于推进农村改革发展若干重大问题的决定》后，我国农村土地流
转发展迅速。据农业部的数据，截止至 2013 年 11 月底，农民承包
土地的经营权流转面积达到 26％左右，全国农村承包 50 亩土地
以上的大户达到 287 家，家庭农场的平均面积达到 200 亩左右。
与快速的土地经营权流转不相匹配的是大农户们在地头搭建的作
用居住的大棚简屋。由于农村的住房宅基地及户籍制度的限制，
这些来承包农村集体土地的"大农户"们无法购买与获得农业用地
之外的其他用途的土地，因此他们只能在田头搭建大棚简屋，用作

图二十二　大农户的简易棚，课题组摄。

---

　　① 具体参见新闻报道《闸北制定快速拆违流程》，http：//news. qq. com/a/
20070905/000214. htm。

房屋。根据本课题组观察,近几年上海的城乡结合部以及各郊县集体土地经营权流转已大面积铺开。大农户们在田头搭建的大棚简屋,已经与大棚经济为主的规模化农业种植共同构成上海农村的一道独特风景线。

三、城市社会的居住救助

社会救助是由社会本身所具有的内部力量所生长出来的一种互帮互助的方式。在现代的城市社会中,居住救助是一项重要的社会救助内容。根据本课题的调研结果来看,由亲友/老乡等社会关系网络提供的居住救助广泛存在,无论对社会还是暂时陷入居住困难的人来说都是非常关键且重要,这是城市社会生机勃勃在运行的主要社会空间。与此相对应,由国家力量介入的住房保障主要针对上海城市户籍的居民,相反对流动群体的居住救助显得非常有限,仅限于救助站的 10 天的短期救助。而主要依靠政府购买服务的社会团体,在此城市居住救助领域也显得力量薄弱。可以说,城市社会中的居住求助主要依靠着非组织化的亲友/老乡等社会关系网络在运行。

1. 亲友社会网络所提供的住处

由亲友/老乡等社会网络提供的居住救助场所可谓无处不在,如大学宿舍、各种工厂单位的集体宿舍、个人租赁的各种房屋及住处等等。根据课题组的调研,打工群体和求职群体来上海时,有社会网络的都是住在熟人住处。这些住所,有些是自己的房子,有些是租的住所。在上海这样的城市,得到帮助的人有的是刚来城市还没找不到合适住处而需要暂时过渡的人,有的是有特殊需要(比如来看病、考研、考证等）的人，也有的是收入太低而租不起房的人。

本课题组曾经访谈到的浦江个案，A 在两个多月中获得了 B 这个朋友的帮助，虽然不能算是紧密的强关系，但起码 B 给他提供了很多的社会支持，比给他做租房担保人，平时吃饭都给 A 提供一部分，还经常陪 A 说话，对 A 给予正确的引导，劝说 A 再努力找工作。就是这一点点的帮助和劝导对 A 也起到了莫大的支持。相反，C 只身从湖北老家出来闯荡，盲目地经过很多地方，在江苏时还有一个老乡留他住了几天，然后来到没有任何亲人、朋友，也不认识任何一个老乡的上海，没有得到任何就业信息，在就职公寓住了两个多月也没有找到工作。他说家里的父母都不希望他回去，他已经很久没和家里联系过了，他那句"再找不到工作就去偷"明确地表达着他的无奈甚至是绝望。

所以，对于一个有一定规模并且很紧密的社会网络中的人来说，他们能得到更多的社会支持，他们的行为会得到更多的制约。正是由于很多需要居住救助的人们他们能从亲人、朋友、同学等社会网络中获得一些的帮助，并且在得到居住支持时能维持正常的居住生活。从这个角度来说，社会支持网络对人们行为有着非常重要的影响，规模大且密度高的社会网络对社会的整合与稳定无疑也是非常有益的。

但是很多时候，这样的社会关系网络也并非可以长期维持与依赖。在城市里，亲属、朋友和老乡都是在困难的时候帮一把，但要长期依赖是不可能的。在"北漂表姐"案例中"表姐"去北京"投奔"了姑妈，吃住都在姑妈家，姑妈开始对她态度还比较好。姑妈开着一个服装店，于是提出让"表姐"去帮忙，她就去店里干了半年，工资一直很少，她就提出辞职自己找工作，结果姑妈很生气就没有再给她好脸色看。在此之后"表姐"找了份导游的工作,在她重新获得经济能力后做的第一件事情就是租房,从姑妈那里搬了出来。在这个故事里,姑妈提供居住支持有一部分是建立于利益的考虑,与此同时"姑妈"在社会网络中是亲属的一员,但由于"表姐"与之的平时联络较少,由这种关系提供的居住救助非常脆弱。

本课题组发现,在亲友/老乡等社会网络提供的住所中,大学生宿舍是个出现频率颇高的处所。像对年轻人群体产生巨大诱惑的上海来说,无疑"高校宿舍"是个非常重要的居住救助场所,极其广泛与隐蔽。从时间来看,有短期居住的,也有长期留宿的;从居住原因看,有来游玩、访友、看病的,也有考试(如考研、考博及其复试的)、考证的。

大学宿舍无一例外均有管理人员,从课题组调研情况来看,成功留宿外人大致有以下几种方式:第一种是趁管理人员不备"混进去",这种情况多见于短期留宿。第二种则是管理人员对留宿人员"睁一只眼闭一只眼",这种情况限于管理人员比较通融或者学生与其私交比较融洽的情况。课题组访谈的好几位留宿过亲友的个案都说自己在亲友到来前就和管理员打好招呼,出于情面,管理员在强调一番注意安全之类后一般都会默许。第三种则是与基层管理人员及其上级打好招呼,获得默认的、心照不宣的、事实上的留宿合法性,或允许其与熟人合住,或安排一间空房让其入住。第四种是校外人员租下某校内人员闲置的床位,顶替校内人员居住,并想办法获得管理人员的许可。课题组访谈了一个个案,她在华东师范大学本科毕业后通过同学介绍租了一个不在学校住宿的师姐的床位,专职考研一年。

从课题组的调研结果来看,第一种和第二种情况比较普遍和

常见，第三种和第四种则较为少见。这些来自上海之外的年轻人，
需要调动自己亲戚朋友的资源才能在学校宿舍寄宿。在不允许留
宿的大学生宿舍留宿，背后的动力机制是显而易见的：对于短期
留宿，不仅便于与收留者交流，还不用出住宿费用。短期留宿是这
样，长期留宿就更不用说了，经济因素是大学生宿舍在城市居住救
助中显得如此重要。

2. 政府民政系统提供的短暂救助性居所

解放后民政部接管了原本由活跃的社会组织/团体的社会
互助领域。解放前，上海市的同乡会所、宗教团体以及各式社会
团体承担着重要的社会互助功能，其中职业连同居住成为社会
救助的重要项目。然而，解放后这些会所与团体要么逐渐解散，
要么由民政系统接管并改造。因而，民政系统所从事的社会福
利事业存在着限制，首先它是非开放的，主要以本市居民为服务
对象；其次覆盖群体以及群体数量有限；再次，它不再是以社会
救助为主要目标，而是更多地体现了国家意志与城市需求。而
那些针对本市城市居民的社会福利所覆盖居住救助则是辅助性
的、短期的。

救助站

2003 年发生在广州"孙志刚事件"给中国带来了一场制度改
革。延续了近 50 年的收容遣送制度废除，曾经负责收容遣送城市
"三无"人员的收容遣送站变更为救助管理站。自此之后，在法律
制度层面，地方城市已不再拥有强制收容遣送"城市三无"人员的
合法性，救助管理制度更强调"自愿性"的收容遣送。在 2003 年之
后的一段时间里，上海市救助管理的职工人数有所减少，而与收容
遣送对象相关的床位数、在站场总人天数、年满在站场人数等大幅

下降。2004年上海市救助管理单位与以前的收容遣送安置单位的收入、支出也都同样有较大降幅。

根据《救助管理办法》的规定,救助管理是为了对在城市生活无着的流浪、乞讨人员进行救助,保障其基本生活权益,完善社会救助的制度。"城市生活的无着流浪乞讨人员"是指自身无力解决食宿,无亲友投靠,又不享受城市最低生活保障或者农村"五保"供养,正在城市流浪乞讨度日的人员。

救助内容:第一,提供符合食品卫生要求的食物。第二,提供符合基本条件的住处。第三,对在站内突发急病的,及时送医院救治;发现受助人员在站内患传染病或者为疑似传染病的,救助站应将其送到当地具有传染病收治条件的医疗机构治疗,并向当地疾病预防控制机构报告,采取必要的消毒隔离措施。第四,帮助与其亲属或者所在单位联系。第五,提供乘车凭证。

救助站应当向求助的流浪乞讨人员告知救助对象的范围和实施救助的内容,询问与求助需求有关的情况,并对其个人情况予以登记。流浪乞讨人员向救助站求助时,应当如实提供本人的下列情况:姓名、年龄、性别、居民身份证或者能够证明身份的其他证件、本人户口所在地、住所地;是否享受城市最低生活保障或者农村"五保"供养;流浪乞讨的原因、时间、经过;近亲属和其他关系密切亲戚的姓名、住址、联系方式;随身物品的情况。对因年老、年幼、残疾等原因无法提供个人情况的,救助站应当先提供救助,再查明情况。救助站对拒不如实提供个人情况的、故意提供虚假个人情况的,应不予以救助或终止救助。

救助站对流浪乞讨人员的救助是一项临时性社会救助措施。救助站应当根据受助人员的情况确定救助期限,一般不超过10天,因特殊情况需要延长的,须报上级民政主管部门备案。救助站已经实施救助或者救助期满，受助人员应该离开救助站。对无正当理由不愿离站的受助人员，救助站应当终止救助。县级以上城市人民政府应当采取积极措施及时救助流浪乞讨人员，并应当将救助工作所需经费列入财政预算，予以保障。制度同时规定，救助站不得向受助人员、其亲属或者所在单位收取费用，不得以任何借口组织受助人员从事生产劳动。

　　然而，课题组成员曾多次前往救助管理站，严格的门卫制度使其"难以接近"。根据流浪汉们的救助经验描述，现在的救助管理站依然发挥着相当的收容遣送功能。特别是在地方城市（如近几年北京、上海、深圳）举行重大事件的时候，收容遣送制度重新被激活，国家所希望展示的城市秩序与城市美观的图景里面，绝对不允许有流浪乞讨人群的出现。与此同时，平日里的救助管理站仍然延续着收容遣送的符号意义，那是个流浪汉不会"自愿"前往的地方。

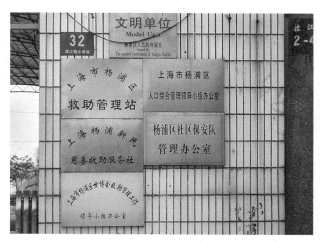

图二十三　　杨浦救助站门口的招牌，课题组摄。

图二十四　杨浦救助站的窗户均十分严实，课题组摄。

救助站的下设机构：反家暴救助中心

上海反家庭暴力庇护救助中心 2009 年 11 月 24 日正式成立，中心设在上海市救助管理站，设立的宗旨是免费为遭受家庭暴力侵害后暂时无法回家居住的受害人提供临时庇护救助场所，由上海市妇联联合民政等部门共同筹划设立。中心庇护对象主要为居住在上海市、因受到家庭暴力侵害后无处安身、需要暂时庇护救助的妇女、儿童和老人。中心不仅仅是个居住场所，里面还设有心理辅导室。

接受庇护救助需要一系列的流程和手续，受害者需要持当地派出所出具的报警证明和本人身份证明材料分别向居住地街道（镇）妇联和老龄办提出书面申请。非工作时间或紧急情况下，受害人则可持派出所出具的报警证明及本人身份证明材料直接至救助中心提出申请，获得临时性救助。庇护入住时间一般不超过 7

①　图片来源：《沪成立反家庭暴力庇护救助中心，共临时庇护》，http：//news. sohu. com/20091125/n268448972. shtml。

天。反家暴中心最先接待的两位求助者均为外来媳妇。2009 年
12 月 21 日和 28 日，救助中心受理了两起家庭暴力案件受害妇女
的庇护救助申请，市妇联权益保障部陆荣根表示，两位求助者入住
的第 2 天，救助机构立即派遣妇女维权志愿者为她们提供法律咨
询，帮助她们走出困境。此外，受害妇女所在的区县妇联组织与妇
联和公安派出所联手，对施暴人进行教育，调解家庭矛盾。[①]

　　作为一个全新的居住救助项目，课题组进行了实地的探访。
上海市反家暴救助中心设置在上海市救助管理站内。但是 1 个多
月后仍没有设立名牌，只能在门口看到有幢楼的下面竖着牌子"反
家暴救助中心请上 5 楼"。门卫听说课题组要咨询反家暴中心感
到意外，原来还没有人来过这里。来到市反家暴救助中心需要一
系列手续，需开街道居委、公安、医院等证明，这些证明缺一不可。
根据近两年课题组与上海各级妇联的接触，基层妇联通常会遇到
"家暴"问题，但是"劝导"回家，改善夫妻/家庭关系依然是最主要的
工作方法。易言之，为其提供庇护所的救助功能仍未能积极的发挥
作用。可以说，市家暴救助中心的设置更具有象征性的符号意义。

3. 社会团体提供的居住生活救助服务

　　相对于近几年社会组织/团体与民间非企业的蓬勃发展，关注
城市流浪汉并为其提供居住救助的社会团体凤毛麟角。但是本课
题组发现，早在 10 年前就已经有人开始关注城市流浪汉，并为他们
提供洗澡、换衣、冬天发放衣被、戒毒等救助服务。到 2012 年底，在
本课题组的调研中，我们发现有四家社会团体及福利工厂在专门从

[①]　具体参见新闻报道《反家暴中心迎来外来媳妇求助者》，http：//newspaper.
jfdaily. com/shfzb/html/2010 - 01/06/content_258926. htm。

事城市流浪汉救助。其中除一家福利工厂外，其他均未能取得社会团体的资格，只能采取工商登记的方式取得了合法活动的权利。

　　这四家社会团体/福利工厂提供着一些相同的服务，如洗澡、洗衣、冬天发放衣被、节日里分发食物等，但各自为不同的流浪群体提供着居住救助。其中一家救助团体以吸毒与艾滋病患者为主要的救助对象，在治病期间为其提供稳定的居住场所。一家救助以职业领域尚有竞争力的年轻群体为主，它规定在被救助者就职前期为其提供免费的居住场所，随着工作与工资的稳定需要交纳

图二十五　　其中一家流浪汉救助机构，课题组摄。

象征性的住房租金，半年后需要自行解决住房问题，这样来保证职业救助的良性循环。一家救助中心则收留一些身体残疾以及失去劳动力的老年人，让这些人在负责人开的饭店里做服务员。最后一家福利工厂主要以在职业系统内处于弱势或者身体残疾的人群为主。它虽是工厂，但并非以营利为目标，而是以慈善/增强员工能力为主要目标。它的员工都住在其所提供的集体宿舍里，不过宿舍里布置得像家一样，房间里也没有上下铺。

图二十六　流浪汉救助机构在活动，课题组摄。

这 4 家救助团体都没有进入国家的社会组织/团体与民非体系，得不到政府资金与场地资源的支持。因而，它们承担着高昂的城市住房的租金成本,其中两家相继因为场所租金问题而迁至郊区。根据其他两家至今未迁至郊区的救助团体介绍,场地租金已经成为一项最大的经费支出项目。在场地与租金的限制下,它们每年所能真正提供洗澡之外服务的人数特别有限,其中帮助青年就业的救助中心每年只能帮助8—10名年轻人,有时甚至更少。

四、占 据 与 露 宿

1. 占据式的占房/占地

"居住困难者"选择的诸多居住场所,有一类场所是存在于住房市场及其体系中,但居住形式却"规避"了这一体系。"占空房"(squatting)是指"占房者"通过"占"无人居住但又有具体产权人的房屋,不经其授权许可也不付给房租的居住方式。这一运动最早起源于20世纪60年代的英国,并很快流传到其他欧洲城市。在英国的城市中有许多闲置的房屋,有的是被主人遗弃,有的则是公共财产,因管理不当而无人使用……在大多数情况下,占房而居都是违反当地法律的。但占房客往往自称无家可归者,要求政府帮他们妥善解决住房问题。① 因而,"占屋运动"是因为政府廉价/租住房供应不足,而"无住屋者"迫切需要这一对简单的供求矛盾而引发的社会(都市)运动。在中国,尽管并没有大规模的社会运动式的"占房运动",但这对供需矛盾却若隐若现,在一些个别场所和事件中出现一些端倪。课题组在闵行区一处的"村改居"安置房小

_____

① 秦山《占房而居,城市"另类文化风景"》,《环球时报·都市生活》2009年10月28日。此文主要是述论因占房使得废弃的房屋显示出新的文化魅力,形成一种独特的亚文化形态。

区内看到类似的占房现象，以及占据一些公共场所的一些房屋，如将厕所等转化为住房。另外在本课题组涉及的流浪汉群体，他们占据旧城区的各式动迁中/后的房子居住是一种常见的居住形式。虽然那些被敲掉门窗、切断水电的动迁房已不再适合居住，但也有人长期辗转城市的各个动迁地块以解决居住问题。

"占空房"现象的存在条件：

其一，有"无住屋者"的存在，他们既有住房的需求，但又无法或者不愿意通过正常的渠道进入住房市场，同时又有能力（通常是武力和暴力）撬门而入，一般是临时性的、流动的，所以也不畏惧行政治安管理或者房屋的业主来找麻烦。

其二，有社会空置的"缺乏监管"的房屋的存在。据统计，2008年居民住房存量中第二居所比例，东部为11.3％，其中53.4％用作出租。① 同时，大城市的空房率也较高，上海的住房空置率也超10％。随着住房市场的发展和都市的大规模开发，越来越多的家庭拥有不止一处房屋。有的闲置的空房或者搬离待拆迁的房子缺少物业管理和有效的居委组织，这些房屋便也会成为"占空房"的对象。

其三，占房的"正当性"存在。随着"居住困难者"增多，社会对他们的同情和宽容也日益增强，有关执法部门也逐渐放宽了管理，"以说服为主，一般不强制赶走"。而"流动的占房者"一旦离开辖区，当地执法部门通常也不予追究。

相较于"占空房"，"占地建房居住"的场所更为复杂。只要是未经规划、审批而占有土地并建造房屋的，都被称为"违法占地"和

---

① 数据源于《2009—2010年中国房地产市场报告》，REICO工作室，北京，2010年1月。

"违章建筑"。这里说的场所,仅仅局限于"居住困难者"的占地的场所类型,房地产开发商和建筑公司等"违法占地、违章开发房地产"的类型不在此处所讨论的占地建房的范围之内。在上海,"占地建房"现象大多发生在:

其一,自搭的"违章建筑"。主要存在于老城区的小弄堂的死角、老房屋的衍生处。由于从外观、搭建的样式上和原先弄堂的房子相差无几,因此很难发现这些场所是"老棚户翻新"还是"新棚户"。这些场所也就是一般所称的"违章建筑",此类"违章建筑"和历史上延续的上海"棚户区"混在一起,形成了"棚户"的再生产。

其二,城郊征地后不用的"囤积地"。在这些已经被征用,但因为各种原因尚未开发的土地上,就容易出现在其上搭建棚子、长期居住的现象。尽管是"非法"的,在土地开发开始时是需要拆除的,但就"居住困难"而言,也是一个临时性的避风港湾。无论是何种棚子的搭建,由于预期到棚子或迟或早要被拆,所以搭建者一般选较为低廉的材料并自行搭建。故这些居住地点的共同特征是"夏天闷热和潮湿,还极容易漏雨",洗浴、卫生条件都比较差,生活用电也是就近接上的,同样付给电费,但存在电压不稳的情况。

在多年前的另一项城市调查活动中,我们曾注意到,上海三林地区景怡地块上的外来务工者自己建造的简易住处就是占地建房的典型代表。除了本地农民,那里还住着许多外来务工人员,他们的职业包括拾荒者、三轮车主、流动小摊贩等。他们的居住状态有三种:第一种是租住当地农民自建房;第二种是租住当地农民在自建房周围扩建的简易住房;第三种是住在简易搭建的棚户里,棚户构造简单,用废弃的木材、纸板、钢筋等材料搭建而成。

但是,自20世纪50年代以来,中国建立起了全面控制的社会体制,体制外的占房、占地建房的发生率比较小。如今发生在上海及其全国的占屋和占地呈现出偶发性的特征，相对于国外尚属于"小打小闹"，仅仅在各种隐蔽地带或监管不严的地方打擦边球，被城市管理者默许甚至合法化的情况发生几率极其有限。

2. 露　宿

以上分析，城市中绝大多数空间需要通过消费或者获得某种资格才可进入。同时我们也不可否认，城市中确实还存在着其他各式各样的免费场所。无论作为商业之用，或者作为公共性的场所出现，又或者只是不容易被发现或者找到，这些免费场所为这些无力支付消费住宿或者没有正规途径获得住处的人提供了夜宿之处。当然，在这些场所没有正式的床位，也没有被子，只能将就着休息。白天，他们会到一些适宜或可供睡觉休息的地方补觉。

以火车站为代表的交通枢纽

自20世纪80年代起，美国的流浪汉（homeless）研究至今已有30年的历史，因社会政策的需求，统计流浪汉的数量成为经验研究的延续性基础课题。但流浪汉行踪不确定，怎么统计才能尽量减少重复与遗漏一直是研究者们费尽脑筋的事，最常见和朴素的做法是深夜到流浪者睡觉的地方按人头统计，火车站便是必去之地。国内的流浪者特别是乞讨人员的研究多集中在火车站。

火车的出现淘汰了马车，成为远距离运输与流动的主要交通工具。以此为前提条件，火车站对流浪者而言是个意义非凡的地方。对绝大部分外出赚钱打工的人来说，火车成为他们最主要的交通工具，他们一进入上海就踏在火车站的地盘上。火车站历来就是"三教九流"的聚集地。每天超大量并且短时间不复重新出现的客流为流浪者的谋生提供了优良的土壤，相当一部分行当必须依靠着该特征人群而存在。有些行当从解放前后到如今还在延

续,如偷窃、流氓、敲诈、黄牛、杀猪、搬运工、小商小贩、乞讨、拾荒、
车夫等,①当然也出现了全新的行当,如倒卖发票、②捡瓶子、③捡
火车票、带客、钓鱼④等。他们需要每天穿梭于陌生人群,或者静
坐在某处,依靠偷、骗、出卖劳动力、捡、讨等方式赚取日常花销。
来来去去的人们由于人生地不熟、由于相互间陌生、由于慌忙、由
于无聊的等待,给了上述"旁门左道"以各种机会。在流浪者群体
中从事上述行当的小群体有着明显的区分,既相互不屑又相互理
解。除此之外,时常有一些"蛇头"到火车站来招揽打短工的劳动
力,比如搭舞台、搭架子、工地短工、皮肤测试、群众演员等。无论
平日里在火车站干什么行当,其中大部分人在"初来乍到"时跟着
这些"蛇头"干活。有些行当收入甚微(比如捡瓶子、捡火车票、小
商小贩、搬运工等)只能维持简单开销,有时入不敷出,他们必须借
打短工弥补平日的不足。

　　然而,如果火车站对流浪者的意义仅局限在赚钱的话,那么不
会吸引流浪者常住。其周边地区可以提供他们能够支付的消费、
居住与游玩的地方,显然实现这一功能对他们而言更为重要。

　　火车站及各餐饮店为服务来往旅客的提供的各种免费设施,
因其具有开放的特性而给了流浪者使用的正当性。当他们熟悉之

---

　　①　阮清华《上海游民改造研究》,上海辞书出版社,2009,第30—37页。
　　②　在火车站倒卖发票的人一般都不是流浪汉。这一行当的存在是以中国各个企
事业单位的报销制度为基础。
　　③　拾荒意味捡各种垃圾,其外延要比捡瓶子更广些;如今捡各种饮料瓶子成为一
种特别的拾荒类型。
　　④　随着公用电话亭的出现,钓鱼的赚钱方式出现,意味用铁质钩子勾出公用电话
中的硬币,然而近几年手机的普及使得公用电话亭无用武之地。以前马路上随处可见
的电话亭被大量拆除,可在火车站依然随处可见公用电话亭。钓鱼是流浪儿童的主要
赚钱方式之一。见程福财《流浪儿:基于对上海火车站,地区流浪儿童的民族志调查》,
上海社会科学院出版社,2008年。在课题组所接触的成年流浪者中采用钓鱼的谋生方
式较少。

后，就能找到合适的地方开展自己的活动（指赚钱之外的活动，如看报、打牌、喝水、聊天等）。

火车站附近众多的公共区域为流浪汉晚上睡觉提供了地方，担心安全喜欢群聚的人一般睡在白玉兰广场、周边大型商场的空地及附近公园、绿地的椅子上；喜欢独处的则会寻找附近的旮旯地方；也有些年轻人在附近找价格合适的网吧。

当然这些免费地方还不能满足更基本的需求，他们需要到周边寻找"便宜"的，而不是这些以旅客为消费对象的店里消费。例如，整日在白玉兰广场转悠的流浪汉绝不在白玉兰广场消费，"太贵了"，他们往往要走出这里，穿过天桥到一条没有名字的路上买饭吃，周围尽是些没有动迁完的棚户区。也许不同的人挑不同的店，但一般都不会跑到旧城区以外的地方消费。①课题组根据在火车站捡票的年轻流浪者与捡瓶子的中老年流浪者的日常活动地带，大致勾勒出了他们的活动区域，发现他们在旧城区里面的各种饮食店、公园、②旧货市场、网吧等消费赚来的钱。

由于铁路上海站地区分属于两种截然不同的管理线，在地理上连成一片的火车站及周边地区被管理制度分割成了管理界限明晰的两块区域即上海火车站及南北广场（阴影部分）和其周边的公共区域如白玉兰广场。

---

① 对于这一点我在田野时有深刻的体会，当我在与火车站不同人接触的过程中，他们会不约而同地带我到相同的旧城区去吃饭，虽然他们在流浪者群体中处于不同的位置。

② 绿地一般连接着高档住宅小区，这些绿地也是他们常去的娱乐之地。当然这些绿地不会离旧城区太远，火车站周边没有实现全部改造，往往高档住宅区与旧城区相间。

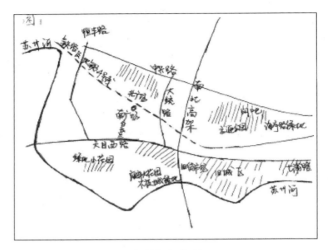

（由课题组绘制）

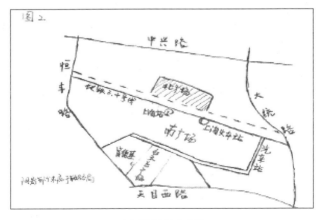

（由课题组绘制）

　　这种管理的分割为流浪汉们在此生存创造了必不可少的条件，从田野调查所得的经验来看的确如此。一般情况下，流浪汉们在公共区域（如白玉兰广场）生活，只有几个行当需要到广场；但是在公共区域遭遇驱赶时，他们会拎着自己的被子包裹等躲避到广场。当他们在广场干活遭到"抓"和"赶"时逃到公共区域。而2010年的世博会期间热闹非常的白玉兰广场很少能看到流浪者的身影，很大一个原因在于铁路局与地区管委会联合行动（流浪者称其为大串联），使他们无处可去，离开寻找新的落脚点，或者留下却不能在这些区域"现身"。

　　用"铁打的营盘，流水的兵"来形容火车站再合适不过。作为交通枢纽的火车站每天迎来送走不计其数的人来人往，大部分人将之视为稍作逗留的地方；只有到了深夜与清晨，才能看明白火车站的真正面貌。当它褪去白天的喧哗，剩下的只有寂静与潦倒，白天穿梭在人群中的流浪汉们此时横七竖八的躺在地上或白天供人休息的椅子上。这些流浪者与周边诸种行业的工作人员构成了这火车站的营盘。

　　除了火车站之外，还有许多客运站、地铁（包括地铁通道）、高架等交通枢纽，它们同样作为交通节点而每天迎来十几万甚至百万的客流，同样为客流设置商业点与公共区域，很适合流浪者们谋生与居住。室内的公共场所是一些国外城市流浪者的最好居住处，可是在上海，这些场所有特定的开放时间，深夜12点之后工作人员要"清场"，到清晨再开放。因此这些场所一旦到了晚上便失去了开放性，变成了封闭的场所。当然，有的流浪者不会放弃这样的好地方，他们通过其他方法躲避工作人员的清场，或者在清场后通过其他方法进去。所以，这些场所到了晚上就变成了在公众视线之外的隐蔽场所。

广场与商业中心

身为大都市的上海，广场往往与商业中心相结合，商业中心缺不了公共性的广场，而广场的附近肯定也坐落着商业中心。在所有广场中历史最为悠久、最为著名的便是人民广场，与人民广场相连接的是南京路步行街与外滩。人民广场—南京路步行街—外滩连成一体，是上海不折不扣的地标。正因为是地标，在吸引众多游玩、消费和观赏人群的同时，也吸引着大量的流浪汉到此谋生与露宿。

现在的人民广场是由"跑马厅"演变而来的。英国人霍格兄弟以建"公游之所"的名义购买土地，建立了上海的第一个"跑马厅"。19 世纪 60 年代，英国人利用租界管理机构工部局和上海道台的合力，强迫现"人民广场"地区 450 亩土地上的业主低价售出土地，建造了第二个跑马厅，90 年代开始营业。1945 年，就在抗战即将胜利时刻，跑马厅发生一起特别的政治事件，即悬挂国旗和撕扯国旗事件，进一步增强了跑马厅的政治象征意义。1946 年 2 月 11 日，蒋介石回到上海；14 日，上海 20 万人举行欢迎大会，地点就选择跑马厅。1946 年 9 月，上海市首届参议会召开，收回跑马厅、改变跑马厅功能的呼声一片，仅有极少议员支持恢复赛马。有七项提案不约而同地提出禁止赛马、收回跑马厅，改建为公园或体育馆等设施。1951 年，上海市军管会正式下令收回跑马厅土地，改建成人民公园和人民广场。[①] 20 世纪 90 年代之后，社会政治环境的变化也带来了人民广场功能的变化，集会与游行的政治性功能逐渐减弱，而经济功能逐渐增强。人民广场通过结合轨道交通的节点——人民广场站、连接"十里洋场"的改造（南京路步行街）、通向

[①]　此段关于人民广场的历史演变参考熊月之《从跑马厅到人民公园人民广场：历史变迁与象征意义》，《社会科学》2008 年第 3 期。

外滩风景区等大动作，使之成为城市规划和城市改造与发展的经典之作。

　　在这人民广场—南京路步行街—外滩的地标区域里，社会群体的异质性异常丰富，不同属性、不同阶层的人都聚集其中。虽然同火车站类似，同样每天迎来送往不计其数的客流，除了依靠陌生人为生的乞讨、捡瓶子、偷窃类的行当之外，主要行当与火车站有所区别，因为此地标区域内主要以观光和消费为主要功能。如果交通枢纽的火车站需要体力劳动（扛行李）和指路（接送客）的话，那么此地标区域内满是怀着消费欲望的购物者，所以充满了"各种各样商品和稀奇玩意"的小买卖的机会。因而，更多的年轻人在这里做些买卖，有些会几句简单英文的则专做外国人的生意。虽然，地标区域是上海最光鲜的地方，由于其历史悠久，支支脉脉的小弄堂里藏着各种低消费的小饭店；无论夏天还是冬天，广场、座椅（白天供游人休息）和小弄堂里露宿着流浪者。

　　但是，按照有关规定，①相关人员不得占用"公共区域"。在地标区域内，商业活动是需要的，但是"不在法律规定和制度安排下"的商业活动得不到允许。在该区域内，遵守秩序——一切事物在它该有的位置上，一切行为符合该有的规范——才被允许。因而，随地躺卧、露宿、乞讨、拾荒、露天洗澡、杂耍、卖艺等有碍观瞻的"不良行为"被禁止，占用公共区域、绿地甚至是晚上露宿更是被禁止。这些依赖着人民广场这块区域生存的流浪汉们，在风声紧的时候往往识相地撤离，躲到周边各种旮旯空间里。

———————————

　　①　《南京路步行街综合管理暂行规定》规定按照《上海市取缔无照经营和非法交易市场暂行规定》处理；《外滩风景区综合管理暂行规定》"在外滩风景区内从事商业经营活动，应当征得外滩风景区管理办公室的同意，并按照规定报工商行政管理部门和其他有关部门批准"。

除了人民广场—南京路步行街—外滩形成的地标区域外,上海还有多个随着城市化而发展起来的大大小小的商业圈。这些商业圈总不会遗漏以下元素:广场型的公共区域、供人休闲的绿地与板凳、大型超市与小型便利店、数量颇丰的两三人椅,众多的快餐连锁店。从规划的角度而言,以上设施都是为了吸引更多的消费者而提供的"舒适"服务,就是这些"舒适"服务吸引着流浪者。他们只有依靠这些无使用界限的设施才能满足生活所需:赚钱、娱乐与居住。到了晚上,再无消费者的场所几乎只剩下城市闲荡者(包括流浪者)与保安。当然,也因为他们不是消费者,因而不具有"占据"的合法性,即使在晚上也同样如此。因而,无论免费"坐"在餐饮连锁店还是露宿在公共场所,同样面临着被驱赶的境况。但是,这么好的地方,流浪者们不会轻易离开。

24 小时营业快餐连锁店

在城市人头集聚的地方,无论是广场商业中心还是交通枢纽,存在着众多相互竞争的 24 小时营业快餐连锁店。这些连锁店不仅瓜分着夜晚的消费群体,而且还为城市里一些无处可去的人群提供了一个尚可通过低消费而待的场所。根据课题组的调研,上海市大多数的 24 小时营业的快餐连锁店都需要通过消费才可逗留,但是像麦当劳、肯德基这样的全球化的老牌快餐连锁店,无须消费便可以夜宿。这两家老牌快餐连锁店之所以开放地接受流浪汉们的免费夜宿,与企业社会责任有着密切联系,它需要投入社会公益事业提供企业形象,获得大众消费者的价值认同。

2006 年 9 月,上海市位于淮海路的麦当劳首次启动 24 小时营业模式。同年 12 月,北京某媒体的新闻报道,称北京一家麦当劳餐厅改成 24 小时营业后,成了无家可归的流浪汉之家。这些人凌晨后进入餐厅，并不点餐，而是直接到座位上开始睡觉，有的趴在桌子上，有的横躺在长条座位上，有的靠墙壁睡觉，知道早晨9点钟才陆续离开。但是，这并不意味着所有的24小时营业快餐店都收留夜宿者。一般情况下，绝大部分的快餐连锁店都采取驱赶的方式阻止免费夜宿，只有麦当劳和肯德基允许夜宿，而且不同店面的夜宿规则与条件不同。据一些流浪者介绍，有的店铺只允许流浪汉在顾客量稀少的时间段进入，比如晚上11:00到早上6:00之间，在寒冷的冬天，提早到晚上八点左右就可以进去吹空调；有些店铺只允许坐或趴着而不能躺下；有些店铺则专门设置了可以躺下的类似沙发的夜宿区，晚上11:00之后这块区域的灯光会调暗，音乐声音也会调小，以利于睡觉休息。一般，流浪汉们根据自己的活动区域和夜宿习惯选择是否睡在麦当劳/肯德基，以及睡在哪家麦当劳/肯德基。

图二十七　上海火车站的肯德基24小时营业，
为流浪汉提供了场所，课题组摄。

因为夜宿规则与条件不同,不同店铺受欢迎程度不一。据介绍,位于徐家汇的某家麦当劳就因为夜宿条件甚好而颇受欢迎。但是就在这家店里曾在 2010 年发生了杀人事件,某夜宿流浪汉因与工作人员发生口角而将其捅死。① 事后,这家店曾经一度拒绝流浪汉夜宿,但是最终还是无法阻挡他们迫切的夜宿需求。之后这家店还是吸引着那些无处可去的流浪汉们前来夜宿。

公共休闲场所:公园

城市公园制度是近代社会的产物,②最初兴起于 19 世纪英国,以解决当时由于工业化及人口剧增而引发的一系列城市环境问题。1858 年,美国初步完成了纽约中央公园的设计,点燃了一场席卷整个美国的公园运动,并引发了美国城市规划的革新。日本公园制度从欧美先进国家传入,公园一般先在外国人居住区内设置。③“总体上,19 世纪后期到 20 世纪初期,公园作为一种新的现代公共机构而兴起,以便在工业化浪潮中有效控制城市化的社会和物质结果。”④中国的近代公园与日本类似,最早由西方人在19 世纪中叶引入。1868 年英美租界在上海苏州河与黄浦江交汇处的滩地上修建外滩公园,是中国近代公园之始。受外人修建公园的影响,同时也是由于城市化发展的内在需要,中国也于 19 世纪末 20 世纪初开始自建公园。同时,一些私园也逐渐向公众开放成为公园。据不完全统计,至 1937 年抗战爆发,国内公园计有

---

① 具体参见新闻《天钥桥路麦当劳发生惨剧,一店员被顾客捅死》,http://sh.sina.com.cn/news/2010-03-19/0943137111.html。

② 许浩《对日本近代城市公园绿地历史发展的探讨》,《中国园林》2002 年第 3 期。

③ 许浩《对日本近代城市公园绿地历史发展的探讨》,《中国园林》2002 年第 3 期。

④ 张天洁、李泽《从传统私家园林到近代城市公园——汉口中山公园(1928—1938 年)》,《华中建筑》2006 年 10 月。

400 余座。①

1949 年中华人民共和国建立后，广大人民群众作为国家的主人也成了公园的主人，从一些老照片和影像资料中我们看到，人们在公园里惬意的划桨、休息、打球、聊天，公园成了"国家主人"的象征性场所。根据相关规定，②公益、公共成了公园最基本的属性，自 1994 年起上海市逐步实行公园于免费开放制度后，其更是体现公益、公共的免费城市空间。然而，公园定时开放的制度仍没有改变。③ 当然，这些关于"定时开放"的规定并没有对公园的最大一项功能，即休憩玩耍产生限制，但是它却对流浪汉产生了巨大的影响。公园作为现代城市制度性的公共空间，应该最大限度地体现其"公共"的含义。美国、日本的城市公园成为流浪汉们的集聚地。在中国夜晚的城市公园则是封闭性空间，它拒绝为流浪汉提供免费的居住场所。在白天，他们可以正正当当的进园，或玩耍，或消磨时光，或休息片刻。一到闭园时间则要乖乖地出园，除非偷偷地躲在某处。

公园里的"占地运动"：在一些特殊情况下，比如上海世博会期间，外露的城市公共空间不能为流浪汉所用，那么他们就会寻找城市中其他的空间。一些不惹人注意的公园就会被流浪汉们短期占据，他们用木条、毛竹、木板在公园的空地或因地势搭起简易棚屋。棚屋一米多高，里面搭起床，像模像样是个居住的家。有些胆

---

① 此段中关于中国公园发展的简单历史摘自于崔志海《近代公园理论与中国近代公园研究——读〈都市与公园论〉》，《史林》2009 年第 2 期。

② 《上海市公园管理条例》总则第二条为公园定性为："公园是公益性的城市基础设施，是改善区域性生态环境的公共绿地，是供公众游览、休憩、观赏的场所。"1994 年版与 2003 年修订版。

③ 《公园管理条例》第二十二条规定："公园应当每天开发，因特殊情况需要停闭的，须经市绿化管理部门批准。"

子大的流浪汉还拉起电线,白天烧饭,晚上点灯。当然公园必须符合比较隐蔽、面积小、园内未设管理站、只留保育和清洁工人、附近居民已大部分搬走等条件才能适合占地。根据本课题组的调研,世博会期间,上海某小公园就迎来了 20 多位流浪汉,条件好些的就自搭棚屋,条件差些的也只能露宿。但好景不长,4 个月后,园林、公安、城管等部门联合将他们赶出了公园。

隐蔽场所

城市有各种形式的交通线路,有或大或小的商业圈,有面积不等的花园绿地,有高高低低的住宅,在城市有不同形式的物质化场所。这些场所有其特定功能,或为居住、或为消费、或为交通、或为休闲、或为观赏。可是,在这么多名目繁多的场所之间,总不免有些疙疙瘩瘩的地方隐蔽了起来,未被充分利用。这些在城市中到处游荡的流浪者们,他们有目的地寻找着适合睡觉的地方,自然会发现这些可以加以利用的地方,如桥洞、某个拐角、花园一角、某建筑物的背面、屋檐下、高架下的某处、垃圾场等等。其次是别人废弃或者长久未使用的地方,如动迁完却没有推倒的老房子、小区旁的停车库、公共厕所等。平常人甚至不能相信这样的地方居然是可以作为睡觉的地方。因为这些都是派不上用场的地方,就被他们当作睡觉的场所了。他们往往喜欢独居,不结群,即使白天有些一起的朋友,晚上也各归其位。他们就会留意着这些地方,"隐蔽"的好处在于安全(不会遭到"杀猪")、不被驱赶,坏处就是"不适合"人睡觉。[①]

[①]　一次,有人的下巴的一块皮肤被咬碎了,硬币大一块。他说晚上睡得太死,被老鼠咬了都不知道,为此还到医院打了预防针,这个伤很久之后才愈合。到了夏天,这些地方蚊子猖獗,要围绕着一圈蚊香才有效,常常发生被子着火的事情。在夏天仍需盖被子是因为这些地方的阴气太重,夏天也不得不盖着被子。

　　在上海，还有这样的情况，有些公共场所设置了开放时间，单一化其功能，白天开放，晚上关闭，比如地铁、地下通道、公园。这些在国外最受流浪者欢迎的地方却变成了"隐蔽"之所。其白天的开放性并非针对所有人，虽然流浪者跟着可以占到便宜，但当晚上它的服务对象消失时，这些地方也就关闭了。流浪者需要通过个体的途径进入这些"隐蔽"场所，实现其居住的功能。不同时间段的开放与封闭设置使得这些场所的功能同样带着时间性，从而这些制度性设置规定了：即使晚上这些场所无人使用，也就这么空着。因为对大多数人而言，时间使这些地方"隐蔽"了起来。

图二十八　街上露宿的流浪汉，睡在商铺门边，课题组摄。

　　上海有关部门世博会期间曾经发起联合整治运动，清理城市里的流浪汉，与此同时民政、公安、城管三合一的全天候"救助"流浪人员。但实际上，流浪人员还是存在于这个城市里，在一些特定区域还是能够看到流浪人员的踪迹。为了世博会期间的城市美观，一些流浪人员的窝棚、居所等被清理，如宝山区一些拾荒人员

图二十九　街上露宿的流浪汉，课题组摄于。

在高架下私搭的窝棚被推土机铲除。一些并不那么难看的住所，也在清除之列。华东师范大学正门斜对面靠近金沙江路的内环高架下，有一个因势而建的自行车摊，面积极为狭小，里面只有一架

图三十　中山北路华东师大前门的流浪老人，课题组摄。

两层的铁床，一部黑白小电视，一些修车工具。但至少住了一家人以上，因为平时除了修车师傅，也经常能见到还有人睡在里面的床上。该摊建在一高层建筑外墙角的拐弯处，已经存在至少十多年，但在 2010 春节前，被拆除了，里面的修车人员也不知何去何从了。

图书在版编目(CIP)数据

寻找住处:居住贫困和人的命运／陈映芳，卫伟主编.—上海：上海古籍出版社，2015.6
（现代城市社会研究丛书）
ISBN 978-7-5325-7554-1

Ⅰ.①寻… Ⅱ.①陈… ②卫… Ⅲ.①城市—居住—问题—调查研究—上海市 Ⅳ.①D669.3

中国版本图书馆CIP数据核字(2015)第042201号

现代城市社会研究丛书
寻找住处:居住贫困和人的命运
陈映芳　卫伟　主编
上海世纪出版股份有限公司
上海古籍出版社 出版
（上海瑞金二路272号　邮政编码200020）
（1）网址：www.guji.com.cn
（2）E-mail：guji1@guji.com.cn
（3）易文网网址：www.ewen.co
上海世纪出版股份有限公司发行中心发行经销
常熟文化印刷有限公司印刷
开本850×1168　1/32　印张10.375　插页2　字数242,000
2015年6月第1版　2015年6月第1次印刷
印数：1—1,050
ISBN 978-7-5325-7554-1
C·7　定价:42.00元
如有质量问题,请与承印公司联系